Sentidos da Folia de Reis

CONSELHO EDITORIAL
Ana Paula Torres Megiani
Eunice Ostrensky
Haroldo Ceravolo Sereza
Joana Monteleone
Maria Luiza Ferreira de Oliveira
Ruy Braga

Sentidos da Folia de Reis

Um estudo da memória e da identidade
da celebração popular em Florínea/SP

Rafaela Sales Goulart

Copyright © 2018 Rafaela Sales Goulart

Grafia atualizada segundo o Acordo Ortográfico da Língua Portuguesa de 1990, que entrou em vigor no Brasil em 2009.

Edição: Haroldo Ceravolo Sereza
Editora assistente: Danielly de Jesus Teles
Projeto gráfico, diagramação e capa: Mari Ra Chacon Massler
Revisão: Alexandra Colontini
Assistente acadêmica: Bruna Marques
Imagem da capa: Fotografia de autoria de Rafaela Sales Goulart

Esta obra foi publicada com apoio da Fapesp/ processo nº 2016/22200-0

CIP-BRASIL. CATALOGAÇÃO NA PUBLICAÇÃO
SINDICATO NACIONAL DOS EDITORES DE LIVROS, RJ

G727s

   Goulart, Rafaela Sales
   Sentidos da folia de reis : um estudo da memória e da identidade da celebração popular em Florínea, SP / Rafaela Sales Goulart. - 1. ed. - São Paulo : Alameda, 2018.
   il. ; 23 cm.

   Inclui bibliografia

   1. Folia de Reis - Florínea (SP) - História. 2. Folclore - Florínea (SP) - História. I. Título.

18-47190   CDD: 398.098161
                      CDU: 398

ALAMEDA CASA EDITORIAL
Rua Treze de Maio, 353 – Bela Vista
CEP 01327-000 – São Paulo – SP
Tel. (11) 3012-2403
www.alamedaeditorial.com.br

Dedico este livro a todos os integrantes do grupo de Folia de Reis de Florínea (SP), que receberam minha proposta de pesquisa com muito afeto e respeito, compartilhando sua enorme sabedoria sobre essa celebração que tanto encanta e movimenta tal sociedade há anos.

Sumário

- 11 Lista de figuras
- 15 Prefácio
- 19 Introdução

- 29 **A cidade da Folia de Reis**
- 29 **um giro pelas memórias e histórias de Florínea (SP)**
- 40 Florínea no Vale do Paranapanema
     A cidade de Florínea
- 48 Um giro pelas memórias e histórias de Florínea
- 71 A Folia de Reis na cidade

- 77 **A Folia de Reis de Florínea (SP)**
     ritual, símbolos e significados
- 77 Folia de Reis: uma herança cultural ressignificada
- 85 A Folia de Reis de Florínea/SP
- 86 O grupo de Folia de Reis de Florínea: elementos da Associação e dos batalhões
- 92 Símbolos e significados do ritual
- 106 Saída das bandeiras ou início do giro
- 112 Giro das bandeiras
- 128 Encontro das bandeiras e coroação de festeiros(as)

141	Sentidos da Folia de Reis de Florínea (SP) memória, identidade e patrimônio (1993 – 2013)
141	Do campo à cidade: introdução à consciência social do patrimônio
163	Parque de Tradições: o lugar da festa
173	Pavilhão de festas, cozinha, aprendizagem social
183	Barracas, comércio, arrecadações
186	Gruta, presépio
189	Capela, acervo
192	Estacionamento, banheiros e jardim
196	Estratégias de sustentação da memória coletiva da Folia de Reis de Florínea
199	Suportes audiovisuais
203	Registros musicais
214	Encontros de Folias de Reis
220	Consciência social, identidade e patrimônio
222	O limite das políticas culturais de Florínea
230	Associação Folclórica de Reis Flor do Vale de Florínea
237	Educação patrimonial: o processo de conscientização da Folia de Reis de Florínea
243	**Conclusão**
247	**Fontes**
247	Audiovisuais
248	Sonoras
248	Textuais
250	Manuscritas
250	Processos Jurídicos
250	Relatos orais transcritos
253	Visuais

255	**Referências bibliográficas**
255	Artigos
257	Livros
261	Sites
265	**Anexos**
265	Minibiografias não citadas no texto
266	Roteiro da Folia de Reis de Florínea
267	**Agradecimentos**

Lista de figuras

31 Figura 1: Mapa da região administrativa de Marília.
35 Figura 2: Planta geral da cidade de Florínea.
37 Figura 3: Gráfico de deslocamentos populacionais para Florínea/SP (1920 a 1980).
43 Figura 4: Entrada das duas bandeiras de Folia de Reis no Parque de Tradições.
43 Figura 5: Festa Junina da Comissão de Folia de Reis de Florínea.
44 Figura 6: Moçambique na Missa Afro-brasileira.
50 Figura 7: Região do giro das bandeiras da Folia de Reis de Florínea.
53 Figura 8: Busto de Sebastião Alves de Oliveira e placa do Marco Histórico do Legislativo Municipal 04-04-1990.
55 Figura 9: Fundadores da Bandeira nº 1 – 06/janeiro/1932.
56 Figura 10: Fundadores da Bandeira nº 2 – 06/janeiro/1933.
56 Figura 11: Memorial da tradição e resgate da história da Comissão de Festas de Santos Reis de Florínea e região.
65 Figura 12: Mapa de demarcação da linha de divisa das fazendas "Dourado e Queixadas" (06/05/1929).
65 Figura 13: Mapa de rota de giro das bandeiras de Folia de Reis de Florínea.
66 Figura 14: Anúncio publicado no Almanak Administrativo, Mercantil e Industrial do Rio de Janeiro - 1891 a 1940.
89 Figura 15: Modelo de música cantada nos giros das bandeiras de Folia de Reis de Florínea/SP.
95 Figura 16: Bandeira de Folia de Reis de Florínea.
104 Figura 17: Giro da bandeira em um sítio (1982).
108 Figura 18: Saída das bandeiras da casa do festeiro.

109	Figura 19: Bençãos dos foliões na bandeira.
110	Figura 20: Bandeira 1 no ritual de saída das bandeiras.
116	Figura 21: Bandeira 2 rumo ao Parque de Tradições.
127	Figura 22: Giro da bandeira 1 na Água da Onça.
130	Figura 23: Batalhões de Folia de Reis de Florínea.
131	Figura 24: Palhaços da Folia de Reis de Florínea.
132	Figura 25: Festeiros esperando os batalhões de Folia de Reis de Florínea na gruta.
133	Figura 26: Chegada dos foliões na gruta e presépio do Parque de Tradições.
137	Figura 27: Palhaços oram frente ao presépio.
139	Figura 28: Entrada dos festeiros no barracão do Parque de Tradições.
152	Figura 29: Mesa com alimentos sob barracão improvisado.
152	Figura 30: Homem segurando bacia com carne assada na frente do antigo barracão improvisado.
163	Figura 31: Pessoas esperando as bandeiras chegarem ao "Parque de Tradições, Exposições, Leilões e Festejos Prefeito Benedito Sebastião de Paula".
170	Figura 32: Rotas das bandeiras de Florínea nos dias 06 de janeiro.
171	Figura 33: Vista panorâmica do Parque de Tradições.
173	Figura 34: Placa de inauguração do Pavilhão de Festas "Santino Fabiano dos Santos".
176	Figura 35: Preparo do churrasco no Pavilhão de Festas Santino Fabiano dos Santos.
176	Figura 36: Fornos do Pavilhão de festas.
178	Figura 37: Preparo da comida na cozinha do Pavilhão de Festas Santino Fabiano dos Santos.
178	Figura 38: Pessoas comendo e garçons servindo no Pavilhão de Festas Santino Fabiano dos Santos.
178	Figura 39: Mulheres trabalhando na cozinha do Pavilhão de Festas Santino Fabiano dos Santos.
180	Figura 40: Mulheres lavando louça no Pavilhão de Festas Santino Fabiano dos Santos.
181	Figura 41: Mulheres compondo conjunto musical.
182	Figura 42: Mulher vestida de palhaça.

183	Figura 43: Barracas e comercialização de produtos na Folia de Reis.
184	Figura 44: Barracas do Parque de Tradições em um dia comum.
185	Figura 45: Público variado na Folia de Reis.
185	Figura 46: Tenda com bar e mesas que abrigam o público festivo.
187	Figura 47: Altar na gruta do Parque de Tradições.
187	Figura 48: Presépio montado na gruta do Parque de Tradições.
189	Figura 49: Capela do Parque de Tradições.
190	Figura 50: Interior da capela do Parque de Tradições.
191	Figura 51: Materiais do acervo/capela do Parque de Tradições.
193	Figura 52: Banheiros do Parque de Tradições.
194	Figura 53: Estacionamento do Parque de Tradições.
194	Figura 54: Carros na avenida Othon da Silva.
195	Figura 55: Parque de Tradições no mês de agosto
198	Figura 56: Barraca de Cristiano Arcanjo – Som e Produções.
198	Figura 57: Lembranças comercializadas na Folia de Reis de Florínea em 2014.
216	Figura 58: Troféus expostos na capela do Parque de Tradições.
217	Figura 59: Certificado do 7º Encontro Regional de Bandeiras de Santos Reis de Olímpia/SP.
231	Figura 60: Ata da Comissão de Santos Reis de Florínea (2010).

Lista de tabelas

51	Tabela 1: Rota de giro das bandeiras de Folia de Reis de Florínea.
87	Tabela 2: Elementos constituintes do conjunto musical da Folia de Reis de Florínea/SP.
146	Tabela 3: Temporalidade da Folia de Reis de Florínea/SP na memória social.
159	Tabela 4: Datas de reuniões da Comissão e mandatos do poder público de Florínea/SP.

Prefácio

"Hoje é dia de Santo Reis": memórias e histórias da Festa de Reis em uma pequena cidade de São Paulo

> *"Às vezes pode ser útil dar permissão ao povo para fazer palhaçadas e alegrar-se"*

Com essa frase o advogado francês Claude de Rubys, em fins do século XVI afirmava que somente assim se podia controlar o povo, que se não festejasse poderia cair no desespero, caindo na bebedeira ou pior, a querer analisar "o Rei e as princesas". Como afirma Natalie Zemon Davis, tal visão denota muito mais a mentalidade dos magistrados do que de fato os "usos efetivos da diversão popular". Davis busca demonstrar em seu *Culturas do Povo*[1] que tais festividades e diversão tinham sentidos que iam muito além de uma mera "válvula de escape", pois para a pesquisadora, "a vida festiva pode, por um lado, perpetuar certos valores da comunidade (até garantindo sua sobrevivência) e, por outro, fazer a crítica da ordem social". Para compreender essas manifestações, o que Davis chama de "Desgoverno" ela se embrenha na antropologia de Van Gennep.

Mas, qual seria a relação dessa discussão com o livro *Sentidos da Folia de Reis: um estudo da memória e da identidade da celebração popular em Florínea/SP*? Além do colorido e da centralidade dos palhaços no festejo, essa sociedade que congrega cidadãos envolvidos com a organização da festa funcionaria como uma espécie de "abadias de desgoverno".

Rafaela Sales Goulart nos conta essa história com detalhes, através da análise de inúmeras fontes, inclusive vinculando história e antropologia. Seu trabalho vai além das fontes escritas, orais e audiovisuais, pois ela também vai acompanhar de perto as reuniões, os encontros, e claro, as várias festas de Reis durante os anos de sua pesquisa. Ela nos revela que os sentidos da folia de Reis em uma pequena

---

[1] DAVIS, Natalie Zemon. *Culturas do Povo*: sociedade e cultura no início da França Moderna. São Paulo: Companhia das Letras, 1990, p.87

cidade do interior de São Paulo, se mistura também com a história e a fundação do pequeno município.

A narrativa e a temporalidade da festa se confunde também com a longa duração, posto que a festa de Reis é celebrada desde o período colonial no Brasil e se estende, com mudanças e permanências, até o nossos dias. Como Rafaela afirma, "os variados sujeitos que compõem as festas religiosas do século XIX e as diversas maneiras de festejar, são elementos também perceptíveis em manifestações culturais dos tempos atuais, demonstrando que entre readaptações realizadas nas celebrações populares, há resquícios de um catolicismo enriquecido por elementos de outras religiões ou religiosidades, constituído pelos contatos e trocas favorecidas (ou forçadas, no caso escravidão africana) com as migrações e imigrações ocorridas ao longo da história social brasileira. Neste processo, a imbricação de expressões, sabores e lugares vivenciados ou sentidos por indivíduos e grupos humanos, evidencia a mistura de variadas etnias e realidades espaciais presentes em comemorações como no caso das Folias de Reis".

Essa tradição festiva, como é narrada neste trabalho, dá sentido às vivências e ao cotidiano da população na cidade de Florínea e, muitas vezes, as ações do grupo se misturam com a política e acabam incidindo e modificando também os espaços da cidade, como é o caso do Parque das Tradições. Nome sugestivo para um lugar criado na década de 1990 para abrigar as festas, manifestações culturais da cidade e principalmente, para a celebração do dia de Reis, onde festeiros e a comunidade se reúne para festejar e participar de um banquete coletivo.

Outro ponto deste entrecruzamento é sobre um dos fundadores da cidade, Sebastião Alves de Oliveira, que também será o homem responsável, nas histórias contadas pela comunidade, pelo início das festividades de Reis na localidade.

Sentidos da Folia de Reis nos permite ouvir as vozes de pessoas da comunidade ou envolvidas com o poder público local através de formas distintas: nas entrevistas, na análise de suas memórias, nas imagens, nos cânticos e músicas compostas pelos foliões que descrevem o cotidiano e a crença dos festeiros, sua devoção e compromisso com o grupo e com a cidade. E também, através de documentos escritos produzidos por instituições e jornais, denotando o quanto a cidade e o poder público dialogam com esta festividade.

Se, como afirma Rafaela, naquele momento, ainda era pouco conhecido os sentidos sobre a Folia de Reis de Florínea, hoje, a "ideia de sua complexidade surge um tanto quanto mais apurada. Não só o ritual, os símbolos e os significados que lhes são conferidos resumem todos os sentidos que tal manifestação cultural possui, mas as modificações de suas práticas e representações, pautadas em determinado lugar e tempo, podem explicar os porquês de sua continuidade, mesmo que ressignificada, e de sua consciência social na contemporaneidade".

Rafaela desvenda esses sentidos e conclui sua missão. Como é entoado pelos foliões de Florínea no final da festa, ao som de violas, violões, caixas, pandeiros, maracas, rojões e as mais variadas vozes dos cantores, com muita emoção e empolgação:

[...] Terminei minha missão ai, acabou a festa de Santos Reis ai ô...

Profa. Dra. Fabiana Lopes da Cunha
UNESP e Visiting Fellow Research King´s College London

Introdução

O presente livro tem como tema a Folia de Reis de Florínea, Estado de São Paulo. Celebrada ininterruptamente há mais de 60 anos, a festividade se sustenta na devoção popular atribuída aos chamados Santos Reis ou Três Reis Magos, sendo realizada entre os dias 25 de dezembro e 6 de janeiro. A primeira data faz alusão ao nascimento de Jesus, momento em que os magos teriam saído do Oriente para ir de encontro com o recém-nascido, e já o dia 6 de janeiro, feriado de comemoração aos Santos Reis em Florínea desde 2010,[1] marca o culto cristão à Epifania,[2] onde se celebra o encontro dos magos com Jesus. Assim, os magos que teriam sido norteados por uma estrela até Belém, reconheceram e adoraram o menino, contribuindo com o processo de salvação daquele que seria o Salvador, do reinado de Herodes.[3]

Através de símbolos e performances variadas, a Folia de Reis de Florínea é realizada por dois batalhões (também chamados de bandeiras de número 1 e 2), compostos cada um deles por: 1 capitão, 1 conjunto musical com 7 cantores e instrumentistas, 2 a 4 palhaços/bastiões, 1 bandeireiro(a) e 1 bandeira, sendo a última, o principal símbolo da festa. O ritual sagrado compreende três momentos específicos, iniciando pela "saída das bandeiras" da casa do(a) festeiro(a) no dia 25 de dezembro. Desse ponto, cada grupo parte para "o giro das bandeiras" pela cidade de Florínea e região (Tarumã, Pedrinhas Paulista, Cândido Mota, Assis e Echaporã), etapa em que são feitas as bençãos dos lugares visitados e a arrecadação das prendas (alimentos, bebidas ou dinheiro) que serão convertidas em uma grande refeição compartilhada

---

1 Fonte: FLORÍNEA (SP). Lei Nº 351/2009, de 02 de dezembro de 2009. *Dispõe sobre Feriados Religiosos no Município*. Florínea, 2009.
2 "[...] *epí*, "em cima", e *phanos*, "aparição", porque a estrela apareceu no céu para indicar que Cristo era o verdadeiro Deus" (DE VARAZZE, 2003, p. 149 apud PINTO, 2010, p. 28).
3 Consultar livros de Mateus (1: 18-22) e Lucas (1: 26-37; 2: 1-21). In: BÍBLIA SAGRADA - Edição Pastoral Catequética. (137ª Ed. revisada por Frei João Pedreira de Castro, O. F. M., e pela equipe auxiliar da editora). São Paulo: Ave Maria; Claretiana, 2000.

gratuitamente na festa final do dia 6 de janeiro, momento onde ocorre o "Encontro das bandeiras e a coroação de festeiros(as)" para o próximo ano. Além desses elementos responsáveis pela prática do ritual sagrado, há de se mencionar os demais integrantes do grupo de foliões; ou seja, os organizadores (membros da Associação Folclórica de Reis Flor do Vale de Florínea), simpatizantes, devotos e voluntários que trabalham em função da realização e da existência da Folia de Reis no contexto de Florínea. Alguns desses sujeitos, inclusive, também são membros dos já citados batalhões. Tal grupo de foliões identificados, geralmente, através de outro símbolo da festa em questão, o lenço vermelho, serão chamados no decorrer do texto como "foliões" ou "grupo de Folia de Reis de Florínea".

A Folia de Reis de Florínea persiste nas práticas e representações do grupo que a produz, reconduzindo seus costumes através das memórias sociais. De modo geral, a cultura da Folia de Reis foi sendo remodelada ao longo dos anos e dos lugares onde ela é celebrada, assim como outras manifestações populares que apresentam características não só do Cristianismo, como de outras religiões e religiosidades. Sobre o catolicismo popular presente no Brasil, por sua vez, apresenta-se uma explicação fundamentada no passado colonial, onde o trabalho de evangelização era conduzido às terras colonizadas, servindo como uma tentativa de civilizar os povos aqui existentes e os povos transportados para esta Colônia. Todavia, este trabalho foi limitado pelos escassos recursos enviados pela Coroa portuguesa, fator este que contribuiu para que fosse atribuído também aos leigos, a função evangelizadora pelo amplo território. Estes dados encontrados nos estudos de Martha Abreu (1999),[4] promoveram segundo a historiadora, a organização de confrarias, irmandades, ordens terceiras ou associações que reuniam membros de variadas origens sociais para praticar este "[...] catolicismo barroco, repleto de sobrevivências pagãs, com seu politeísmo disfarçado, superstições e feitiços, que atraíram muitos negros, facilitando sua adesão e paralela transformação" (ABREU, 1999, p. 34). Nestes espaços festivos que reuniam o sagrado e o profano, "Além das missas com músicas mundanas, sermões, te-déuns, novenas e procissões, eram partes importantes as danças, coretos, fogos de artifício e barracas de comidas e bebidas" (*Ibidem*, p. 34).

Os variados sujeitos que compõem as festas religiosas do século XIX e as diversas maneiras de festejar, são elementos também perceptíveis em manifestações

---

4   Martha Abreu analisa as festas religiosas e a cultura popular praticada no Rio de Janeiro do século XIX, seu estudo dá enfoque à celebração do Divino Espírito Santo. Consultar: ABREU, Martha. *O Império do Divino*: festas religiosas e cultura popular no Rio de Janeiro, 1830-1900. Rio de Janeiro: Nova Fronteira; São Paulo: Fapesp, 1999.

culturais dos tempos atuais, demonstrando que entre readaptações realizadas nas celebrações populares, há resquícios de um catolicismo enriquecido por elementos de outras religiões ou religiosidades, constituído pelos contatos e trocas favorecidas (ou forçadas, no caso escravidão africana) com as migrações e imigrações ocorridas ao longo da história social brasileira. Neste processo, a imbricação de expressões, sabores e lugares vivenciados ou sentidos por indivíduos e grupos humanos, evidencia a mistura de variadas etnias e realidades espaciais presentes em comemorações como no caso das Folias de Reis.

Esta mistura cultural presente na celebração já tinha sido iniciada nas terras dos colonizadores, os quais migraram para o território brasileiro com as tais riquezas do catolicismo popular. Mello Moraes Filho (2002) aponta às possíveis origens das Folias de Reis, citando-as como recorrentes em Portugal e na Espanha do século XIII. Desta maneira, o memorialista demonstra que elas foram trazidas para o Brasil apresentando características artísticas que compreendem o auto/teatro (personagens se vestem de pastores e reis magos), a poesia e a música (quadrinhas e toadas), os instrumentos musicais (violão, guitarras, gaitas, sanfonas, flautas, castanholas e pandeiros) e as danças (chulas e fandangos).

As dinâmicas sociais e espaciais que formaram as Folias de Reis brasileiras, possibilitaram também variadas nomenclaturas sobre o festejo. No *Dicionário do Folclore Brasileiro,* Luis da Câmara Cascudo (1954) publica alguns verbetes que podem designar a celebração como: *Folia, Janeiras, Ranchos, Reis, Reisado* e *Ternos*. O autor destaca que *Reis* eram festas populares que celebravam os Três Reis Magos e sua visita ao menino Jesus. Além de Portugal e Espanha, ele informa que esta prática festiva era comum também na França, Bélgica, Alemanha, Itália e em outros lugares da Europa. O folclorista reafirma a ideia de que estas celebrações são reinventadas a partir de outros festejos. As *Janeiras*, por exemplo, estavam "[...] ligadas na Europa, à cultos agrários, as *Kalendas Januari*, festejadas no início do ano, propiciando a fertilidade futura." (*Ibidem*, p. 470). Tanto nas *Janeiras* quanto em outras comemorações natalinas, tinha-se o costume de dar e receber presentes e, além desta característica, era comum os grupos cantarem versos em quadras, pedindo alimentos e dinheiro. Portanto, estas *folias* (Divino Espírito Santo, Reis, São Benedito) eram vistas como um bando precatório de pessoas que pedem esmolas. De acordo com o folclorista, ao percorrerem sítios e fazendas, as Folias de Reis podiam ainda ser chamadas de Folias de Reis de Caixa, e ao percorrerem as ruas da cidade, poderiam ser chamadas apenas de Folias de Reis, ou também, de Folias de Reis de Banda e/ou Música (*Ibidem*, p. 774).

As datas e os horários de comemoração das Folias de Reis dependerão dos lugares onde são praticadas. As Folias de Reis de Cunha (SP), por exemplo, costumavam ser realizadas no período noturno, iniciando-se no dia 24 de dezembro e perdurando até 2 de fevereiro, dia da Candelária (ARAÚJO, 1949, p. 416-448 *apud* CASCUDO, 1954, p. 402-403). Já em estudos de Zaíde Maciel de Castro e Aracy do Prado Couto (1977, p. 3-22), voltados para a celebração praticada no Rio de Janeiro, registrou-se que as Folias de Reis eram iniciadas na meia-noite do dia de Natal e se estendiam até o dia 20 de janeiro, dia de São Sebastião.

Diferenciando-se destes exemplos, as Folias de Reis de Florínea, ocorrem entre os dias 25 de dezembro e 6 de janeiro e, muito provavelmente, em função da releitura de evangelhos e de versos populares da "Saudação ao Presépio", o horário em que o grupo de foliões de Florínea costuma se encontrar no dia 25, na casa do festeiro, é às 12 horas. Já o horário de encerramento da celebração religiosa no Parque de Tradições, no dia 6 de janeiro, é aproximadamente às 18 horas.

Vera Irene Jurkevics (2005, p. 79) apresenta que as datas de realização das Folias de Reis trazidas pelos portugueses possuem raízes, segundo suas palavras:

> [...] na Festa do Sol Invencível, comemorada inicialmente pelos egípcios e, mais tarde, incorporada pelos romanos. Essa celebração, na sua primeira versão, acontecia em 6 de janeiro e a romana em 25 de dezembro, de acordo com o calendário gregoriano.

O calendário cristão que fixa as datas das comemorações do nascimento de Jesus (25 de dezembro) e de adoração aos magos (ou epifania, 6 de janeiro), por sua vez, foi criado segundo Kátia Kodama (2009) em 367 d. C., pelo Papa Julio I. Desta maneira, este calendário que sobrepõe datas de realização de antigos cultos e comemorações pagãs ligadas à fertilidade, foram estrategicamente instituídas junto ao Cristianismo. Não é por acaso que "Os próprios Reis Magos, apesar de remeterem ao universo pagão da magia e da astrologia, foram integrados à escatologia cristã como arautos e testemunhas do surgimento de uma nova era" (PAULINO, 2008, p. 4).

Readequadas historicamente, as Folias de Reis se tornam uma herança cultural na medida em que sobrevivem nas memórias dos sujeitos que a praticam, criando-se costume que pode apresentar permanências, rupturas e resistências, se analisadas ao longo de suas ocorrências em certos espaços e tempos. As máscaras utilizadas pelos palhaços na celebração, por exemplo, foram absorvidas de celebrações pagãs européias e se mantêm ressignificadas nesta e em outras celebrações do catolicismo popular (*Ibidem*, 2008). Dentro desta perspectiva, tanto as Folias de Reis quanto seus próprios elementos festivos devem ser observados a partir de seu contexto e do espaço em que são celebradas.

O estudo acerca da Folia de Reis de Florínea começou a ser desenvolvido em 2012, momento em que foi iniciada uma especialização na área de História e Humanidades, pela Universidade Estadual de Maringá (PR). Orientada pela professora Sandra de Cássia Araújo Pelegrini, realizaram-se os primeiros contatos com alguns agentes da Folia de Reis; ou seja, aqueles que praticavam, vivenciavam e, sobretudo, ressignificavam a manifestação cultural da cidade de Florínea. Naquele momento, houve a percepção de que as principais reconfigurações da celebração popular se deram a partir de 1990, momento em que o grupo de foliões passou a documentar suas reuniões em atas anuais, organizando-se efetivamente junto à Folia de Reis no Parque de Tradições, um lugar público instituído pela Prefeitura Municipal de Florínea.

Entretanto, foi durante a experiência do mestrado, iniciado em meados de 2013 sob a orientação de Fabiana Lopes da Cunha, que os contatos com o objeto de pesquisa foram estreitados e amadurecidos. Mediante entrevistas com o grupo de foliões, composto por integrantes do ritual festivo e da Associação Folclórica de Reis Flor do Vale de Florínea, foram totalizados 21 relatos orais, além de documentações diversas (atas e cadernos de versos manuscritos, letras de músicas, leis, processos jurídicos, filmes e fotografias) que foram adquiridas através desses contatos e durante o momento de análise das entrevistas, possibilitando, portanto, um melhor entendimento sobre a Folia de Reis de Florínea que, sob os eixos condutores "memória, identidade e patrimônio", demonstraram quem, como e porque se constituiu uma consciência social sobre esta manifestação cultural em Florínea, cidade com menos de 3 mil habitantes, localizada no interior do Estado de São Paulo. Assim, também foram produzidas fotografias durante as celebrações populares vivenciadas em Florínea e levantadas mais 4 entrevistas (com a secretária de cultura do município, com um pároco influente entre os foliões do grupo, com o autor de músicas sobre as memórias da festa e com o produtor dessas músicas e filmes sobre a mesma) que arregimentaram as ilustrações e discussões do livro.[5]

Vale dizer que a noção de consciência social está pautada na percepção de que o sentimento de pertença do grupo de foliões contribui para que ações sociais

---

5   A reunião da documentação, bem como toda a reflexão sobre a mesma está historicamente pautada entre os anos em que fiz a pesquisa, o que significa, por exemplo, que posteriormente ao ano de 2016, as funções sociais e nomenclaturas da Folia de Reis de Florínea, bem como as próprias minibiografias dos foliões são passíveis de revisões.

sejam apropriadas e promovidas para manter o bem cultural vivo em Florínea, ao passo que este é arregimentado a partir das construções discursivas oficiais. Assim, as interfaces entre a história e os bens culturais contribuem com a formação e fortalecimento das identidades individuais e coletivas.

Dessa maneira, o livro tem como objetivo registrar a história e a memória do ritual da Folia de Reis de Florínea, relacionando-as com a história da cidade onde ela foi adquirindo sua identidade, tornando-se um patrimônio cultural que demanda políticas de incentivo e ações sociais para sua manutenção enquanto algo dinâmico.

As memórias evidenciaram que Florínea foi ocupada no início do século XX, momento em que veio para essa região Sebastião Alves de Oliveira, não só considerado o fundador e primeiro festeiro da Folia de Reis de Florínea, como também, o fundador da cidade, pelo poder público local. Além disso, a partir do momento em que Florínea foi emancipada, em 1953, teve início o processo de mudança da celebração da Folia de Reis, migrando paulatinamente esta, para o cenário urbano da cidade. Aproximadamente na década de 1960, as duas bandeiras que compõem o grupo festivo passaram a ser reconhecidas através dos nomes dos mestres (foliões líderes do conjunto musical no ritual de louvor a Santos Reis que, geralmente, eram funcionários dos fazendeiros; pessoas com menor poder aquisitivo) e não apenas dos festeiros (proprietários de terras que tinham um maior poder aquisitivo e, portanto, geralmente se responsabilizavam pela organização da festa final de Santos Reis, disponibilizando o local para a mesma e financiando aquilo que não era adquirido nas andanças dos foliões durante o ritual de giro das bandeiras). Depois disso, entre as décadas de 1970 e 1980, a celebração sofreu uma dificuldade, desencadeada pela falta de local para a realização da festa final, o que motivou o grupo de foliões a buscar ajuda da comunidade florinense para sua realização, acarretando, portanto, na compra do terreno do "Parque de Tradições, Exposições, Leilões e Festejos Prefeito Benedito Sebastião de Paula" pela Prefeitura Municipal de Florínea,[6] lugar onde passariam a ser realizadas anualmente as festas dos Santos Reis.

Neste horizonte, o livro apreciará a consciência social construída sobre o patrimônio da Folia de Reis que, por ser objeto de interesses sociais diversos, colaborou com o fortalecimento da identidade do grupo de foliões e com a continuidade do bem cultural no atual contexto da cidade de Florínea. Desse modo, reflete-se tanto sobre as propostas e perspectivas desta comunidade formada de foliões, como sobre

---

[6] Fonte: FLORÍNEA (SP). Lei Ordinária Nº 006/89, de 2 de março de 1989. Autoriza a prefeitura municipal de Florínea a adquirir terreno. Florínea, 1989.

as ações dos agentes do poder público local – legislações e planos provenientes da Secretaria Municipal de Cultura, vide Prefeitura Municipal de Florínea – sobre a salvaguarda do patrimônio cultural em Florínea.

A delimitação temporal da pesquisa situa os anos de 1993 e 2013, pois o primeiro indica a inauguração oficial do Pavilhão de Festas "Santino Fabiano dos Santos", um barracão que abriga a cozinha e a área de distribuição de alimentos da festa que encerra o ciclo de celebrações dos Santos Reis no dia 6 de janeiro, sendo também lugar onde ocorre a coroação de festeiros(as) para o ano posterior. Localizado no Parque de Tradições, esse Pavilhão foi considerado um símbolo de institucionalização da Folia de Reis na cidade, logo que, nele são compartilhadas as refeições, fruto das arrecadações adquiridas pelos foliões durante o giro de visitações, sendo, portanto, ponto chave da memória coletiva acerca das principais mudanças que ocorreram em termos de organização da celebração na cidade. Já o ano de 2013 faz referência à criação da Associação Folclórica de Reis Flor do Vale de Florínea, oficializando a antiga Comissão de festas documentada a partir de 1990. Ou seja, os anos destacam as ações de conscientização sobre o patrimônio da Folia de Reis, tanto pelo poder público quanto pelo grupo detentor do bem cultural.

A partir desse pressuposto, o texto se faz produto de experiências vivenciadas através das observações das festas finais de Santo Reis e de entrevistas/questionamentos realizados com foliões da celebração de Florínea que, no caso da pesquisa de mestrado, a qual resultou esse livro, ocorreram entre 2013 e 2016. Cabe a ressalva de que o envolvimento com os sujeitos e com a própria celebração estudada é resultante da metodologia que fundamenta a essência documental desse trabalho, a metodologia da história oral que, do ponto de vista qualitativo, contribui na construção de material/memória sobre a Folia de Reis de Florínea, dentro do recorte temporal escolhido, bem como na reflexão sobre o lugar dos(as) historiadores(as) no campo de discussões relativas aos patrimônios culturais brasileiros, sobretudo, imateriais. Sobremaneira, é importante destacar que independente da metodologia adotada à análise documental, a qual sugere o dito envolvimento entre pesquisa e pesquisador(a), o documento:

> É antes de mais nada o resultado de uma montagem, consciente ou inconsciente, da história, da época, da sociedade que o produziu, mas também das épocas sucessivas durante as quais continuou a viver, talvez esquecido, ainda que pelo silêncio. O documento é uma coisa que fica, que dura, e o testemunho, o ensinamento que ele traz deve ser em primeiro lugar anali-

> sado desmistificando-lhe o seu significado aparente. O documento é monumento. Resulta do esforço das sociedades históricas para impor ao futuro – voluntária ou involuntariamente – determinada imagem de si próprias. No limite, não exige um documento-verdade. Todo documento é mentira. Cabe ao historiador não fazer o papel de ingênuo. [...] um monumento é em primeiro lugar uma roupagem, uma aparência enganadora, uma montagem. É preciso começar por desmontar, demolir esta montagem, desestruturar esta construção e analisar as condições de produção dos documentos-monumentos. (LE GOFF, 1984 *apud* ALBERTI, 2010, p. 183-184).

A ideia de *documento/monumento* expresso por Jacques Le Goff é apropriado nos estudos de Verena Alberti (2010) quando a autora, ao escrever um texto teórico e metodológico sobre história oral, compartilha com os leitores a necessidade de, no ato de se elaborar, realizar e analisar entrevistas, é necessário saber ouvir o que elas têm a dizer; ou seja, tomá-las como um todo na medida em que são percebidas as visões dos entrevistados (*Ibidem*, p. 185) que, no caso desta pesquisa sobre o patrimônio da Folia de Reis de Florínea, não apresentarão apenas concepções sobre os elementos da festa e seu ritual em si, como também relações dessa festividade com suas próprias histórias de vida e com as condições sociais coletivas presentes no contexto da cidade por eles habitada, as quais apontam para a salvaguarda da celebração em Florínea e de sua identidade que pode ser reconhecida em outras cidades e espaços de sociabilidades; isto é, para além do espaço físico conquistado pelos foliões, o Parque de Tradições, sede atual da Associação Folclórica de Reis Flor do Vale de Florínea.

Diante disso, o livro foi dividido em três capítulos. No primeiro, intitulado como "A cidade da folia: um giro pelas memórias e histórias de Florínea (SP)", localiza-se historicamente Florínea no Vale do Paranapanema, apontando os principais processos de migração e atividades econômicas praticadas na região que a envolve, o que dá um panorama geral sobre os atuais aspectos sociais, econômicos, políticos e culturais da cidade. Esse caminho percorrido até o desbravamento das memórias e histórias acerca da fundação da cidade e da festa foi escolhido devido à escassez de documentações próprias à história de Florínea.

Já no segundo capítulo, "A Folia de Reis de Florínea (SP): ritual, símbolos e significados", descreve-se minuciosamente quem são os elementos que compõem o grupo de Folia de Reis, apresentando suas funções sociais na festa, bem como os símbolos utilizados e os significados atribuídos a eles, o que permite entender as especificidades do ritual da Folia de Reis de Florínea.

No terceiro e último capítulo, "Sentidos da Folia de Reis de Florínea (SP): memória, identidade e patrimônio (1993-2013)", são apresentados fatos que demonstram como a celebração da Folia de Reis foi migrando do contexto rural à realidade urbana de Florínea, apontando que sua chegada ao Parque de Tradições, o lugar da festa, foi a principal mudança atribuída à mesma, em função da institucionalização das práticas da Folia de Reis e da própria festa na cidade. Além disso, ao apresentar tal lugar que inicialmente foi comprado pela prefeitura para a realização das variadas manifestações culturais de Florínea, será observado que ele foi adquirindo uma identidade ligada apenas à Folia de Reis. O fato de o lugar ser a atual sede da Associação Folclórica de Reis Flor do Vale de Florínea, de 2013, indica não só esta conquista do lugar da festa, mas do espaço da Folia de Reis na cidade de Florínea, o que pressupõe a consciência social sobre o patrimônio cultural. Entrementes, vale destacar que, a oficialização dessa entidade chamada Comissão desde antes da década de 1990, depois de 23 anos de sua organização no Parque de Tradições (comprovadas através das atas de reuniões anuais entre 1990 e 2012), foi indício para se refletir sobre os limites das políticas culturais da cidade, considerando que a criação da Associação foi estratégia do grupo para fortalecer esse patrimônio no atual contexto de Florínea. Desse modo, através dos sentidos da Folia de Reis de Florínea, o capítulo reflete questões sobre os patrimônios culturais, sobretudo, de natureza imaterial, apresentando ideias de educação patrimonial e os limites das ações políticas em prol da salvaguarda destes bens culturais tão importantes às histórias e memórias sociais.

Por fim, não se pode deixar de mencionar que, através das experiências com a pesquisa, a própria pesquisadora ganhou consciência sobre o patrimônio da Folia de Reis de Florínea. Isso graças ao contato com muita gente sábia que vivencia tal bem cultural e, também, às leituras em bibliografias de variadas áreas científicas e de documentações diversas que contribuíram no processo de reflexão histórica sobre os sentidos das práticas e das representações que permeiam o cotidiano e as instituições sociais, responsáveis pela sua constante ressignificação, como ocorreu com a Folia de Reis de Florínea. Portanto, a pesquisa disposta nesse livro é produto desta troca de experiências que permite, por sua vez, reflexões para além da comunidade investigada.

CAPÍTULO 1

A CIDADE DA FOLIA DE REIS:
um giro pelas memórias e histórias de Florínea (SP)

1.1 Florínea no Vale do Paranapanema

A região que compreende a cidade de Florínea é também conhecida como Vale do Paranapanema. Território que, em meados do século XIX, apresentava uma paisagem de florestas habitadas por indígenas,[1] passando a ser (re)ocupada em um movimento denominado "marcha para o oeste" (PENÇO, 1980, p. 2), o qual foi propiciado com a implantação do estatuto de terras – a Lei de Terras de nº 601, de 18 de setembro de 1850 – que permitia a separação entre as chamadas terras particulares e devolutas.[2]

Nesse processo de separação de propriedades, as terras devolutas sofreram um aumento de custo que limitava possíveis aquisições que não fossem próprias aos donos das terras particulares, o que não alteraria o poder de poucos sobre elas. Entretanto, as terras devolutas identificadas como "As que não estivessem sendo usadas pelo poder público, não estivessem sob domínio privado, ou não estivessem sob posse mansa e pacífica apta a gerar domínio" (*Ibidem*, p. 32), como subentende a definição, acabaram sofrendo um processo de ocupação que desconsiderava "a posse mansa" dos indígenas. Nesse mesmo contexto, também ocorria a proibição do tráfico negreiro, fator que fez com que os grandes proprietários de terra estivessem atentos à progressiva substituição da mão-de-obra escrava pela livre e, já pensando

---

1 De acordo com dados publicados na tese de Celia Pençó (1980, p. 23), no Vale do Paranapanema estavam localizadas as tribos, em ordem de população: Kaigang e Guaianá; Oti e Chavante; Opaiê e Xavante.
2 Sobre o assunto, consultar: PENÇO (1980); MONBEIG (1984); CORRÊA (1985); CREDDO (1987).

também em ocupar "às terras de ninguém", passaram a aderir ao colonato[3] e ao seu sistema de parcerias, promovendo a chamada "grande imigração" de 1880.

Tais fatores possibilitaram a ocupação primitiva do Vale do Paranapanema, também conhecida como "frente de expansão" (1850-1900). Posteriormente a esse período que "[...] combina com uma economia a base de trocas e, portanto, ainda não pelas regras capitalistas" (ARAÚJO; CUNHA, 2011, p. 44), desenvolve-se a chamada "frente pioneira" (1900-1940) (PENÇO, 1980, p. 8-11), a qual, a partir dos investimentos para o cultivo do café e de empreendimentos para instalação de ferrovias, contribui para novos deslocamentos para o interior a partir da compra ou doação de propriedades.

A "frente de expansão" ou "o processo de evaporação das terras devolutas" do oeste do Estado de São Paulo, foi desencadeada pelos mineiros José Teodoro de Souza, João da Silva Oliveira e Francisco de Paula Moraes. Homens que, possivelmente, conseguiram encontrar brechas naquele recente sistema de leis do Estado provincial, promovendo o entendimento de que já obtinham posses sobre as terras do Vale do Paranapanema. Ou seja, causando a já esperada dizimação de populações indígenas ao reocupá-las para o preparo de campos e roças de subsistência e, em segundo momento, conquistavam-nas efetivamente através da grilagem; isto é, falsificavam títulos de propriedade, fazendo-se legalmente donos das mesmas (PENÇO, 1980).

Essa primeira fase de reocupação das terras do oeste possibilitou a adequação da região para a "frente pioneira" (*Ibidem*, p. 12-18). Momento em que a exploração econômica das terras do interior do Estado de São Paulo foi arregimentada com a construção de ferrovias e de estradas de rodagem (substituição de carros de bois por caminhões e carros), possibilitando a criação dos primeiros núcleos urbanos a partir da venda ou doação de propriedades. Rodrigo Christofoletti (2009) também aponta que o surgimento dos primeiros núcleos habitacionais "[...] resultaram de doações de glebas de terra à Igreja Católica feitas com base nos resultados da Comissão Geográfica e Geológica do Estado de São Paulo, criada em 1886" (CHRISTOFOLETTI, 2009, p. 26).

A maior circulação de pessoas pelo oeste paulista, disparado nas décadas de 1920 e 1930, permitiu também o desenvolvimento do poder político pelo Vale do Paranapanema, o que resultou em novos núcleos habitacionais (CORRÊA, 1988, p.

---

3   Neste regime de exploração de trabalho, com bases familiares, "[...] o colono, [...] era ao mesmo tempo, um assalariado, um trabalhador de subsistência, um produtor e negociante de mercadorias e um consumidor" (HOLLOWAY, 1984, p. 126 *apud* BASSANEZI, 1986, p. 7).

48). Além disso, entre os anos de 1940 e 1960, esse sistema capitalista já fortemente pautado na produção de café e de cana-de-açúcar, consolida-se com novos empreendimentos em lavouras de algodão, produto que, no momento, era requisitado no mercado internacional de exportação (PENÇO, 1980, p. 4).

Afunilando-se à ótica da região em estudo, a qual compreende a cidade de Florínea, constatou-se que esta foi distrito de Assis no início do século XX. O mapa abaixo mostra a atual posição de Florínea em relação à Assis, sendo elas distanciadas por 46 quilômetros.

Figura 1: Mapa da região administrativa de Marília.

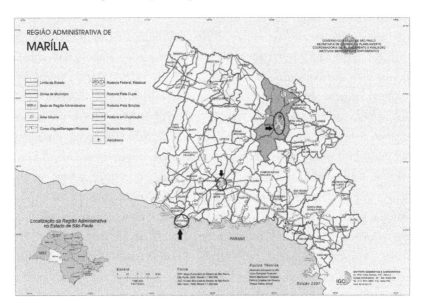

A título de ilustração, as cidades de Florínea, Assis e Marília estão circuladas e indicadas com setas. Fonte: DER. Mapa Rodoviário do Estado de São Paulo, 2006. Escala 1: 1000 000.

Assis é fruto da venda de uma vasta porção de terras de José Teodoro de Souza para o fazendeiro Francisco de Assis Nogueira e seu sócio José Machado Lima. Batizada pelo nome de Fazenda Taquaral, "[...] se tornou o primeiro imóvel adquirido por compra cartorial na década de 60 do século 19 no Vale do Paranapanema" (CREDDO, 1987, p. 49 *apud* CHRISTOFOLETTI, 2009, p. 26). Dessa fazenda, parte das terras foi doada ao episcopado católico em 1905, formando assim o Patrimônio de Assis. A partir do surgimento de Assis, por sua vez, percebe-se mais claramente a passagem das já explicadas "frente de expansão" e "frente pioneira" do oeste do Estado de São Paulo, oferecendo dicas para o possível processo de ocupação de Florínea.[4]

Entre os anos 1905 e 1918, Christofoletti (2009, p. 29) apresenta que existem poucos registros que se referem à história de Assis. Entretanto, explica que, com a chegada dos trilhos da Estrada de Ferro Sorocabana em 1914, Assis começa seu processo de urbanização, tornando-se no final da década de 1920, uma das cidades mais promissoras da parte baixa do Vale do Paranapanema. Para se ter ideia da potência expansionista e habitacional influenciada pelas vias ferroviárias, Assis, por exemplo, foi emancipada em 1917; ou seja, três anos após os trilhos da Sorocabana terem lá se fixado (CORRÊA, 1988, p. 56).

A história de desenvolvimento do Vale do Paranapanema apresenta as características gerais do cenário em que se insere o município de Florínea que, entre 1945 e 1953, foi distrito da comarca de Assis (FERREIRA, 1957, p. 321). De acordo com um resumo histórico referente à cidade de Assis, escrito no início da década de 1950 pelo decano dos advogados da comarca, Claudino de Oliveira Dias (1952, p. 17), na região eram desenvolvidas culturas de algodão, café, arroz, feijão, milho, mamona, batata e eucaliptos, e o valor das terras era calculado em aproximadamente 600$000 cruzeiros por alqueire. Além disso, Claudino Dias (1952) aponta que existia na cidade 450 km de estradas de rodagem, 400 km de estradas carroçáveis e 13 linhas de jardineiras que ligavam o município à Marília, Londrina, Catequese, Bela Vista, Avencas, Cornélio Procópio, Candido Mota, Porto Galvão, Porto Cinza, Fazenda Matarazzo, Anhumas, Ibiporan, Larangeiras, Primeiro de Maio, Sertanópolis, Vila Fortuna, Tabajara, Capivara, Lutécia, Cangerasa, Casa Grande, Piratininga, Faxina, Palmital, Campos Novos, Cruz Alta, Lageadinho, Oto Ribeiro, Dourados, Taruman, Paulo, Baitava, Porto Giovani, Vila Lex, Santo Antônio, Adolfo Cunha, Água das Flores, Pântano, Campinho, Pedrinhas, Primavera, Lageado, Figueira, Pitangueiras, Malaquias, Água do Macuco, Queixada, Frutal, Taquarussú, Maracaí, Fortuninhas, Ipê, Caçador, Pompeia, Vila Odessa e Tabajara.[5]

---

4   Devido à escassez e dispersão de documentos e bibliografias que remetem diretamente à história de Florínea e, sobretudo, em razão dos objetivos principais e prazo da pesquisa, optei por contextualizar a história da cidade junto à história de Assis. Doravante, o leitor perceberá que o suporte das discussões do livro, e nesse caso, do primeiro capítulo que relacionará a ideia de fundação da Folia de Reis junto à fundação da cidade de Florínea, tendo como ponto de partida o festeiro Sebastião Alves de Oliveira, serão as fontes orais construídas pela pesquisadora.
5   Tanto as cidades e os bairros rurais como o valor da moeda (600$000), foram transcritos levando em consideração as nomenclaturas utilizadas no início da década de 1950.

Dos lugares acima citados, destacam-se "Agua das Flores" e "Pântano" que, segundo dados expostos por João de Oliveira (1957), autor do histórico de Florínea na *Enciclopédia dos Municípios Brasileiros*, foram vilas que deram origem ao município de Florínea.⁶ De acordo com as informações por ele expressas, Florínea foi inicialmente habitada pela família Leme, a qual construiu uma capela que tinha como padroeiro São José, sendo rezada sua primeira missa no dia 19 de março de 1926. Dos nomes destacados no início de sua narração, estão os de Adolpho Leme, José Silva e Antônio Gomes da Silva, tendo o último doado uma parte de suas terras para a construção de mais uma capela: a de Santo Antônio, e além dela, doou mais uma quantidade de terras que seriam loteadas. Dessa forma, em 6 de agosto de 1936, o antigo bairro foi reconhecido e se tornou a vila Santo Antônio do Pântano (OLIVEIRA, 1957, p. 321).

Ainda em meados da década de 1930, João de Oliveira (*Ibidem*, p. 321) apresenta a chegada de Sebastião Alves de Oliveira e de várias outras famílias provenientes de Ribeirão Preto para a região de Florínea. Sebastião teria se instalado no bairro da Paca,⁷ local onde sediou sua fazenda que, posteriormente, foi transferida para a vila de Santo Antônio. Nela, loteou terras e as vendeu com algumas facilidades, atraindo pessoas para o local onde foi fundada a vila Pântano. Tanto o nome Pântano quanto Água das Flores, por sua vez, foram escolhidos em função de dois córregos (Córrego do Pântano e Córrego das Flores) que circundam o município de Florínea, instalado no dia 30 de dezembro de 1953.⁸

Fonte: DIAS, José Claudino de Oliveira. Resumo histórico de Assis. In: *Assis Antigo*. Cidade de Assis, 1952. Disponível no CEDAP, UNESP/Assis.

6   Justifica-se que os únicos trabalhos encontrados sobre Florínea, tirando o citado histórico do IBGE, são a monografia de conclusão de curso de bacharelado na área de geografia, "Processo de (des)ocupação de Florínea – SP", escrita por Adão Cícero Ferreira Nunes (1993) e a dissertação de mestrado na mesma área, de Carlos Augusto Machado (2001), denominada "Análise sistêmica do manejo integrado das microbacias hidrográficas Águas das Flores e do Barbado, no município de Florínea". No primeiro trabalho, o autor escreve o histórico do município a partir de entrevistas com antigos moradores de Florínea e já no segundo, o autor fundamenta seu histórico sobre a cidade na já citada Enciclopédia do IBGE.

7   Mais à frente, perceberemos relatos de foliões que apontam que a trajetória de Sebastião Alves de Oliveira pela região de Florínea foi iniciada na Água do Almoço (Cândido Mota/SP), sendo neste lugar, sua primeira habitação. Outro ponto interessante que será destacado é que os foliões consideram que, antes da união (instalação) das bandeiras de Folia de Reis de Florínea, uma era proveniente da Água da Paca e outra, da Água de Santo Antônio.

8   Fonte: Lei orgânica do município de Florínea (04/04/1990).

Adão Nunes (1993, p. 9) reafirma em seu estudo que Florínea sofreu seus primeiros processos de ocupação no início do século XX e enfatiza como elemento fundador a doação de cinco alqueires de terras pelo fazendeiro Sebastião Alves de Oliveira, os quais correspondiam à parte oeste da atual cidade de Florínea, formando o patrimônio de São José. Nesse sentido, momentos mais tarde, ou mais especificamente em 1937, o fazendeiro Antônio Silva Gomes comprou cinquenta alqueires de terra a leste da fazenda São José, oferecendo um alqueire para a fazenda Santo Antônio. Dessa maneira, percebendo a estagnação de seu patrimônio, Sebastião resolveu incentivar a fixação de pessoas naquele local anexo a Santo Antônio, doando e vendendo lotes a preços acessíveis à população,[9] o que surtiu no desenvolvimento do local que passou a ser chamado de Pântano, em alusão ao barro que lá se formava em dias de chuva (NUNES, 1993, p. 9).

Os lotes do Pântano e de Santo Antônio, portanto, formaram a cidade de Florínea. Eles eram cortados pela Rua São Paulo que, "em uma direção dava acesso ao Porto Geovani, na outra ia até a atual fazenda Mirizola, onde ocorria uma bifurcação, sendo que uma seguia rumo a Assis e a outra seguia para Cândido Mota" (*Ibidem*, p. 11). A figura abaixo representa o mapeamento dos antigos patrimônios que apresentavam como limite a Rua José Inácio Coelho de Souza (antiga Rua São Paulo):

---

[9] As informações fornecidas na pesquisa de Adão Nunes (1993) aparecem também nos relatos de Rozimbo do Nascimento (2012). Este folião apresenta que Sebastião teria dado "[...] casas para os que estavam junto com ele *(Sebastião)*, deu chácara, deu pedacinho de terra... o que ele não deu de terra, deu de lote...". Fonte: NASCIMENTO, Rozimbo do. *Entrevista [14 ago. 2012]*. Entrevistadora: Rafaela Sales Goulart. Florínea/SP, 2012. Áudio MP3 (01:04:54).

Sentidos da Folia de Reis

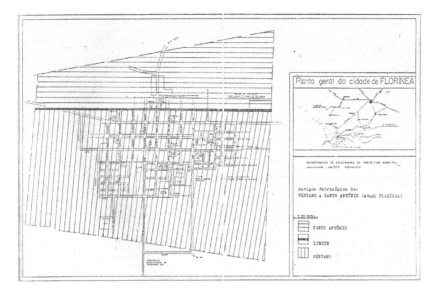

Figura 2: Planta geral da cidade de Florínea (*Ibidem*, p. 10).

Sobre as estradas e rodovia que dão acesso à Florínea, Adão Nunes (1993) comenta:

> Na época a estrada que dá acesso à Londrina (PR) passava pela cidade de Florínea, motivo pelo qual havia tanto interesse em fundar a cidade onde ela está hoje e se estabeleceu o núcleo urbano. Alguns anos depois iniciou-se a construção e pavimentação asfáltica da rodovia SP 333 que dá acesso a Londrina, por um percurso diferente da estrada velha e por motivos políticos (segundo alguns moradores), favorecendo alguns fazendeiros. A rodovia foi construída próximo ao antigo patrimônio de São José, aproximadamente a 3 quilômetros da cidade. (*Ibidem*, p. 11).

Tanto a construção de estradas de acesso, como a chegada de energia elétrica e água encanada, a construção de lojas e a transformação de casas de madeira em alvenaria; ou seja, as mudanças que ocorreram junto ao processo de emancipação político-administrativa da cidade a partir da década de 1950 deram a Florínea aspectos urbanos, tendo alcançado em 1960, uma população referente a 5.752 habitantes (NUNES, 1993, p. 18). Esse número de habitantes, por sua vez, era condensado à população rural, o que confirma as informações apresentadas pelo contramestre Onofre Lopes da Lima (2013), de que, em meados da década de 1950, a maioria da população da região de Florínea morava na zona rural (sítios e bairros), situação que tornava o giro da Folia de Reis um verdadeiro sacrifício, pelas raras condições de transporte.[10]

Nos levantamentos divulgados por Adão Nunes (1993), o significativo número de habitantes em Florínea naquele período atrelava-se ao fato de a população habitar terras que, mesmo não sendo de sua propriedade direta, eram por ela cultivadas e, portanto, havia uma produção de subsistência em lavouras de arroz, café, feijão, algodão e milho. O cultivo do milho ainda fornecia condições para a prática da chamada safra de porcos que: "[...] nada mais era que o plantio de milho e, ao chegar a época da colheita, os proprietários das lavouras deixavam os porcos livres na roça de milho para engordar rapidamente e eram vendidos em seguida" (*Ibidem*, p. 18).

As práticas rurais de subsistência demonstram características comuns dentro do processo de desenvolvimento do oeste paulista, onde os grupos sociais, a fim de buscar melhores condições para sobrevivência, acabam migrando frequentemente de um lugar para outro. Estes costumes itinerantes que se estenderam pela região de Florínea até fins do século XX, tanto indicam condições gerais de pobreza vivenciadas por grande parte da população, quanto possibilitam entender a disseminação da cultura da própria Folia de Reis no lugar. Nos relatos fornecidos por João Rodrigues Valim,[11] essas características ficam explícitas: "[...] a gente era pobre na época... não ficava só num local, principalmente quando era fazenda, mudava muito... Daí meu pai, quando nós estávamos pra lá... começou a cantar...". O fato de existir mais que uma bandeira de Folia de Reis em Florínea e região (Figura 7), por exemplo, subentende que o hábito era praticado por várias famílias, as quais foram reproduzindo a festividade de acordo com a necessidade do lugar que migravam.

Além dos fluxos migratórios ocorridos dentro da região de Florínea, Adão Nunes (*Ibidem*, p. 28-36) aponta que a cidade recebeu habitantes provenientes de outros lugares do Estado de São Paulo e também dos Estados do Paraná, Minas

---

10 Fonte: LIMA, Onofre Lopes de. *Entrevista [20 abr. 2013]*. Entrevistadora: Rafaela Sales Goulart. Tarumã/SP, 2013. Áudio MP3 (01:02:52).

11 João Rodrigues Valim possui 60 anos, nasceu na Água da Paca e foi registrado no cartório de Florínea, onde é atualmente aposentado e residente. Seu primeiro contato com a Folia de Reis foi por influência familiar. Seu pai, José Valim (Zé Fernandes), foi mestre da Folia de Reis em Florínea há mais de 60 anos e seu irmão também foi mestre, Fernando Valim Neto (Fernandes). João já cumpriu função de gritinho, escrivão, bandeireiro, contratinho, contratala, contrato. Hoje canta como contramestre na bandeira 2. Fonte: VALIM, João Rodrigues. *Entrevista [7 dez. 2013]*. Entrevistadora: Rafaela Sales Goulart. Florínea/SP, 2013. Áudio MP3 (01:34:53).

Gerais, Bahia, Ceará, Mato Grosso do Sul, Pernambuco, Alagoas e Paraíba. Tal população teria vindo para Florínea em busca de empregos, sendo sua principal atividade o corte de cana de açúcar.[12] Baseado em 182 entrevistados, o gráfico abaixo é uma releitura dos dados estipulados na pesquisa do geógrafo (NUNES, 1993, p. 30):

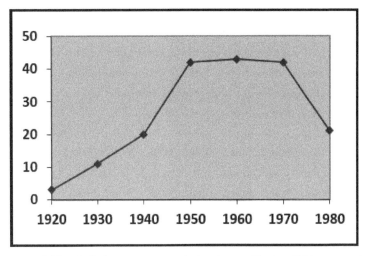

Figura 3: Gráfico de deslocamentos populacionais para Florínea/SP (1920 a 1980).

Embora o número de entrevistados seja relativamente baixo, as informações estabelecidas no gráfico sustentam alguns fatos importantes que ocorreram em Florínea e região, os quais incidiram diretamente na paisagem social e econômica do lugar. Como se percebe, o aumento do fluxo migratório para Florínea desde 1920 estabiliza-se entre os anos de 1950 a 1970, decaindo a partir de 1980. Esta diminuição de fluxos migratórios é explicada por Adão Nunes (*Ibidem*, p. 13-15) como resultante da geada de 1940 e a posterior implantação do Estatuto da Terra de 20/11/1964 (lei nº 4.504), elementos que contribuíram para o fim da lavoura de café, para o não registro de trabalhadores rurais pelo fato dos proprietários de terra não quererem pagar seus direitos, o que fazia com que os trabalhadores procurassem melhores condições de vida nas cidades vizinhas e, também, para o processo

---

12   Estes trabalhadores passaram a ser conhecidos como bóias-frias, termo que faz alusão às condições de suas refeições, por não possuírem condições de esquentá-las, sendo levadas para o trabalho no campo em marmitas. Sobre a mobilidade dos cortadores de cana de açúcar e as relações capitalistas no campo, consultar: RIBEIRO, Vitor Hugo; ROCHA, Márcio Mendes. Exploração e alienação da força de trabalho: os trabalhadores da cana-de-açúcar mobilizados pelas unidades de produção de Cidade Gaúcha e Rondon-PR. *Revista Pegada* – vol. 12, n.1, junho/2011.

de mecanização da produção agrícola na região, que já estava ligada à cultura da cana-de-açúcar. Junto a esses elementos, considera-se importante acrescentar outro fenômeno natural que ocorreu posteriormente, a geada de 1975. Conhecida pejorativamente como geada negra, ela prejudicou várias culturas agrícolas do oeste do Estado de São Paulo, destacando-se a já citada cana-de-açúcar e, também, toda a região cafeeira do norte pioneiro do Paraná.

A queda do fluxo migratório percebida entre 1970 e 1980 em Florínea, entretanto, quando comparada ao número de habitantes apontado no censo de 2010 do IBGE, demonstra a estabilização populacional no município de Florínea que contou 2.829 habitantes nos primeiros dez anos do século XXI.

De maneira geral, os poucos estudos e abordagens sobre a história de Florínea não deixaram de contemplar suas relações com a história do desenvolvimento do capitalismo que incidiu diretamente no processo de urbanização das cidades do oeste do Estado de São Paulo, trazendo para esta região do interior paulista diversos migrantes, primeiramente com o cultivo do café, que se expandiu com a Estrada de Ferro Sorocabana (com seus trilhos em Assis e Cândido Mota) e, em um segundo momento, com o cultivo da cana-de-açúcar (iniciado pela Usina Nova América, em Tarumã). Dessa forma, as terras que hoje pertencem à Florínea, seja em termos geográficos, administrativos ou simbólicos, foram exploradas enriquecendo ou abrigando populações.

Neste processo histórico em que se insere Florínea, a Folia de Reis foi se configurando e conquistando seu lugar como folclore da cidade, chegando a ser mencionada como seu elemento fundador. Esta relação com a celebração será ressaltada no texto a partir dos sentidos atribuídos à Folia de Reis, fundamentalmente construídos pelos foliões (organizadores da festa e sujeitos ativos no ritual) e, em segundo plano, pelos simpatizantes da festividade atrelados ao poder público local e à própria sociedade florinense que, de alguma forma, teve ou tem sua história de vida relacionada à celebração. Tal concepção de identidade local aliada a uma manifestação popular reúne a população festiva com os poderes públicos a fim de buscar, através da celebração algum tipo de reconhecimento, seja no âmbito da cultura, da própria política e/ou economia do lugar na região e, quiçá, no Estado. Daí sua identificação posterior com o patrimônio cultural.

Entre os raros estudos sobre Florínea e as ricas memórias produzidas sobre a festa, averígua-se uma relação entre a história de fundação tanto da cidade como da Folia de Reis nela produzida. Como se constatará adiante, o próprio nome Flor do Vale será um exemplo sobre tal relação que foi iniciada a partir do festeiro Sebastião

Alves de Oliveira,[13] indivíduo que teria trazido a bandeira de Santo Reis para a região de Florínea, buscando cumprir uma promessa. E, posteriormente, os demais foliões permitiram sua continuidade no lugar, ressaltando, através do símbolo principal da festa (a bandeira) que a celebração – mesmo iniciada por um único festeiro – não conseguiria ser realizada ou permanecer ativa no lugar apenas por ele. Aliás, o próprio festeiro, o coroado rei da Folia de Reis, foi se tornando um elemento festivo que apenas usa a coroa, mas que não é o sujeito responsável por toda a organização e sucesso da festa.[14] As duas bandeiras que se formaram na história da Folia de Reis de Florínea representam que os foliões se uniram e escolheram Florínea como lugar, constituindo nela sua identidade e necessitando da Folia de Reis para permanecerem vivos na memória da região, através das vivências que geraram relatos de experiências de dificuldades, milagres e conquistas.

Ressalta-se que o objetivo central desta pesquisa não é a escrita e análise da história da cidade de Florínea, até porque isso exigiria mais tempo para consultas em fontes documentais que, no caso de Florínea, não se encontram organizadas em acervo específico, ocorrendo ainda que os próprios funcionários da prefeitura, e secretarias municipais, desconhecem os possíveis locais de sua guarda. E, como Florínea foi por um tempo distrito de Assis, vale utilizar-se dos argumentos de Célia Camargo (CHRISTOFOLETTI, 2009, p. 12), referentes à fragmentação de fontes documentais daquela cidade, a saber:

> Considero importante salientar [...] a fragmentação das fontes documentais disponíveis para a pesquisa e consulta, no município, especialmente aquelas produzidas ou acumuladas pelo poder executivo da cidade de Assis. Essa realidade dificulta enormemente os estudos locais e obscurece as possibilidades de reflexão e de conhecimento que as sociedades, por direito, devem

---

13 Filho de José Alves de Oliveira e Verissima de Oliveira e natural de Ribeirão Preto/SP, Sebastião foi casado com Maria José Alves, mulher com quem teve oito filhos: Lourdes Alves de Oliveira Nicoli, Lair Alves Lanzoni, Helena Alves de Souza, Jorge Alves de Oliveira, Antonio Alves de Oliveira, Paulo Alves de Oliveira, Izabel Alves de Oliveira, Maria de Jesus Alves Ferraz e Benedita Alves da Costa. A última, falecida, deixou a filha Lygia Alves da Costa Miranda Cortes. Sebastião faleceu em 3 de junho de 1951, com 73 anos de idade, sendo enterrado no Cemitério da Saudade em Campinas. Lugar onde mais tarde seria enterrada sua mulher. Fonte: ASSIS (SP). *Inventário*. Processo nº 199/1951, Maria José de Oliveira e Sebastão Alves de Oliveira, 28/06/1951. Arquivo do Fórum de Assis, CEDAP/Assis.

14 Consta na Ata de 2000 a avaliação sobre a possibilidade dos festeiros, mesmo sem condições para ajudarem nas festas, poderem exercer tal função.

ter de si mesmas. Embora essa seja um problema que afete a maioria dos municípios brasileiros, essa constatação demonstra que poucos políticos e administradores locais tiveram a consciência necessária para se debruçar sobre a elaboração de políticas de documentação e de informação municipal.

Dessa maneira, o capítulo se torna uma reconstrução geral das memórias do lugar onde será desencadeada a história que nos interessa; ou seja, os sentidos da Folia de Reis de Florínea entre os anos de 1993 e 2013. Para isso, considera-se importante apresentar alguns aspectos sociais, políticos, econômicos e culturais da cidade na contemporaneidade.

1. 2 A cidade de Florínea

Florínea é uma das pequenas cidades formadas a partir do século XX na região oeste do Estado de São Paulo. Banhada pelo rio Paranapanema, faz divisa com o Estado do Paraná e apresenta limites com os municípios de Tarumã, Pedrinhas Paulista e Cândido Mota. Florínea se distancia em aproximadamente 46 km de Assis, sendo ambas as cidades, pertencentes à região administrativa de Marília. Afasta-se de sua capital São Paulo em 487 km (rever Figura 1). Segundo dados relativos ao censo de 2010 do IBGE,[15] possui uma área territorial de 225.661 km² e uma população que corresponde a 2.829 habitantes, sendo destes, 2.429 alfabetizados.

As noções de região administrativa e de área territorial só foram apresentadas (juntamente ao mapa: Figura 1) para fins de localização de Florínea em relação ao Estado de São Paulo e às cidades de Assis e Marília. No decorrer da leitura, entretanto, serão observados que o conceito de territorialidade confere mais sentido ao estudo sobre o patrimônio da Folia de Reis de Florínea, principalmente em razão das identificações dos foliões com outros locais por eles visitados em ocasião do ritual de giro das bandeiras. De acordo com Milton Santos (1997, p. 59 *apud* PELEGRINI, 2006, p. 121), "[...] os territórios se delineiam a partir de "sua utilidade atual, passada e futura", derivam do uso que lhes é atribuído "pelos grupos humanos que os criaram ou que os herdaram das gerações anteriores"".

Florínea conquistou sua autonomia política e administrativa no dia 30 de dezembro de 1953, com o prefeito José Alferes Filho e o vice-prefeito, José Vicente Chicuta.[16] Entretanto, de acordo com Adão Nunes (1993, p. 14), em 1961 o muni-

---

15 Fonte: Instituto Brasileiro de Geografia e Estatística (IBGE).
16 Fonte: Lei orgânica do município de Florínea. Disponível em: http://www.camaraflorinea.sp.gov.br/index2.php?pag=T0dRPU9EZz1PR009T0RRPU9UUT1PVGs9T0dV

cípio retornou à condição de distrito de Assis, sendo que no ano seguinte, adquiriu novamente a autonomia com a "[...] luta de alguns pioneiros como o Sr. Antônio Granado I (Tonicão), prefeito deposto na época, Sr. Pedro Marcos de Souza (Pedro Pinto), Sr. Ari de Melo Franco (Tabelião) e outros" (*Ibidem*, p. 14). Atualmente o poder executivo é exercido pelo prefeito Paulo Eduardo Pinto e sua vice Benedita Helena Simeão Granado (gestão 2017/2020).

A economia da cidade é ligada à produção agrícola (cana-de-açúcar, arroz, milho, soja, trigo, aveia e banana), pecuária, aquicultura, galináceos, suínos e derivados. Com relação aos postos de empregos fornecidos à população de Florínea, encontram-se as usinas de açúcar e álcool instaladas no município vizinho de Tarumã (Empresas Nova América, Raízen e Destilaria Água Bonita) e, em menor medida, o comércio local e de cidades vizinhas, além de cargos públicos ligados às prefeituras e ao Estado.[17]

Ainda recorrendo ao censo do IBGE/2010, a cidade de Florínea é composta por 2.138 católicos apostólicos romanos, 567 evangélicos e 9 espíritas. Já entre 25 entrevistados na pesquisa, dos quais 21 compreendem diretamente o grupo de Folia de Reis, apenas 1 deles se declarou evangélico.

No site da prefeitura local,[18] no que diz respeito à cultura, são anunciadas como manifestações culturais próprias à cidade: a *Folia de Reis*, com a realização da festa final no dia 6 de janeiro, dia de Santo Reis; a *Recomenda das Almas* que celebrada no período da quaresma, trata-se de uma procissão noturna em louvor às almas, geralmente encerrada no cruzeiro do cemitério local; o *Moçambique*, dança de origem africana em louvor ao São Benedito e Nossa Senhora do Rosário que, em Florínea, possui 20 integrantes, os quais geralmente se apresentam em eventos culturais e *Missas Afro-brasileiras* realizadas em Florínea e região. Estas, por sua vez, diferenciam-se da tradicional missa católica, que celebra a eucaristia, nas indumentárias dos participantes (batas, saias, calças e bandanas que se contrastavam em tecidos brancos e coloridos) e na organização do lugar (enfeites com frutas e folhas de árvores, não contendo mesa de celebração da santa ceia, geralmente, apenas uma toalha sobre o chão), caracterizações que são repetidas nos distintos locais que esta missa pode ser celebrada (lugar aberto ou fechado, fazenda ou igreja). Além disso, as

PU9HRT1PVGM9T1RRPU9HVT1PR1U9. Acesso: 10 de out. 2015.

17 Na medida em que destacarei os foliões no texto, aliarei aos seus respectivos nomes, uma espécie de minibiografia que também tratará de citar suas profissões.
18 Prefeitura Municipal de Florínea (SP): http://www.florinea.sp.gov.br/novo_site/municipio/secretarias/cultura/. Acesso: 10 de abr. 2017.

evangelizações realizadas nessas missas, também conhecidas como "inculturadas", remetem a discursos sobre identidade e alteridade, sendo louvados santos católicos como São Benedito, Santo Antônio de Categeró, Nossa Senhora da Aparecida e também figuras históricas como a de Zumbi dos Palmares.[19]

Importante situar que as explicações supracitadas foram adquiridas através das impressões sobre uma Missa Afro-brasileira vivenciada na Água da Onça (Tarumã/SP), no dia 11 de maio de 2013. Momento onde houve uma apresentação de Moçambique, praticada por alguns membros da Folia de Reis de Florínea. Entretanto, possíveis relações entre Missa Afro-brasileira, Moçambique e Folia de Reis não foram acusadas nos depoimentos.

Mesmo não sendo mencionado no site da prefeitura, inclui-se no calendário festivo florinense a *Festa Junina*, presente na cidade há aproximadamente 27 anos. De acordo com Luciana Granado Bastos Vitorelli, secretária de cultura de Florínea no ano de 2016, essa festa feita em três dias consecutivos, pode ocorrer tanto no mês de junho, como também em julho ou agosto, o que depende da agenda de compromissos da Secretaria.

Além da Festa Junina promovida pela Secretaria Municipal de Cultura, os foliões da Folia de Reis de Florínea também organizam sua própria Festa Junina, sendo esta realizada no dia 24 de junho, dia de São João. Mas, a festa também é atribuída a Santo Antônio e São Pedro.

A título de ilustração, as fotografias[20] abaixo mostram respectivamente, a Folia de Reis, a Festa Junina e o Moçambique:

---

19 Consultar: CASTILHO, Maria Augusta de; SOUZA, Tânia Rute Ossuna de. A missa afro-brasileira na comunidade católica São João Calábria Campo Grande-MS. In: Simpósio Nacional De História, 25., 2009, Fortaleza. *Anais do XXV Simpósio Nacional de História– História e Ética*. Fortaleza: ANPUH, 2009.

20 Grande parte das fotografias apresentadas no livro possuem minha autoria, sendo estas dispostas como documentos ilustrativos acerca da celebração florinense e, também, como novas fontes de pesquisa. Nesse aspecto, vale dizer que um dos objetivos da pesquisa era a reunião de variados documentos relacionados à temática, logo que eles funcionam como meio de identificação das particularidades da Folia de Reis de Florínea (símbolos, indumentárias, performances etc).

Figura 4: Entrada das duas bandeiras de Folia de Reis no Parque de Tradições. Florínea-SP (06/01/2013). Autora: Rafaela Sales Goulart.

Figura 5: Festa Junina da Comissão de Folia de Reis de Florínea. Florínea-SP (24/06/14). Autora: Rafaela Sales Goulart.

Figura 6: Moçambique na Missa Afro-brasileira.
Água da Onça/Tarumã-SP (11/05/13). Autora: Rafaela Sales Goulart.

Das três manifestações em destaque, o site da Prefeitura Municipal de Florínea atribui apenas à Folia de Reis o caráter tradicional. Já em 1957, na *Enciclopédia dos Municípios Brasileiros* do IBGE, por exemplo, esta celebração era descrita como prática festiva anual da cidade.

As celebrações de Florínea, incluindo a *Festa de Peão*, que também não é citada pelo site da Prefeitura (provavelmente por não ocorrer anualmente), são realizadas no "Parque de Tradições, Exposições, Leilões e Festejos Prefeito Benedito Sebastião de Paula", espaço comprado pela prefeitura em 1989,[21] na gestão do prefeito Severino da Paz e seu vice Valter Gervazioni. Como será apresentada mais adiante, a partir da década de 1980, a Folia de Reis passou a ser realizada na cidade de Florínea, tanto no Campo Municipal quanto em um barracão improvisado, no atual espaço que sedia o Parque de Tradições. Entretanto, essa celebração passou a ocupar definitivamente Florínea a partir da aquisição do espaço público que, embora possua o objetivo de abrigar todas as manifestações culturais do município, tem a Folia de Reis como celebração principal no lugar. Isso fica claro quando analisado as edificações do Parque

21 Fonte: FLORÍNEA (SP). Lei Ordinária Nº 006/89, de 2 de março de 1989. *Autoriza a prefeitura municipal de Florínea a adquirir terreno.* Florínea, 1989.

com características identitárias associadas ao trabalho da Comissão organizadora da Folia de Reis, sendo apoiada pelos gestores políticos de Florínea, e vistas com uma representação positiva na comunidade.

Outro fator de identificação das relações entre a Prefeitura Municipal e a celebração em questão, é que no título do Parque de Tradições foi incluído o nome de um ex-gerente e festeiro da Folia de Reis de Florínea, Benedito Sebastião de Paula, o qual também foi prefeito de Florínea entre 1960 e 1962. O nome *gerente* era dado ao membro do grupo de Folia de Reis que se responsabilizava, junto ao capitão e ao festeiro, pela organização e realização da festa final de Santo Reis em local cedido pelo festeiro.[22] Com o passar dos tempos, essa nomenclatura foi substituída pelo termo *presidente*, não modificando, entretanto, sua posição mais representativa na ordem hierárquica do grupo.

Sobre as possíveis aproximações entre as manifestações culturais destacadas nas figuras de 4 a 6, tanto as vivências permitidas com a pesquisa, quanto às entrevistas realizadas com os foliões, possibilitaram a percepção de que elas apresentam praticamente os mesmos praticantes e organizadores. Por exemplo, na imagem que representa o Moçambique, o representante que coordena a equipe de dançarinos, que na imagem (Figura 6) aparece ao lado do homem que toca a caixa (tambor), é também capitão da bandeira 1 de Folia de Reis de Florínea. A caixa, por sua vez, é instrumento musical de percussão que parece fundamentar os ritmos das duas manifestações culturais, sendo executada pelo mesmo folião de uma das bandeiras da Flor do Vale. Segundo um dos mestres da Folia de Reis, Benedito da Silva (2013),[23] embora outras manifestações culturais como o Moçambique, façam parte do folclore presente em Florínea, o "Santo Reis é meio independente". Ou seja, mesmo que as celebrações sejam provenientes de saberes e tradições orais, os sentidos atribuídos a elas são distintos.

22 No capítulo 2, as funções e significados atribuídos aos gerentes, festeiros e capitães serão melhor explicadas.
23 Benedito da Silva, também conhecido como Fião, possui 65 anos de idade, é natural da Água do Barbado/Florínea e atualmente reside em Florínea. É aposentado do funcionalismo público do mesmo município, onde já trabalhou como motorista e oficial de tributos. Segundo este atual mestre da bandeira de número 1 e membro do conselho fiscal da Associação folclórica de reis Flor do Vale de Florínea, acompanha a Folia de Reis há 59 anos e nela veio ocupando cargos como o de gritinho, contratitinho, tala, contratala e palhaço. Sua ligação com a Folia de Reis é familiar, seu pai era o cantador Othon da Silva e seu tio é o atual capitão da bandeira, Amado de Jesus da Silva. Fonte: SILVA, Benedito da. *Entrevista [22 jul. 2013]*. Entrevistadora: Rafaela Sales Goulart. Florínea/SP, 2013. Áudio MP3 (01:35:04).

Sobre o surgimento do Moçambique no lugar, Benedito da Silva (2013), conhecido como Fião, diz que o

> [...] Moçambique aqui no município de Florínea... eu devia ter 14 anos quando começou, na Água do Dourado... só que durou uns 15 anos... Teve um pessoal que, no caso, vieram de Timburi. Então eles fizeram... eles trabalhavam no sítio do Porfiro, aonde fizeram um grupo e eu comecei a participar do grupo. Daí os Porfiro mudaram... A madrinha deles morreu, inclusive esse casal sumiu, Fermino e a dona Dita morreram... Daí sobrou o Fião... A minha família eu sei que gosta. A família minha tendo duas latas e um pedaço de pau, fica a noite inteira fazendo a festa... Eu reuni e fiz um grupo e "tá" até hoje esse grupo...

O depoimento indica que Fião apreendeu essa prática cultural com pessoas que não pertenciam à sua família, mas que não foi difícil se identificar, vista a simpatia que possuíam com as variadas festividades, que tem como elementos principais a percussão, que não só entoa a sonoridade da música, mas o ritmo e, consequentemente, a dança. Há ainda aspectos mágicos que são transparecidos na sua fala quando, por exemplo, o folião se refere às latas e pedaços de pau como instrumentos que fornecem uma dose de encantamento aos envolvidos. Tanto no Moçambique quanto na Folia de Reis, embora diferenciados, os ritmos contribuem para aquilo que Mário de Andrade chamou de *força hipnótica da música*, relacionando-a com a feitiçaria,

> [...] principalmente pela sua forma de manifestar-se pondo em excesso de evidência o ritmo, atua poderosamente sobre o físico, entorpecendo, dionisiando, tanto conseguindo nos colocar em estados largados de corpo fraco e espírito cismarento, como nos violentos estados de fúria (ANDRADE, 1963, p. 39).

Tal feitiçaria é pertinente aos estudos de Mário de Andrade sobre as macumbas e catimbós, onde o estudioso interpreta a percussão como uma forma de exorcisar os praticantes, diferente dos instrumentos de sopro que são aliados a um valor de invocação (*Ibidem*, p. 37).

Ao contrário da Folia de Reis, onde os únicos integrantes das bandeiras que dançam com suas espadas/facões são os palhaços, no Moçambique, a maioria dos integrantes realiza performances utilizando bastões de madeira. As roupas coloridas dos palhaços da Folia de Reis também são diferentes das utilizadas por todos os praticantes do Moçambique, sendo que estes se vestem de branco e, transpassados em seus peitos, colocam fitas azuis e vermelhas que simbolizam, respectivamente, as cores de São Benedito e Nossa Senhora do Rosário.[24] Além disso, nesta última celebração todos utilizam uma espécie de chapéu vermelho e branco, com fitas coloridas. Nesta manifestação também há pessoas que carregam bandeiras com as imagens dos santos homenageados.

A Festa Junina, por sua vez, é evidenciada nas atas de reuniões da antiga Comissão de Santo Reis de Florínea, nos anos de 1998 e 2002. Nelas estão registradas que os membros da Comissão não só organizavam a festa, como usavam o lucro do dinheiro que restava da arrecadação da Folia de Reis para elaborá-la. Entretanto, no depoimento recolhido com Alexandre Fabiano Neto em 2014,[25] o tesoureiro da atual Associação Folclórica de Reis Flor do Vale de Florínea afirma que o dinheiro da Folia de Reis não é mais utilizado para outros fins. A Festa Junina continua sendo organizada pelo grupo, mas passa por um processo de arrecadação que se desvencilha das regras seguidas pela Associação oficializada em 2013.

Ao vivenciar a Festa Junina, foi percebido que os participantes primeiramente realizam um terço cantado (uma prática cultural também comum na região) e, ao término dessa etapa, eles formam filas para pedir as bênçãos a Santo Antônio, São João e São Pedro (Figura 5). Depois de levantada a bandeira dos três santos, fincando-a no terreno do Parque de Tradições, os sujeitos presentes na celebração socializam-se comendo (pipoca, cachorro quente, doce de abóbora e de mamão), bebendo (quentão, vinho e chocolate quente) e dançando. A dinâmica do festejo se assemelha ao realizado na Folia de Reis, pois todos os alimentos e bebidas são arrecadados e distribuídos gratuitamente ao público presente.

De maneira geral, com exceção da Folia de Reis, as demais festividades organizadas na cidade de Florínea são comemoradas pelo público local. Nesse sentido,

---

24 Estas referências à simbologia das cores foram encontradas em um site que apresenta o Moçambique como manifestação cultural presente em Florínea. Possivelmente, esta explicação foi declarada em algum depoimento com um representante do grupo que, também, apresenta que o Moçambique foi passado para a família Silva de Florínea através do casal Fermino e Benedita, de Pirajú (cidade paulista onde Timburi pertencia, antes de sua emancipação em 1948). Ver mais em: https://ritmocidades.wordpress.com/mocambique/. Acesso: 10 abr. 2017.

25 Alexandre Fabiano Neto tem 42 anos, é natural de Florínea, onde é trabalhador rural. Entrou na Folia de Reis por influência do seu tio, Santino Fabiano, e hoje é o atual tesoureiro da Associação folclórica de reis Flor do Vale de Florínea. Fonte: FABIANO NETO, Alexandre. *Entrevista [30 jun. 2014]*. Entrevistadora: Rafaela Sales Goulart. Florínea/SP, 2014. Áudio MP3 (01:27:22).

mesmo que pessoas de outras cidades frequentem a Folia de Reis, inclusive vindo para o local com ônibus de excursão, esta iniciativa parece não possuir qualquer influência da Secretaria Municipal de Cultura ou da Diretoria Municipal de Turismo de Florínea. No caso do turismo local, seu principal objetivo administrativo seria a manutenção dos locais turísticos ou patrimônios turísticos e naturais de Florínea.[26] Entretanto, quando feita uma pesquisa no já citado site da prefeitura, o turismo está direcionado à preservação do Balneário Municipal de Florínea, localizado na Rodovia do Trigo.

Por fim ou começo, procurou-se evidenciar algumas características do cenário atual da cidade de Florínea, onde estão sendo construídos os sentidos da Folia de Reis. É neste lugar, mais especificamente a partir da década de 1990, que o grupo de foliões efetivamente se organiza para pensar a continuidade da celebração. Não perdendo de vista as características identitárias próprias à Folia de Reis, as quais remontam à memória de um grupo específico, nada mais justo que compartilhar o que por ele foi dito. Cabe a reafirmação de que a "[...] região como espaço vivido, o emprego da informação oral bem como o recurso ao imaginário constituem importantes formas de abordagem para os estudos regionais" (CORRÊA, 1988, p. 43). Portanto, passa-se à memória de fundação da Folia de Reis na cidade, que contará um pouco da história da região em que ela culturalmente se constitui.

1. 3 Um giro pelas memórias e histórias de Florínea

> [...] o começo de Florínea é flor, e Vale do Paranapanema, nós moramos. Então vamos pegar "flor" com "vale"... Flor do Vale. (SILVA[27], 2013).

O trecho do depoimento do mestre da bandeira 1 da Folia de Reis de Florínea, mais conhecido como mestre Fião, justifica com poucas palavras o porquê do nome "Flor do Vale" ter sido sugerido para compor a "Associação Folclórica de Reis Flor do Vale de Florínea", no dia 4 de janeiro de 2013.[28] Esse nome sinaliza que a identidade do grupo de foliões e a sua ideia de pertença estão diretamente ligadas ao seu lugar de origem, onde as experiências de vida foram e são constantemente trocadas

---

26 Fonte: FLORÍNEA (SP). Lei Complementar N° 489/2013, de 02 de maio de 2013. *Dispõe sobre a estrutura administrativa da prefeitura municipal de Florínea, Estado de São Paulo, e dá outras providências*. Florínea, 2013.

27 Fonte: SILVA, Benedito da. *Entrevista [22 jul. 2013]*. Entrevistadora: Rafaela Sales Goulart. Florínea/SP, 2013. Áudio MP3 (01:35:04).

28 Antes de ter sido oficializada, a Associação era conhecida por Comissão ou Diretoria de festas/Folia de Reis de Florínea.

e reconstruídas. O nome da cidade de Florínea, por sua vez, "[...] foi escolhido por Sebastião Alves de Oliveira, que associa ao fato de haver muitas flores na região que formava a paisagem que cobria o recém-formado município" (NUNES, 1993, p. 14). Sendo que no ano de 2006, ficou estabelecido o cognome "Flor do Vale" para se referir exclusivamente ao município de Florínea/SP.[29]

Florínea é o lugar onde são realizadas as festas anuais de Santo Reis e, além disso, é a cidade onde vive a maioria dos sujeitos que formam esta celebração popular. Quem não nasceu em Florínea, veio para essa terra ainda jovem, e quem mora em Florínea, mesmo não fazendo parte do grupo de Folia de Reis, conhece um pouco da sua história que passa de boca em boca, reproduzindo-se, reconfigurando-se e, portanto, cristalizando-se nas memórias sociais.

Como será bem detalhada nos próximos capítulos, a Folia de Reis não é só uma celebração realizada no dia de Santo Reis. Ela inicia-se em 25 de Dezembro, dia de Natal, e permanece ativa diariamente até a festa de encerramento, "Encontro das bandeiras e coroação de festeiros(as)", no dia 6 de Janeiro. Para pensar e discutir assuntos relacionados à celebração, seus organizadores costumam se reunir ao menos uma vez por ano, isso quando não participam de Encontros de Folias de Reis em outras cidades ou de eventos intermunicipais e interestaduais que têm como temática a cultura popular ou o folclore. Entretanto, tratando-se do tradicional ritual da Folia de Reis de Florínea (25/12 a 06/01), os foliões que compõem suas duas bandeiras percorrem a região, visitando diariamente casas de cidades e de bairros rurais, levando a elas os evangelhos sagrados reconfigurados em versos, músicas, danças e pedidos.

O mapa a seguir indica as cidades por onde as bandeiras passam, fazendo suas rezas, cantorias e arrecadações. Esse movimento das bandeiras de Folia de Reis pela região culturalmente habitada pelos foliões de Florínea é denominado de *giro* ou *jornada*.

---

29 Fonte: FLORÍNEA (SP). Lei Nº 140/2006, de 06 de fevereiro de 2006. *Torna oficial o cognome "Flor do Vale" para a cidade de Florínea*. Florínea, 2006.

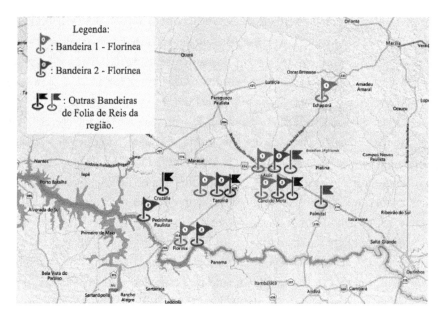

Figura 7: Região do giro das bandeiras da Folia de Reis de Florínea.
Fonte: Epi info 7.0 do *Center of Disease Control* (CDC).

Conforme a imagem, o grupo de Folia de Reis de Florínea, subdividido pelas bandeiras de número 1 e 2, visita tanto as casas de alguns moradores de Florínea, como sai do seu município rumo a casas de Pedrinhas Paulista, Tarumã, Cândido Mota, Assis e Echaporã. Além das cidades, as bandeiras percorrem alguns dos bairros rurais que pertencem a elas, formados por sítios e fazendas que, geralmente, estão próximos de córregos ou microbacias hidrográficas conhecidas como "Águas" (Figura 13).

Elaborado a partir dos depoimentos dos mestres das bandeiras 1 e 2, chamados, respectivamente: Benedito da Silva (2013) e Benedito de Oliveira Silva[30] (2013), a tabela a seguir demonstra a rota realizada no giro das bandeiras de Florínea.

---

30 Benedito de Oliveira Silva, o mestre Dito da bandeira 2 da Folia de Reis de Florínea, tem 64 anos de idade. Nasceu em Tarumã, mas atualmente mora em Assis, onde exerce a profissão de pedreiro. Seu primeiro contato com a Folia de Reis se deve ao seu pai que era cantador, Nicanor de Oliveira Silva, e ao seu tio, Demervil Martins (mestre/embaixador Vila). Benedito iniciou na bandeira com aproximadamente 18 anos, cumprindo a função de gritinho e foi passando pelas diferentes vozes, até chegar a mestre. É sócio fundador da Associação folclórica de reis Flor do Vale de Florínea. Fonte: SILVA, Benedito de Oliveira. *Entrevista [06 dez. 2013]*. Entrevistadora: Rafaela Sales Goulart. Florínea/SP, 2013. Áudio MP3 (45:26).

Sentidos da Folia de Reis

Rota do Giro das bandeiras de Folia de Reis de Florínea				
Bandeiras	Data	Horário	Origem	Destinos*
Bandeira 1	25/12	A partir de 12:00	Casa do (a) festeiro (a)	Casas da Água da Onça (Tarumã).
	26/12 a 04/01	A partir de 08:00	Praça da Igreja Matriz Católica de Florínea	Casas de Florínea, Tarumã e Cândido Mota; Casas da Água Preta, Água do Barbado, Água do Dourado, Água das Flores, Bugiu, Água da Paca, Água da Aldeia, Barreirinho e Quebra Canôa (Florínea e Tarumã); Casas da Água do Almoço, Queixadas, São Benedito, Frutal do Campo, Barro Preto, Taquaruçusinho, Taquaruçu e Água das Pedras (Cândido Mota).
Bandeira 2	25/12	A partir de 12:00	Casa do (a) festeiro (a)	Casas da cidade de Florínea e da Água de Santo Antônio (Tarumã).
	26/12 a 04/01	A partir de 08:00	Praça da Igreja Matriz Católica de Florínea	Casas das cidades de Florínea, Tarumã, Cândido Mota, Assis e Pedrinhas Paulista; Casas de Santo Antônio e da Água Bonita (Tarumã).
Observação: Nos dias 05 e 06/01, os foliões costumam descansar e/ou trabalhar voluntariamente na preparação da comida e do lugar da festa de encerramento. No dia 06/01, por sua vez, os membros das bandeiras são responsáveis pelo desenvolvimento do ritual religioso da Folia de Reis.				

Tabela 1: Rota de giro das bandeiras de Folia de Reis de Florínea.
*Consultar mapa de rota de giro das bandeiras de Folia de Reis de Florínea (Figura 13).

Como se visualiza na tabela, embora com destinos delimitados (Figura 13), as visitas das bandeiras nas casas das zonas urbana e rural, na região percorrida, são flexibilizadas durante as datas do giro, em razão da disponibilidade daqueles que cedem as refeições (almoço e janta) aos foliões de Florínea e, além disso, dependem também de condições climáticas. Com chuva, por exemplo, torna-se inviável chegar de ônibus às vilas e bairros rurais (SILVA, 2013).

Nas entrevistas feitas com os foliões de Florínea, também se averiguou a existência de outros grupos de Folia de Reis pela região por eles percorrida: Água da Pintada – Cruzália, Cândido Mota, Tarumã e Assis. Além da região visitada pelo grupo de Florínea, os foliões citaram a incidência de uma grande festa em Palmital. Entretanto, diferente de Florínea, os outros grupos não percorrem suas bandeiras nas cidades vizinhas e, das celebrações que realizam, nenhuma delas é comemorada no mesmo dia da festa de encerramento da Folia de Reis de Florínea. Sobre isso, alguns dos foliões acreditam ser essa uma maneira de não haver concorrência entre as festas, reconfigurando assim, o calendário cristão de comemoração aos Santos Reis pela região. De acordo com relatos de Amado Jesus da Silva[31] (2013), a bandeira que percorre as casas de Tarumã atualmente é paga pela Prefeitura para cumprir sua função no giro e apresentação na festa, mostrando que essa celebração também sofreu ressignificações. Ademais, a tradicionalidade atribuída à Folia de Reis de Florínea é presente nas palavras do mestre Benedito da Silva (2013), quando diz: "[...] a maior, a bandeira mais velha, é a nossa... porque na época, eu não sei se você sabe, na hora de começar bem lá trás... segundo meus avós contavam, não tinha outra bandeira na região".

A apresentação da região pela qual as bandeiras de Folia de Reis percorrem não é por acaso. Os percursos da Flor do Vale apontam para um conceito de região que se configura a partir da presença e da identificação da manifestação popular pelos foliões, o que pode desconstruir a fala de Benedito da Silva (2013) com relação à Palmital, por exemplo, uma vez que aquela região não é habitualmente visitada pelo grupo. Entretanto, não se pretende aqui comparar as práticas dos grupos de Folias de Reis, até porque eles não possuem relações significativas, a intenção aqui é validar a ideia de que a memória expressa nos depoimentos e nas atas anuais produzidas a partir da década de 1990 é construída a partir de uma ligação entre a história de fundação da Folia de Reis de Florínea e a história da cidade, ambas produzidas no cenário regional exposto no mapa (Figura 7). Tal relação é desenvolvida a partir da imagem do, considerado, primeiro festeiro de Florínea, Sebastião Alves de Oliveira, também reconhecido como fundador da

---

31 Amado Jesus da Silva possui 80 anos e participa da Folia de Reis da cidade de Florínea há 52 anos, tendo iniciado sua trajetória exercendo a função de contratala. Atualmente, é capitão da bandeira de número 1 e membro do conselho fiscal da Associação folclórica de reis Flor do Vale de Florínea. Amado diz que sua ligação com a festa é estritamente familiar, pois seu pai (Antônio da Silva) foi o primeiro palhaço da festa que teria iniciado na região em 1928, sendo sua mãe (Maria Basílio da Silva) e a mãe de Rozimbo do Nascimento (presidente da Associação de reis Flor do Vale de Florínea), as primeiras cozinheiras do grupo. Esta tradição familiar, segundo Amado, proporcionou que ele e seus irmãos cantassem na festa. Fonte: SILVA, Amado Jesus da. *Entrevista [15 mai. 2013]*. Entrevistadora: Rafaela Sales Goulart. Florínea/SP, 2013. Áudio MP3 (01:50:27).

cidade. Como se supõe, o nome deste homem será ponto de partida para o entendimento dos percursos que as bandeiras foram adquirindo ao longo dos tempos pela região, remontando também à identidade do município.

A Figura a seguir ilustra o busto de Sebastião Alves de Oliveira em um espaço público de convivência de Florínea, tornando-o representativo à memória de fundação da cidade.[32] Inclusive, esta praça onde está situada a única igreja católica do município, foi intitulada como "Praça Sebastião Alves de Oliveira".

Figura 8: Busto de Sebastião Alves de Oliveira e placa do Marco Histórico do Legislativo Municipal 04-04-1990.
Florínea/SP (30/11/13). Autora: Rafaela Sales Goulart.

---

32 Fonte: FLORÍNEA (SP). Lei Nº 4 L, de 1 de março de 1955. *Dá novas denominações às ruas e Praças da cidade.* Florínea, 1955.

No clássico texto *Documento/Monumento*, Jacques Le Goff (2003) escreve que a forma científica da história, enquanto estudo e conhecimento sobre o passado, não teria sentido se não houvesse os vestígios, os materiais ou os ditos monumentos, suportes de memória coletiva. Monumentos[33] como o busto de Sebastião Alves de Oliveira,[34] ligado à placa do Marco Histórico do Legislativo Municipal (04/04/1990), demonstram que o poder público local acredita na perpetuação dessa memória como algo positivo ao município.[35]

Com relação à Comissão de Folia de Reis da cidade, transformada em 2013 na Associação Folclórica de Reis Flor do Vale de Florínea, essa ligação positiva é bem clara. Entre os nomes destacados no "resumo histórico" do livro de atas, por exemplo, os quais marcam a trajetória da nomeada tradicional festa de Santo Reis,[36] estão os de Sebastião Alves de Oliveira e seu filho Jorge Alves de Oliveira, responsáveis pelo início da festa na região, cujo legado foi mantido pelos "pares e fiéis" Antonio da Silva (pai de Othon da Silva),[37] Samuel Virginio de Moraes, Saturnino Faustino do Nascimento (pai de Rozimbo do Nascimento), Francisco Nunes de Souza, José Nunes de Souza[38], João Ignácio da Silva e o conhecido Carrinho (Carlos, o primeiro mestre). Posteriormente a esses nomes, foram citados os nomes de Nene Mota (Sebastião Julio da Mota), mais uma vez o senhor Saturnino

---

33 "A palavra latina *monumentum* remete à raiz indo-européia *men*, que exprime uma das funções essenciais do espírito (*mens*), a memória (*memini*). O verbo *monere* significa "fazer recordar", de onde "avisar", "iluminar", "instruir". [...] O termo latino *documentum*, derivado de *docere*, "ensinar", evoluiu para o significado de "prova" e é amplamente usado no vocabulário legislativo" (LE GOFF, 2003, p. 526).

34 Abaixo do busto existe uma placa que intitula Sebastião Alves de Oliveira como fundador da cidade. Além desta homenagem, ele também tem seu nome em uma das ruas de Florínea. Fonte: FLORÍNEA (SP). Lei Ordinária Nº 4 L, de 1 de março de 1955. *Dá denominações às ruas e Praças da cidade*. Florínea, 1955.

35 O terceiro vereador citado na placa, Florêncio Bavaresco Dias, é também membro da Folia de Reis de Florínea, indicado como capitão e representante da folia de Santos Reis nas atas de reuniões da comissão que datam os anos de 1990 a 1993. A discussão das relações entre a política local e a Folia de Reis serão feitas no capítulo 3.

36 Os nomes foram copiados conforme apareceram no Livro de Atas de Folia de Reis.

37 Othon da Silva, por sua vez, é pai do mestre Benedito da Silva (Fião). Mais informações sobre Othon no capítulo 3. Fonte: SILVA, Benedito da. *Entrevista [20 jan. 2016]*. Entrevistadora: Rafaela Sales Goulart. Florínea/SP, 2016. Áudio MP3 (42:50).

38 No depoimento de Benedito da Silva (2013), este folião fala que Francisco Nunes e "Zé" Nunes eram seus avós maternos.

Faustino do Nascimento,[39] Cirirlo Nunes de Souza, Pedro Faustino do Nascimento, Orlando Faustino do Nascimento, João Carreira, Benedito Franco de Oliveira, José Carneiro, Valério Gaucho, Benedito Cardoso de Oliveira, Pedro Granado, Benedito Florêncio Dias, Adão Leme Batista, Zé Caera, Salvador Granado, Gésio Rodrigues Monteiro, José Marcelino, Maria Boava, Luiz Porfirio e tantas outras pessoas que foram caracterizadas como heróis anônimos. Segundo o redator do "resumo histórico" (não identificado), os nomes destacados foram lembrados pelos irmãos Alfeu do Nascimento e Rozimbo do Nascimento e, ainda de acordo com este redator, a festa chegou a 1990 com o auxílio de Edson Luiz Granado (o conhecido Edinho) e de toda equipe diretora que, com a colaboração do então prefeito Severino da Paz, permitiu a permanência deste dito folclore regional na cidade.

Dos nomes apresentados no resumo histórico do livro de atas, alguns foram marcados em placas feitas pela Comissão de Folia de Reis de Florínea e expostas dentro do Pavilhão de festas do Parque de Tradições, como mostram as Figuras a seguir

Figura 9: Fundadores da Bandeira nº 1 – 06/janeiro/1932.
Florínea/SP (14/08/12). Autora: Rafaela Sales Goulart.

---

39   Este capitão trabalhou para Sebastião Alves de Oliveira, é pai de Rozimbo do Nascimento. Fonte: Fonte: NASCIMENTO, Rozimbo do. *Entrevista [14 ago. 2012]*. Entrevistadora: Rafaela Sales Goulart. Florínea/SP, 2012. Áudio MP3 (01:04:54).

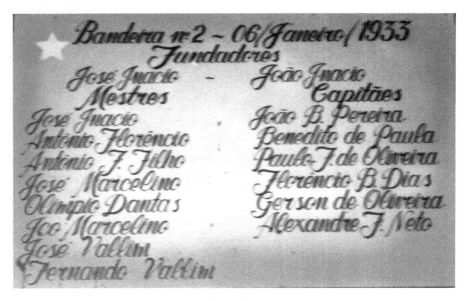

Figura 10: Fundadores da Bandeira nº 2 – 06/janeiro/1933.
Florínea/SP (14/08/12). Autora: Rafaela Sales Goulart.

Figura 11: Memorial da tradição e resgate da história da Comissão de Festas de Santos Reis de Florínea e região.
Florínea/SP (14/08/12). Autora: Rafaela Sales Goulart.

A ideia de homenagear alguns foliões membros do ritual, da Comissão de 1991 e simpatizantes e festeiros coroados na celebração (os últimos se enquadram nas consideradas famílias tradicionais: Alves; Nascimento; Marcelino; Granado; Silva; Ceciliato; Pedro dos Santos; Florêncio; Fabiano; Rocha; Mariano; Jidinho) foi elogiada pelo então presidente Rozimbo Nascimento, na reunião realizada pela Comissão de festas em 1998. Como afirmado mais acima, Rozimbo teria rememorado tanto os nomes dos foliões destacados no livro de atas, como os que aparecem nas placas do Parque, indicando sua boa relação e gratidão por eles.

Vale dizer também, que antes de pertencer à cidade de Florínea, sendo identificadas junto ao nome do município, as bandeiras de Folia de Reis eram popularmente conhecidas através dos nomes ou sobrenomes de alguns festeiros ou mestres, mostrando que esta tradição cultural era herdada e perpetuada entre as gerações. Nesse sentido, tanto os nomes destacados no livro de atas e nas placas quanto os anos de fundação das bandeiras têm a função de informar e dar peso histórico e oficial à Folia de Reis de Florínea, reavivando memórias do público presente no Parque de Tradições e permitindo a cristalização da prática festiva no local. Não é por acaso que, na primeira placa exposta (Figura 11), encontra-se o título "Memorial da Tradição e Resgate da História".

A partir de relatos do capitão da bandeira 1, Amado Jesus da Silva (2013), os quais apontam que a diretoria de Folia de Reis foi criada quando a festa começou a ser realizada na cidade de Florínea (Campo Municipal; terreno do atual Parque de Tradições), associa-se que as bandeiras começaram a ser reconhecidas pelo nome da cidade a partir da década de 1980. Anteriormente, as festividades anuais da Folia de Reis eram realizadas nas casas de fazendeiros ou sitiantes, pois demandavam um espaço conveniente para abrigar pessoas que vinham de outros lugares da região para prestigiar o Santo Reis e, além disso, o que faltava na arrecadação do giro das bandeiras teria que ser complementado por este *festeiro* (daí a ligação com o nome ou sobrenome dos festeiros), considerado como o "dono" da festa ou da bandeira, logo que a administrava e organizava.

Nas memórias de alguns membros mais antigos na história da Folia de Reis, o grupo de cantores e de pessoas que efetivamente participavam do ritual de giro das bandeiras, relembram que sofriam muitas dificuldades, pois tinha que andar a pé de fazenda em fazenda, cruzando uma Água para outra e pousando fora de suas casas todos os dias da jornada. Onofre Lopes de Lima[40] apresenta algumas destas condi-

---

40 Onofre Lopes de Lima reside na cidade de Tarumã/SP, no momento em que o entrevistamos em sua residência, possuía 76 anos. Com aproximadamente 6 anos de idade teve seu primeiro contato com a Folia de Reis, quando a bandeira que saía da Água da Paca, visitava sua casa na Água da Onça. Aos 16 anos começou a participar desta manifestação cultural, exercendo a função de contratinho. Atualmente, Onofre canta de contramestre na bandeira 1 da Folia de Reis de Florínea. Fonte: LIMA, Onofre Lopes de. *Entrevista [20 abr. 2013]*. Entrevistadora: Rafaela Sales Goulart. Tarumã/SP, 2013. Áudio MP3 (01:02:52).

ções: "[...] os primeiros tempos foi tudo a pé, tudo descalço, pousava nos paióis... aquele tempo não tinha muita acomodação, era paiol de milho, forro de animais...". Naquele período, eles utilizavam carros de boi ou carroças para levar as prendas arrecadadas e, com o passar dos tempos essa jornada foi sendo facilitada com a utilização de tratores ou caminhõezinhos emprestados. Foi em "[...] 70 por aí... quando a prefeitura começou a comprar esses ônibus pra escola e começou a fornecer para as festas..." (LIMA, 2013), facilitando assim, o giro pela região e o fortalecimento dos laços sociais na terra da Flor do Vale, logo que as jornadas puderam ser expandidas.

Junto ao contexto urbano que trouxe benefícios ao grupo de Folia de Reis de Florínea, para que houvesse, de fato, a continuidade do festejo, foi necessário que o grupo fortalecesse sua identidade dentro desse novo espaço modernizante chamado cidade, o qual precisa de organização, pois inevitavelmente está ligado à redes institucionais da atual conjuntura histórica do Estado e país. Embora os foliões não precisassem mais se submeter às antigas e sofridas condições vivenciadas no campo, hoje eles relatam que a nova geração de foliões está imersa ao mercado de trabalho e às novas práticas culturais (festividades e religiosidades) que dificultam, por exemplo, a presença de foliões mais jovens no costume do giro da Folia de Reis. No caso de Florínea, o poder público local ainda auxilia os foliões que são funcionários públicos, dispensando-os do seu ofício para o "trabalho" na Folia de Reis e, como já foi dito, continua cedendo dois ônibus e combustível para a jornada das bandeiras. Entretanto, mesmo usufruindo destas condições, faz-se necessário buscar outros meios que ajudem a preservação desta prática festiva no local. Ou seja, o fortalecimento da identidade da Folia de Reis de Florínea precisa continuar reafirmando seu peso histórico de tradição.

Utilizando as palavras do historiador Eric Hobsbawm, ressalta-se que:

> A "tradição" neste sentido deve ser nitidamente diferenciada do "costume", vigente nas sociedades ditas "tradicionais". O objetivo e a característica das "tradições", inclusive inventadas, é a invariabilidade. O passado real ou forjado a que elas se referem impõe práticas fixas (normalmente formalizadas), tais como a repetição. O "costume", nas sociedades tradicionais, tem a dupla função de motor e volante. Não impede as inovações e pode mudar até certo ponto, embora evidentemente seja tolhido pela exigência de que deve parecer compatível ou idêntico ao precedente. Sua função é dar a qualquer mudança desejada (ou resistência a inovação) a sanção precedente, continuidade histórica e diretos naturais conforme expresso na história. (HOBSBAWN, 1997, p. 10).

Sentidos da Folia de Reis

A partir do excerto, é importante dizer que, no caso da Folia de Reis comum à pequena cidade de Florínea, não se trata inteiramente de uma tradição inventada ou forjada. Na verdade, a celebração permaneceu como um costume que veio para a cidade, mas continua se inovando no meio urbano pelos seus produtores e simpatizantes, que utilizam agora, de novas estratégias para sustentação do bem cultural que leva em sua identidade, a ideia de tradição como algo antigo e com valor de pertencimento. Assim, suportes audiovisuais e registros musicais são construídos como novos referenciais que remetem a esta memória coletiva (LE GOFF, 2003) da festa, produzidos e aceitos no início do século XXI.

Com o título "Pedido a Santo Reis", a canção abaixo é um exemplo do que foi dito, ela remonta à primeira promessa feita aos Santos Reis:

Do jeito que me contaram fiz esta simples canção
De um fato acontecido aqui na nossa região
Fazendeiro conhecido por nome de Sebastião
Ajudava muita gente, pois tinha bom coração
Levantava bem cedinho pra cuidar das criação
E tinha juntas de gado que puxavam o arado pra fazer as plantações
Não havia o trator e o trabalho era pesado
Fazia tudo na foice, muitas vezes no machado
Ali o povo trabalhava e era muito bem tratado
Sebastião sempre contente, pois era um homem honrado

Por ser muito religioso, por todos era respeitado
Acostumado na dureza não conhecia a tristeza
Era só felicidade
Mas com o passar do tempo à fazenda aumentava
Apesar da grande luta ele não desanimava
Comprou muitos bois, pro serviço precisava
Pra puxar toda a madeira que da mata ele cortava
E tinha o mestre carreiro que dos bois ele cuidava
Os gados ficaram doentes, foram morrendo de repente
Que todos admiravam
Nesse tempo já falavam na santa festa de reis
Sebastião preocupado não pensou mais que uma vez
Dobrou o joelho no chão, este pedido ele fez:

— Salva meus bois de carro meu querido santo reis
Deste dia em diante, os bois levantaram de vez
— Meu clamor foi atendido e o milagre concedido através do santo reis.[41]

De 20 relatos recolhidos com foliões de Florínea entre os anos de 2012 e 2014, 50% deles contam histórias relacionadas à essa música[42] escrita por José Arcanjo Filho[43] que, embora não tenha sido incluído nesta porcentagem, torna-se um dos porta-vozes da memória de fundação da Folia de Reis de Florínea, fruto de um milagre concedido ao fazendeiro Sebastião Alves de Oliveira.[44]

O autor aponta que, para a elaboração da canção teria entrevistado o folião Juventino Avelino de Oliveira, o qual, em suas palavras, é "[...] um dos cabeças dos cantores" de Folia de Reis da cidade. Além do depoimento transformado em canção, já se constatou que o nome de Sebastião Alves de Oliveira está exposto no Parque de Tradições (Figura 9), demonstrado que a memória de fundação da celebração ligada ao nome do festeiro continua a se reproduzir. Dos depoimentos orais, ela passa pelo lugar da festa e vai além dele, logo que a música[45] pode ser escutada em qualquer outro ambiente e tempo que não sejam propriamente circunscritos ao ritual festivo.

Explorando mais a história de fundação da festa, Rozimbo do Nascimento (2012)[46] apresenta que ela foi iniciada pela região de Florínea no final da década

41 Constatou-se que esta música foi construída sobre o ritmo da canção "Franguinho na panela", de Tião Carreiro e Pardinho. Fonte: Pedido a Santo Reis/faixa 12. In: FESTA DE REIS DE FLORÍNEA. Produção: Cristiano Arcanjo. Florínea: Som e Produções, 2015, 15 faixas (05:43:13).

42 Os outros 50% dos entrevistados, preferiram não comentar sobre a possível fundação da festa, por motivos de desconhecimento e também pela opção de compartilhar apenas informações que vivenciaram pessoalmente na história da Folia de Reis de Florínea. Importante lembrar que em 2016, realizei mais uma entrevista com um folião, porém, nesta, não foi questionado o assunto da fundação da festa.

43 No capítulo 3, mais especificamente no subtítulo "registros musicais", falarei mais sobre José Arcanjo Filho.

44 Não trabalharei com a sonoridade das canções no livro, entretanto, elas serão utilizadas como uma fonte que possibilita manter e reproduzir certos mitos fundadores e histórias e memórias do grupo e da festa.

45 No capítulo 3 discutirei mais afundo o processo de produção e comercialização das músicas relacionadas à Folia de Reis de Florínea, bem como de sua reprodução no local de realização da festa de reis.

46 Rozimbo do Nascimento nasceu em 1930 (82 anos), seu primeiro contato com a Folia de Reis foi por intervenção familiar, seu pai foi capitão da bandeira e sua mãe era cozinheira. Rozimbo a ajudava na cozinha e depois passou a fazer churrasco. Entre 1990 e 2014, foi presidente da Comissão/Associação de Folia de Reis de Florínea. Durante a

de 1920, em razão da promessa feita por Sebastião Alves de Oliveira, o qual estava endividado. Em suas palavras: "[...] era pequenininho e já tinha sido a festa... era 28, 29, por aí. Depois ele *(Sebastião)* foi vendendo aqui, só ficou com mil alqueires de terra. Mas, teve que vender tudo pra pagar as dívidas" (NASCIMENTO, 2012). É natural que tanto no depoimento deste folião quanto dos demais integrantes do grupo estudado, as datas de realização das primeiras festas oscilem, afinal, como já foi dito, tais memórias são envolvidas ou provenientes de (re)produções orais. Dessa maneira, foram apresentados também os anos de 1919, 1926 (livro de Atas), 1929, 1932 e 1933 (placas do Parque de Tradições) e até 1950, como datas possíveis de criação da festa.

Rozimbo do Nascimento (2012) conta que seu pai foi funcionário de Sebastião por pouco mais de 30 anos na Água do Almoço, em Cândido Mota. Nesse lugar, Sebastião trabalhava em uma serraria junto a "Machado Basto", sendo o primeiro responsável por retirar madeiras da região e o segundo que, parecia fazer a parte administrativa e a comercialização do que era levantado e produzido. De acordo com Rozimbo (2012), "Machado Basto ministrava madeira e exportava e o Sebastião Alves, no mato, vinha vindo...". Da Água do Almoço, Sebastião transferiu-se para o Guaritá, depois para Itaguara do Sul (Água do Taquaruçusinho/Frutal do Campo), posteriormente foi para a cabeceira da Paca e, por fim, instalou-se no Barbado, onde continuava sua retirada de madeiras, juntamente a 30 carreiros de bois. Na fala do folião, parecia que "Machado Basto" e Sebastião eram parceiros de trabalho e, ao mesmo tempo, estavam disputando as terras da região, na medida em que Sebastião conquistava um lugar e já colocava gente para trabalhar, estabelecendo seu território.[47] Entretanto, esta possível disputa cessou quando os dois resolveram fazer um acordo: Sebastião ficou com o Guaritá e Água do Almoço e Machado Basto com Itaguara do Sul, Paca e a serraria. Nessa altura da separação de bens, Rozimbo (2012) afirma que Sebastião estava devendo muito dinheiro pela região, motivo pelo qual ele resolveu fazer a promessa de trazer de Campinas, a bandeira da Folia de Reis. Dessa forma, juntamente a um dos seus carreiros, "João... Zé

---

realização da entrevista em sua residência em Florínea/SP, estava presente o também membro da Folia de Reis, Onofre Lopes de Lima. Além de, em um segundo momento, a mulher de Rozimbo. Fonte: NASCIMENTO, Rozimbo do. *Entrevista [14 ago. 2012]*. Entrevistadora: Rafaela Sales Goulart. Florínea/SP, 2012. Áudio MP3 (01:04:54).

47 Segundo Rozimbo do Nascimento (2012), Sebastião pagava seus funcionários com mantimentos como fumo, arroz e feijão.

Ignácio ou Zé Orácio",[48] foi produzindo as Folias de Reis por aquela região dos Queixadas (Figura 12).

Trechos de relatos dos foliões Benedito da Silva (2013),[49] Davi Antônio Mariano (2014)[50] e Amado Jesus da Silva (2013),[51] respectivamente, complementam a memória de fundação da festa:

> [...] quando começamos, quando eles começaram... o Jorge Alves, que é um fazendeiro aqui na região... da fazenda São Jorge... aquela família... eles moravam em Cândido Mota, então eles mudaram pra cá, foi aonde que um mal feito deles lá... começou morrer gado do pessoal, uns negócios que deram errado... O cara *(Sebastião)* fez uma promessa que faria a festa de Santo Reis se eles acertassem a situação dele. Então aí começou a dar certo e foi aí que o Sebastião Alves, que é o pai do Jorge Alves, fez a primeira festa, inclusive foi no Guaritá, perto de Frutal... Nova América... foi à região que foi feita a primeira festa nossa... [...] Eles entraram aqui no começo, abrindo, não tinha escritura, não tinha nada, então eles começaram de Cândido Mota... foram descendo por aqui, abrindo e falando que era deles... eu acho que era dois sócios... eles brigaram entre eles lá e deu "zica", aí o cara *(Sebastião)*estava falindo... o cara se apegou, melhorando a situação e tal... os bois pararam de morrer e então começaram a fazer festa de Santo Reis, foi aonde que "tá" até hoje... mas é aquelas coisas que a gente "tá" dizendo, milagre essas coisas... (SILVA, 2013, sublinhado meu).

> [...] o Sebastião Alves era fazendeiro e mexia com madeira aqui na região... o negócio dele era vender madeira, terra ele não ligava, inclusive teve muita gente que ficou rico aí com terra que ele dava... na época que ele estava re-

---

48 Rozimbo (2013) confunde os nomes, mas de acordo com a redação do livro de atas, este carreiro se chamava João Ignácio da Silva. Já na placa exposta no Parque de Tradições (figura 10), os nomes Zé Inacio e João Inacio aparecem como fundadores da bandeira de número 2, fundada em 1933.

49 Como já foi indicado, Benedito da Silva, o mestre Fião, é filho de Othon da Silva e sobrinho de Amado da Silva.

50 Davi Antônio Mariano tem 72 anos, é aposentado e mora em Florínea. Entrou na bandeira de reis por influência do mestre Othon da Silva, pai de Benedito da Silva (Fião). Nela, foi palhaço por aproximadamente 50 anos, parando de exercer tal função há 2 anos. Fonte: MARIANO, Davi Antônio. Entrevista [26 mai. 2014]. Entrevistadora: Rafaela Sales Goulart. Florínea/SP, 2014. Áudio MP3 (02:10:14).

51 Fonte: SILVA, Amado Jesus da. *Entrevista [15 mai. 2013]*. Entrevistadora: Rafaela Sales Goulart. Florínea/SP, 2013. Áudio MP3 (01:50:27).

querendo essa fazenda que foi Florínea inteira... ele avisou os carreiros dele e falou pra eles: — vocês fiquem no carreado, não deixem ninguém entrar nas fronteiras... que eu vou pra São Paulo requerer esse terreno... apesar que eu não quero terreno... o meu negócio é madeira... quando eu chegar, começo soltar rojão, daí vocês saem...Eles ficaram na fronteira, dia e noite, pra não entrar ninguém, pra ser posseiro da área... umas horas, o rojão estourou e eles "voaram" no caminho com carabina na mão, pra não passar ninguém... Daí ele desceu dando risada e falou: "— Aqui! Agora eu tenho tudo documentado, quem manda é eu e de agora pra frente é só cortar madeira...". Quando foi dia 6 de janeiro... ele mandou os carreiros pegarem os bois dele e explanar as madeiras... tinha um carreiro que chamava João Inácio, ele falou assim: "— Ô seu Sebastião, hoje é dia de Santo Reis". Ele virou e falou assim: "— Eu não tenho nada a ver com Santo Reis, eu tenho a ver com a minha madeira que tenho que tirar de lá...". Aí diz que eles pegaram os bois e foram trabalhar, o patrão mandou né... Quando foi duas horas da tarde, dois bois da guia caíram e morreram, e dois deitaram também pra morrer. Eles pegaram e tiraram as "traia" de cima do boi, as cangas, tiradeiras, essas coisas, e soltaram os bois, vieram e falaram pra ele: "— Ô Sebastião, o negócio é o seguinte, aconteceu assim, assim e assado...". "Inclusive, porque duas horas da tarde é o encontro da bandeira?" Porque foi a hora que caiu os bois lá no sol quente e morreram... Aí ele falou: "— João Inácio, você está comprometido de cortar um cedro e fazer 4 violas, as caixas..." Aí o João Inácio falou: "— Pode deixar!" Cortou as madeiras, fizeram as violas "murciças", sem "menda", sem tirar a tábua... aí começou a festa de reis... (MARIANO, 2014).

[...] a primeira festa foi na Água do Almoço... mas depois que o Sebastião Alves foi se erguendo, ele tinha que fazer sete festas, não sei se era na Paca, se era na... eu sei que aí variou os lugares da festa, não foi num lugar só a promessa dele... porque ele achou que os três reis levantou... ele acreditou... (SILVA, 2013).

Os discursos mostram como foi se dando o processo de ocupação realizado por Sebastião Alves de Oliveira que, iniciado na Água do Almoço (Cândido Mota), possibilitou a perpetuação e a permanência da prática festiva nas distintas fazendas e cidades da região de Florínea, em um movimento passado de geração para geração, seja entre a família Alves ou entre as famílias de seus funcionários, como indiretamente se apresenta no segundo trecho supracitado. A presença das dificuldades, da promessa, da crença e do milagre que fundamentam a tradição popular no Santo Reis e a descrição de alguns elementos e símbolos da celebração, como é o caso das ditas sete festas, dos instrumentos musicais, do costume de anunciar a chegada e o encontro das bandeiras no dia 6 de janeiro com rojões, e até mesmo a relação do horário de encontro das bandeiras no dia da festa com um ponto crítico que levou Sebastião a fazer sua promessa inicial, demonstram como o imaginário social sobre o surgimento da cidade e da festa estão amarrados nas memórias dos foliões, sendo culturalmente perpetuados seja através de seus relatos ou de novos suportes de memória como é o caso da música "Pedido a Santo Reis".[52]

Ademais, os depoimentos descrevem Sebastião como um posseiro que conquistou as terras de Florínea com o auxílio de seus funcionários. E o ato de ir até a capital em busca de um documento que comprovasse sua posse sobre a propriedade, por sua vez, não pode sustentar a ideia de que ele foi regulamentar um documento que por ventura teria falsificado ou que ele foi legalizar uma compra ou doação do mesmo. Como já apontado no texto, neste período conhecido como "frente pioneira" (PENÇO, 1980), já eram estabelecidas relações capitalistas com relação à aquisição de terras.

Já com relação à retirada de madeira feita por Sebastião Alves de Oliveira na região, foi constatado um processo de demarcação da linha de divisa das fazendas "Dourado e Queixadas" no Arquivo do Fórum de Assis,[53] que embora não alie à figura de Sebastião com o dito Machado Basto (NASCIMENTO, 2012), confirma esta sua prática de trabalho na fazenda dos Queixadas e, ao mesmo tempo, mostra que aquelas terras já tinham proprietários. Neste processo requerido por José Júlio e sua mulher Brandina Ignez de Jesus, havia a acusação de que Sebastião estava fazendo a extração ilegal de madeiras que não pertenciam à sua propriedade. Dessa forma, os requerentes exigiam uma nova divisão dos lotes. O mapa abaixo ilustra a divisão de lotes da Fazenda dos Queixadas, região hoje pertencente a Candido Mota, localizando nomes dos córregos ou Águas já citadas no texto e de proprietários que, entretanto, não aparecem nas memórias dos foliões.

---

[52] Os principais símbolos e características do ritual de Folia de Reis serão explicados no capítulo 2.
[53] Fonte: ASSIS (SP). Demarcação da linha de Divisa das Fazendas – Dourado e Queixadas. Processo nº 51/1929, José Júlio e sua mulher e Sebastião Alves de Oliveira e outros, 06/05/1929. Disponível: Arquivo do Fórum de Assis, CEDAP/Assis.

Sentidos da Folia de Reis 65

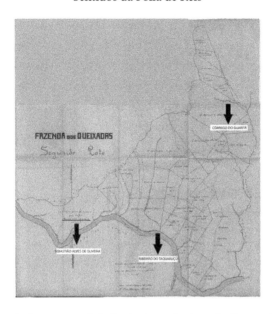

Figura 12: Mapa de demarcação da linha de divisa das fazendas "Dourado e Queixadas" (06/05/1929).
Fonte: ASSIS (SP). *Inventário*. Processo nº 199/1951, Maria José de Oliveira e Sebastião Alves de Oliveira, 28/06/1951. Arquivo do Fórum de Assis, CEDAP/Assis.

A próxima imagem, por sua vez, demonstra o mapeamento da atual rota de giro das bandeiras de Folia de Reis de Florínea pela região. Destacando as cidades, os córregos e águas que fazem parte da história das bandeiras de Folia de Reis de Florínea.

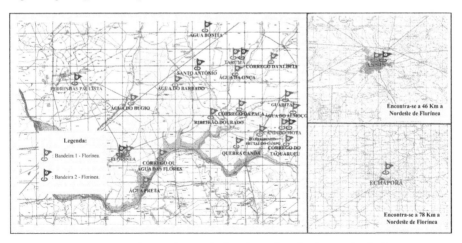

Figura 13: Mapa de rota de giro das bandeiras de Folia de Reis de Florínea.
Fonte: Portal de mapas do IBGE. Disponível em: http://portaldemapas.ibge.gov.br/portal.php#mapa104999.

Recorrendo as memórias de Rozimbo Nascimento (2012), encontrou-se ainda no arquivo do Fórum de Assis, dois processos que ligam Sebastião Alves de Oliveira com o nome "Machado Bastos & Cia". O último é apresentado nos processos como uma firma comercial do Rio de Janeiro, sediada na praia de São Cristóvão, n° 39 e representada pelo sócio Avelino Pacheco Machado Bastos. No "Almanak Administrativo, Mercantil e Industrial do Rio de Janeiro - 1891 a 1940" há um anúncio da empresa:

Figura 14: Anúncio publicado no Almanak Administrativo, Mercantil e Industrial do Rio de Janeiro - 1891 a 1940.
Disponível em: http://memoria.bn.br/DocReader/Hotpage/HotpageBN.aspx?bib=313394&pagfis=102252&pesq=&url=http://memoria.bn.br/docreader#. Acesso: 30 mai. 2015.

Como se percebe, a Machado Bastos & Cia, além de comercializar materiais de construção, de decoração e mobiliário, na condição de serraria, trabalha com a importação de madeiras nacionais e estrangeiras. Vale dizer que, no já estabelecido município de Cândido Mota, a extração de madeiras era uma atividade comum, sendo que pertenciam à sua indústria madeireira três principais serrarias: Estrada de Ferro Sorocabana, Machado Bastos & Cia e Serraria Lapa Ltda.[54]

Resumindo os processos supracitados, ambos da década de 1930, o primeiro[55] remete ao pedido de destituição de bens do cargo de depositário a Sebastião e, já o segundo,[56] "Protesto e Contra-Protesto", é uma espécie de conclusão do primeiro, tendo o requerente Sebastião Alves de Oliveira e sua mulher, Maria José de Oliveira, que pagarem a Machado Bastos & Cia uma quantia alta que se referia a infrações ocasionadas nos bens hipotecados à credora. Dessa maneira, o segundo processo mostra que Sebastião teve que vender algumas de suas propriedades, como foi o caso da Fazenda Taquarussú e da Água da Paca e suas respectivas benfeitorias existentes nos locais. Assim findaria tal processo em um acordo entre ambas as partes.

Tanto nas memórias de Rozimbo (2012) quanto nos processos do Fórum, confirma-se a ligação entre Sebastião Alves de Oliveira e "Machado Basto/Machado Bastos & Cia". Mesmo que a fala do folião e os processos contem nebulosamente tais conflitos, trazendo lacunas sobre a história de ocupação da região de Florínea, ambos são importantes porque mostram um pouco do cenário por onde a memória e a história da Folia de Reis de Florínea foram desenvolvidas. Nos processos foram confirmados bens ligados a Sebastião, tais como imóveis situados no "Ribeirão dos Queixadas – Taquarussuzão ou Guaritá, Dourado, Aldeia, Ribeirão dos Queixadas – Quebra Canôa, Pau Barbado (Agua do Pau Barbado), Pau Barbado (Agua das Flores ou Agua do Pantano) e Agua do Almoço".[57]

Com relação à serraria "Machado Bastos & Cia", de Cândido Mota, não se sabe se ela teve alguma ligação com uma serraria citada na pesquisa de Adão

---

54 Dados retirados do Projeto da Câmara dos Deputados, nº 891-A – 1948, que cria no município de Cândido Mota, uma coletoria para a arrecadação das rendas federais. Fonte: Imprensa Nacional: Rio de Janeiro, 1948. 2p. Disponível em: http://www.camara.gov.br/proposicoesWeb/prop_mostrarintegra;jsessionid=E96015C720BC7DCD8C5130A9C1C28EAA.proposicoesWeb1?codteor=1227917&filename=Avulso+--PL+891/1948. Acesso: 30 mai. 2015.

55 Fonte: ASSIS (SP). *Instrumento de Agravo*. Processo nº 66/33, Sebastião Alves de Oliveira e sua mulher e Machado Bastos, 16/10/1933. Arquivo do Fórum de Assis, CEDAP/Assis.

56 Fonte: ASSIS (SP). *Protesto e Contra-Protesto*. Processo nº 26/1937, Sebastião Alves de Oliveira e sua mulher e Machado Bastos & Cia, 04/03/1937. Arquivo do Fórum de Assis, CEDAP/Assis.

57 Fonte: ASSIS (SP). *Protesto e Contra-Protesto*. Processo nº 26/1937, Sebastião Alves de Oliveira e sua mulher e Machado Bastos & Cia, 04/03/1937. Arquivo do Fórum de Assis, CEDAP/Assis.

Nunes (1993), a qual estava localizada no território de Florínea, no início do século XX. De acordo com o geógrafo, a serraria teria sido extinta na década de 1940 por conta de não haver mais reservas de matas para extração de madeiras (NUNES, 1993, p. 12-13). Sobre a escassez de reservas de madeiras e os primórdios da cidade de Florínea, ele apresenta:

> [...] começaram a derrubar as matas e começaram a construir suas casas em terrenos vendidos a um preço acessível (segundo os moradores), por Sebastião Alves de Oliveira, [...] proprietário de grande quantidade de terras na região de Florínea (*Ibidem*, p. 15-16).

As posteriores perdas de bens de Sebastião Alves de Oliveira e de sua mulher Maria José de Oliveira, provenientes dos conflitos judiciais com a Machado Bastos & Cia, por sua vez, foram parcialmente sanadas em análises do inventário de bens deixados pelo casal. Com a morte do patriarca Sebastião Alves em 1951 e de sua esposa em 1953, foram solicitados à divisão de bens que seriam deixados aos sete filhos e uma neta deles: um terreno com uma casa na vila de Florínea, na época município de Assis; uma gleba de terras situadas nas Fazendas Anhuminhas e Pau Barbado, anexadas também a Florínea (1.220 hectares), possuindo estas fazendas benfeitorias como pés de café (queimados com a geada de 1940), uma casa de morada e 6 casas pequenas, 1 rancho, uma tulha, uma garagem e 1 depósito; algumas datas vendidas e não vendidas de loteamentos de Florínea; 1 terreno doado ao grupo escolar do distrito de Florínea; depósitos em dinheiro em 3 bancos distintos.[58] Além desses registros, em razão da doação do terreno para à prefeitura de Assis feito ainda em vida por Sebastião Alves de Oliveira, em maio de 1951. A prefeitura de Assis, em 29 de março de 1965, certificou em documento que Sebastião não era devedor da Fazenda Municipal de Impostos, referentes a lotes e casas no distrito de Florínea e a propriedade rural denominada Fazenda Santo Reis, parte das Fazendas Anhuminhas e Pau Barbado.[59]

Como comentado, as Águas do Barbado, das Flores e do Pântano são pertencentes à Florínea. Desta maneira, mesmo que tenham sido citadas as também pioneiras famílias Gomes ou Lemes nas terras que correspondem à atual Florínea (OLIVEIRA, 1957), a história pioneira de Sebastião Alves de Oliveira se torna pre-

---

58 Fonte: ASSIS (SP). *Inventário.* Processo nº 199/1951, Maria José de Oliveira e Sebastião Alves de Oliveira, 28/06/1951. Arquivo do Fórum de Assis, CEDAP/Assis.
59 Fonte: ASSIS (SP). Projeto de Lei nº 26/51. Processo nº 39 de 26/05/1951. Arquivo da Câmara Municipal de Assis, CEDAP/Assis.

ponderante na memória dos entrevistados, tanto no tocante da sua prática de trabalho no lugar que se une à posse do território, quanto nas benfeitorias realizadas por ele; ou seja, as doações de terras e a sua iniciativa de ter trazido a bandeira dos Santos Reis para o lugar.

As memórias de fundação da Folia de Reis e da cidade transformam-se em histórias para contar do/no lugar, um assunto para as próximas gerações florinenses bem como aos curiosos dessa história local. Ora, o nome de Sebastião Alves de Oliveira aparece em espaços públicos do município, como é o caso da praça principal da cidade (Figura 8) e no Parque de Tradições (Figura 9), proporcionando um constante retorno à imagem deste festeiro.

Dos dados expostos nas placas do Parque de Tradições (Figuras 9 e 10) também surgem contradições que dizem respeito à história das duas bandeiras de Folia de Reis de Florínea, respectivamente, surgidas em 1932 e 1933. O que subentende, levando em consideração a organização atual do grupo, que as bandeiras se uniram a partir de 1933 e passaram, então, a girar pela região de Florínea, encontrando-se nas festas dos dias 6 de janeiro. Aliás, o giro das bandeiras é explicado pelos foliões como uma maneira de arrecadar mais prendas para a festa final de Santo Reis que, antigamente, ocorria nas fazendas ou sítios.

No dizeres de Aurora Franco dos Santos (2013), o costume das duas bandeiras saírem da casa do festeiro no dia 25 de dezembro e tomarem rumos diferentes pela região era comum desde o princípio. Nascida em 1942, Aurora conheceu a Folia de Reis com aproximadamente 8 anos de idade, estreitando laços com a celebração no período de sua adolescência e, ao se casar com um dos principais palhaços[60] da história da Folia de Reis de Florínea, o finado Santino Fabiano dos Santos, ela relata que, ao saírem da casa do festeiro, as bandeiras tinham que tomar rumos diferentes pela região de Florínea, porque se os palhaços (também chamados de bastiões) se encontrassem no trecho, eles "bufavam no facão" (SANTOS, 2013); ou seja, haveria uma grande briga.

Sobre esse tipo de violência que sobrevive nas memórias dos foliões mais antigos, mas que pouco se explica, por desconhecerem efetivamente seu fundamento, Maria Clementina Pereira Cunha (2002, p. 398-401) aponta que tal confusão era comum entre cordões carnavalescos, também chamados de zé pereiras, no Rio de Janeiro do início do século XX. Provenientes do século anterior, tais práticas consideradas perigosas eram geralmente realizadas por grupos formados de capoeiras

---

60 Os palhaços bem como seus costumes e simbologias serão explicados no capítulo 2.

das maltas cariocas que, ao se encontrarem, iniciavam uma disputa a partir do principal elemento simbólico que marcava suas identidades, os estandartes ou panos (bandeiras). Nesse sentido, a primeira maneira de ferir o grupo rival demonstrando superioridade, era rasgá-lo ou jogá-lo no chão.

No caso da Folia de Reis de Florínea, esta disputa pela bandeira, atualmente simbolizada nas danças dos palhaços guardiões,[61] poderia questionar a real existência de um único grupo de Folia de Reis com duas bandeiras a partir de 1933. Por outro lado, o contexto pós-falecimento de Sebastião Alves de Oliveira coincide com alguns relatos sobre a união das duas bandeiras em Florínea na década de 1960, momento que, segundo o tesoureiro Alexandre (2014), a cidade passou a dominá-las.[62] Anteriormente ao período, por sua vez, uma das bandeiras era proveniente do bairro da Paca (bandeira 1, cujo fundador foi Sebastião Alves de Oliveira) e a outra de Santo Antônio (bandeira 2, que tem como fundadores José Inacio e João Inacio – funcionários de Sebastião). Ou seja, mesmo que os limites geográficos de Florínea (Figura 13) apresentem que a última bandeira estava localizada na região pertencente à atual cidade de Tarumã, esta só se emanciparia em 1993[63] e, além disso, a história das bandeiras permite compreender que o sentido regional que se constrói a partir delas é distinto da concepção de divisões político-administrativas (Figura 1).

A identidade da Folia de Reis, portanto, era relacionada aos foliões que lideravam as bandeiras, se eles se conheciam e se estabeleciam boas relações, possivelmente o período das festas era utilizado para um grande reencontro. Ou seja, se havia alguma violência entre grupos de Folia de Reis nessa região, possivelmente não diziam respeito a estas duas bandeiras de Florínea, mas sim, o encontro de uma delas com bandeiras que não pertenciam, digamos, ao seu lugar de giro no período. Como identificadas na Figura 7, há mais bandeiras de Folia de Reis pela região onde o grupo de Florínea faz sua jornada.

Vale lembrar que Florínea foi emancipada em 1953 e desde então, o desenvolvimento da sua região passou por mudanças políticas e econômicas que possibilitaram o êxodo rural. Isto sem falar que os líderes políticos de pequenas cidades como

---

61 Os significados atribuídos às bandeiras da Folia de Reis de Florínea, bem como as danças simbólicas dos palhaços, serão explicitados no capítulo 2.

62 Ainda segundo Alexandre, a bandeira que remonta ao ano de 1928 pertencia à Água da Paca. Fonte: FABIANO NETO, Alexandre. *Entrevista [30 jun. 2014]*. Entrevistadora: Rafaela Sales Goulart. Florínea/SP, 2014. Áudio MP3 (01:27:22).

63 GALLI, Sidney; DESPINCIERI, Stelamay Aparecida; SOUZA, Teresinha de Jesus Godoy de. *Tarumã*: a cidade do amanhã. São Paulo: Nova América, 2007.

Florínea são, quase sempre, provenientes de uma pequena elite local; isto é, de fazendeiros e, no caso, festeiros que já tiveram contato com a Folia de Reis, facilitando sua aprovação e identificação social como uma prática cultural da cidade.[64]

Entretanto, mesmo que haja sinais de que as bandeiras tenham se unido de fato a partir da década de 1960, iniciando os costumes de se revezarem no giro pela região a fim de levantar mais prendas para a festa final já com a possível ajuda do poder público local, os registros da sua efetiva organização na cidade datam a década de 1980, com a organização da Comissão e a documentação da mesma em 1990.

1.3.1 A Folia de Reis na cidade

Se, por um lado, há uma memória oficial de fundação da Folia de Reis de Florínea a partir da influência de Sebastião Alves de Oliveira, junto à especificidade de um mesmo grupo apresentar duas bandeiras de Folia de Reis (Figuras 9 e 10) que já existiam na década de 1930, repercutindo uma ideia de que elas já eram unidas naquele momento, por outro, é importante destacar mais algumas informações contidas em relatos obtidos através de entrevistas com os membros do grupo de Florínea. Estes relatos apresentam o "pontapé inicial" da união efetiva das duas bandeiras e da estruturação da festa em um único espaço, no meio urbano.

A primeira destas informações é que a festa, antes celebrada anualmente em propriedades rurais, nas casas de festeiros (distintos proprietários de terras e fazendeiros da região), passa por um momento de dificuldade ao final da década de 1970 e início de 1980.[65] Problema que a maioria dos foliões atribui ao fazendeiro Jorge Alves de Oliveira (filho de Sebastião), o qual, de última hora, desistiu de ceder sua fazenda para a realização da festa, descumprindo seu compromisso, fato que desestruturaria não só a tradição da Folia de Reis, como também, ao que parece, a força do discurso de que seu pai era o principal festeiro ligado a esta tradição no lugar. Dessa forma, ao relatar o episódio, Amado da Silva (2013) rememora os nomes de três foliões que uniram suas forças para não permitir o desmoronamento da prática da Folia de Reis, são eles: Santino Fabiano dos Santos, "Nézião" (Onésimo Gomes de Moraes) e Alfeu do Nascimento. Tanto Santino (palhaço na Folia de Reis) quanto

---

64   Discutirei as relações entre Folia de Reis, poder local e política pública no capítulo 3.
65   Amado Jesus da Silva (2013) aponta que esta "quase parada" da festa de reis ocorreu no momento em que o prefeito da cidade era o "Dito" Granado. Sabendo que a gestão pública de Benedito Granado em Florínea ocorreu nos anos de 1977/1982 e com base em outra entrevista, o evento teria ocorrido em 1978 (ELEUTÉRIO, 2013). Entretanto, como se tratam de memórias reproduzidas, optou-se pela não especificidade nesta data.

"Nézião" eram funcionários da prefeitura. Já Alfeu do Nascimento, é identificado como o fazendeiro que teria cedido seu sítio para a realização da festa que poderia não ter ocorrido (SILVA, 2013).

Aurora Franco dos Santos[66] (2013) confirma a importância destes sujeitos na história da Folia de Reis e faz algumas observações sobre o posicionamento de seu marido, Santino Fabiano dos Santos, naquele período em que a festa poderia acabar:

> [...] nesse tempo... tinha 14 anos que ele já era palhaço, ainda era aquele senhor que estava lá, o senhor Rozimbo... ele e o sogro dele que tomavam conta...aí passou, eles... entraram em acordo... deles não fazerem a festa, arrecadar o dinheiro e dar pra igreja. Mas todo mundo ficou triste de não ter mais a festa, daí no dia 24, o meu marido...dia 23 ele conversou com o seu Anézio, ele falou assim: "Não! Não vamos deixar a festa morrer não...que ia morrer, ia acabar... Não! Nós vamos levantar ela..." (SANTOS, 2013).

A descrição demonstra que mesmo a Folia de Reis possuindo uma liderança (Rozimbo do Nascimento e seu sogro, Benedito Sebastião de Paula), a festa não iria ocorrer por conta da falta de um lugar para sua realização. Entretanto, a força de vontade de seu marido Santino foi maior que a condição imposta no momento, fazendo com que ele procurasse ajuda de um companheiro e, consequentemente, com o restante dos foliões. Aurora (2013) ainda aponta que, naquele momento, ela estava com o pé machucado, além de estar de dieta por recentemente ter tido filho, mas mesmo com estas dificuldades, concordou em ajudar o marido na festa, preparando os alimentos que seriam servidos. Assim, sua ajuda ao marido e, sobretudo, aos Santo Reis, fez, segundo ela, com que seu pé fosse curado daquela enfermidade antes mesmo do dia 6 de janeiro.

---

66 Entrevista realizada na residência da senhora Aurora Franco dos Santos, em Florínea/SP. Aurora nasceu na Água do Barbado em 1942, sendo registrada em Tarumã/SP. Sempre trabalhou no seu lar e conheceu a Folia de Reis quando criança, com 8 anos aproximadamente. Sua família tinha o costume e a fé de seguir a Folia de Reis, inclusive, um primo de Aurora se vestia de palhaço. Entretanto, Aurora passou a fazer parte efetivamente da Folia de Reis de Florínea quando casou com Santino Fabiano dos Santos (falecido em 1985, foi palhaço da Folia de Reis desde os 14 anos), passando a ser cozinheira do grupo e depois a gerenciar as mulheres na cozinha. Aurora é sócia fundadora da Associação folclórica de reis Flor do Vale de Florínea. A principal lembrança observada no relato foi quando a festa quase foi interrompida, há 35 anos (1978), mas seu marido foi um grande representante para não ocorrer tal fato. Fonte: SANTOS, Aurora Franco dos. *Entrevista [1 nov. 2013]*. Entrevistadora: Rafaela Sales Goulart. Florínea/SP, 2013. Áudio MP3 (57:09).

Esta "quase morte" da festa é memorável para o grupo Flor do Vale, pois se ocorresse de fato, seria uma quebra da tradição. Os foliões fazem questão de falar que a Folia de Reis de Florínea ocorre, ininterruptamente, há muito tempo. Amado (2013) narra este episódio em que Jorge Alves de Oliveira teria desistido de ceder sua fazenda para a festa, pois estava junto aos três foliões supracitados. Dessa maneira, quando Alfeu sugere a ideia de fazerem a festa no seu sítio, na Água do Barbado, Amado (2013) explica que "Nezião" e Santino precisaram sair às pressas com um ônibus rural para avisar os cantores e demais foliões, recombinando aquilo que tinha sido desfeito. Neste momento, por sua vez, apareceu uma nuvem de chuva sobre as terras de Alfeu, parecendo que algo queria impedi-los de realizar a festa. Mas, mesmo assim, este fenômeno inusitado não atrapalhou a vontade dos foliões, dando-lhes ainda mais força para fazerem o que tinha que ser feito. Em suas palavras:

> [...] formou aquela nuvem... e quando o Nézião funcionou a rural pra sair, quase que ele não sai, caiu água no sítio do Alfeu... eu tenho um amigo meu que mora no sítio na esquina, que "tá" vivo pra confirmar isso... caiu água... ali é divisa do Alfeu e pra cá é do Coda. Do outro lado da cerca do Coda, não caiu um pingo d'água, choveu só no sítio do Alfeu... aquela nuvem... era no dia 24 e, no outro dia, nós fizemos a saída da bandeira... (SILVA, 2013).

Depois desta situação que é relatada como uma atitude de salvaguarda da Folia de Reis, pois demandou coragem e vontade dos foliões para continuar sua tradição festiva sem interrupções, este discurso de uma possível "morte da festa" passa a ser comum, complementando a história de fundação da Folia de Reis ligada à imagem de Sebastião. Ou seja, ocorre uma espécie de inovação do ciclo festivo e de fé do grupo, inserindo aos discursos de memória coletiva um acontecimento tão importante quanto a promessa inicial que promoveu a cultura da Folia de Reis na região. Neste momento, portanto, sujeitos e personagens comuns, mas de liderança, são responsáveis pela continuidade da tradição em Florínea. Discurso que, por sua vez, oferece uma espécie de alerta de que a festa precisa de um novo espaço para que, de fato, sobreviva na região.

Nesse sentido, outro discurso surge como um trampolim entre a "quase morte" da festa para sua realização anual em um único lugar na cidade. A partir de relatos fornecidos por Florêncio Bavaresco Dias (2014), entende-se que a percepção dos foliões sobre este problema que quebraria a tradição da Folia de Reis, fez com que eles começassem a solicitar ajuda aos que recebiam a bandeira de Santo Reis em suas casas. Assim, relata sua participação no processo de salvaguarda da festa, bem como seu ingresso efetivo em tal manifestação cultural, a qual surgiu a partir de uma carta que recebeu dos foliões. Em suas palavras:

> [...] recebi essa carta... "Nós de Santo Reis pede pra você: Não deixe a bandeira de santo reis parar!". Isso foi na casa do meu pai em 1979. Eu li aquela carta, chamei a minha irmã... falei: "O que vocês querem de mim?"... "Que você pegue a próxima festa e continue com a festa de santo reis"... E a gente fez isso... eu com a minha irmã Rosa Helena que hoje mora em Iepê... Muita dificuldade, naquele tempo era muito difícil as coisas... não era igual agora que é tudo mais fácil... Naquele tempo a gente tinha que fazer barracão, tudo era difícil... Então, o meio que eu entrei no Santo Reis, fora que moda ou outra a minha família já acompanhava faz muitos anos, foi por esta carta [...] A festa que eu fiz foi aqui no Campo Municipal de Florínea, não tinha local certo, já estava em cima da hora... foi ali que nós... fizemos uma festa... formamos uma nova diretoria... (DIAS, 2014).

Esse relato assevera que foi na transição da década de 1970 para 1980 que a festa passou a ocupar novos espaços, estabilizando-se em Florínea. Além de a festa ser feita no Campo Municipal, um local público da cidade; foi neste momento que os foliões resolveram se organizar enquanto uma nova diretoria/Comissão de festas da cidade, a qual passou a auxiliar no processo de separação de tarefas no grupo, facilitando os cargos dos festeiros e capitães.

Outro momento pontuado tanto por Florêncio Bavaresco Dias (2014) quanto por outros foliões é que, posteriormente a este período de dificuldade, as festas começaram a ser elaboradas em um barracão pertencente ao senhor Ico Caetano (SILVA, 2013), cunhado de Rozimbo do Nascimento.[67] Onofre (2013) relata que neste espaço "[...] tinha um rancho... um galpão coberto de teia pro pessoal cozinhar, fazer as comidas...". O local, entretanto, foi vendido para a família Granado, a qual deu continuidade na tradição da festa no lugar. Momentos depois, já na gestão do prefeito Severino da Paz, a prefeitura comprou o terreno, sendo construído um novo barracão e cozinha inaugurados em 1993 como Pavilhão de festas "Santino Fabiano dos Santos", já na gestão do prefeito Valter Gervazioni.

---

67   Os relatos de Rozimbo do Nascimento (2012) confirmam esta versão contada por Amado da Silva (2013).

Assim, fatores terrenos e outros ligados ao "sagrado", como a cura do pé da festeira e a chuva que caiu apenas nas terras do folião Alfeu, denotam a criação de novos mitos fundadores da festa.

Dentro desse espaço conquistado na cidade, a Comissão de festas de Santo Reis vai se fortalecendo a partir de 1990, passando a registrar sua organização e suas reuniões em atas anuais, deixando em suas páginas não só discussões de assuntos que competem a toda dinâmica da festa, mas incluindo as possibilidades de expansão e de agrado ao público, sem esquecer o nome de foliões como Sebastião Alves de Oliveira e Jorge Alves de Oliveira. O que mostra que independente das trajetórias que o grupo foi tomando, é interessante se ter uma história fincada a uma origem que forneça tanto um peso temporal a ela, quanto mostre a importância da aceitação dos novos significados vivenciados pelo grupo que a pratica e, portanto, a conscientização do mesmo. Conscientização esta que teve seu ápice em 2013, com a criação da "Associação Folclórica de Reis Flor do Vale de Florínea".

Nesta premissa, entre memórias e histórias de conquistas e perdas, de milagres e de conscientização social, a permanência da Folia de Reis da região de Florínea foi reconfigurada no cenário urbano desta pequena cidade do interior do Estado de São Paulo. Uma ressignificação implementada pelo grupo Flor do Vale que, juntamente ao poder público local e aos demais cidadãos florinenses, compartilharam e compartilham da busca pelo reconhecimento de sua identidade através de um patrimônio comum.

CAPÍTULO 2

A FOLIA DE REIS DE FLORÍNEA (SP)
ritual, símbolos e significados

2.1 Folia de Reis: uma herança cultural ressignificada

> 25 de dezembro que Jesus Cristo foi nascido.
> No 6 de janeiro ele foi reconhecido,
> pelos três reis do Oriente, que eram três reis tão querido.
> Reconheceram e lhe deram o que lhe tinham prometido.
> Os três reis quando souberam que o menino Deus "havia",
> os três reis saíram de viagem, com a estrela em sua guia.
> Os três reis viajaram saindo do Oriente,
> pra visitar o menino Deus e dar o vosso presente.
> Foi no velho testamento que os três reis estudaram,
> na promessa de Messias na escritura encontraram... (VALIM,[1] 2013).

A epígrafe do capítulo faz parte da *Saudação ao Presépio*,[2] poesia oral duplamente importante à Folia de Reis, primeiro porque traduz o momento de encontro dos foliões com o universo sagrado – contato com os presépios (também denominados altares ou lapinhas) que representam o singelo lugar onde Jesus nasceu, foi reconhecido e adorado pelos magos – e segundo porque reflete a memória e a identidade

---

1   João Rodrigues Valim possui 60 anos, nasceu na Água da Paca e foi registrado no cartório de Florínea, onde é atualmente aposentado e residente. Seu primeiro contato com a Folia de Reis foi por influência familiar. Seu pai, José Valim (Zé Fernandes), foi mestre da folia de reis em Florínea há mais de 60 anos e seu irmão também foi mestre, Fernando Valim Neto (Fernandes). João já cumpriu função de gritinho, escrivão, bandeireiro, contratinho, contratala, contrato. Hoje canta como contramestre na bandeira 2, porém quando pode substituir o mestre oficial de sua bandeira, cumpre esta função recitando sábios versos (A citação em destaque no texto é um exemplo). Fonte: VALIM, João Rodrigues. *Entrevista [7 dez. 2013]*. Entrevistadora: Rafaela Sales Goulart. Florínea/SP, 2013. Áudio MP3 (01:34:53).

2   Transcrição completa da Saudação ao Presépio na página 135, subtítulo: "Encontro das bandeiras e coroação de festeiros(as)".

do grupo na celebração, a partir da transmissão oral dos significados atribuídos ao ritual. Este, por sua vez, é entendido como um sistema de comunicação simbólica construído culturalmente e transmitido através de performances que compreendem palavras, músicas e elementos materiais, os quais possibilitam o retorno à tradição mitológica (TAMBIAH, 1979, p. 119 *apud* BUENO, 2014, p. 26). Dessa maneira, embora os padrões simbólicos permaneçam no ritual, as performances são modificadas, ressignificando-se entre as novas gerações de foliões.

Na Folia de Reis de Florínea, o costume de saudar o presépio com versos é cumprido tanto pelo palhaço/bastião, de uma das bandeiras (durante o giro de visitas do grupo pela região), quanto pelo mestre – no momento em que as duas bandeiras se encontram na gruta/presépio – na festa do dia 6 de janeiro. Baseada em narrativas bíblicas, a Saudação ao Presépio faz referência à história de Jesus, do momento em que a virgem Maria teria concebido a graça divina de encarná-lo, sendo avisada pelo anjo Gabriel, até o momento em que Jesus nasceu e foi adorado pelos magos em Belém. Depois desse encontro em que os magos reconheceram o salvador, José teria sido avisado pelo mesmo anjo em sonho, de que estavam sob ameaça de Herodes, o que provocou a fuga da família para o Egito. Na versão bíblica consultada, estes episódios são narrados nos livros de Mateus (1: 18-22) e Lucas (1: 26-37; 2: 1-21),[3] ambos encontrados no Novo Testamento.[4]

Diz-se que, guiados por uma *estrela*,[5] os magos saíram do oriente em busca do menino que seria o futuro rei dos judeus. Entretanto, até que chegassem a Belém com seus presentes, *ouro*, *incenso* e *mirra*, que simbolizam respectivamente realeza, divindade e humanidade (PESSOA; FÉLIX, 2007), o rei Herodes ficou sabendo desta história e ficou com receio de perder seu poder. Assim, solicitou aos magos que, quando soubessem do paradeiro de Jesus, avisassem-no. Este pedido, por sua vez, foi descumprido, pois eles receberam mensagens em sonhos para não fornecerem tal informação e, desta forma, era preciso que voltassem para sua terra por outro caminho (BÍBLIA SAGRADA, 2000, p. 1285-1286).

---

3   BÍBLIA SAGRADA - Edição Pastoral Catequética. (137ª Ed. Revisada por Frei João Pedreira de Castro, O. F. M., e pela equipe auxiliar da Editora). São Paulo: Ave Maria; Claretiana, 2000.

4   Em análises às ditas origens das Folias de Reis, Kátia Kodama (2009, p. 104) aponta que já no Antigo Testamento bíblico, nos capítulos de Isaías IX, 6-7, Isaías XI, 1-10 e Miquéias V, 1-5, existem sinais sobre os magos ou reis do oriente.

5   "[...] sem dúvida foi pelo efeito de uma revelação interior que descobriram a relação entre o astro e o Messias" (*Ibidem*, p. 1285).

Os "Santos Reis" ou "Três Reis Magos" são também conhecidos nas Folias de Reis como Baltazar, Melquior (também chamado de Belchior) e Gaspar. Na bíblia, porém, são identificados no livro de Mateus apenas como *magos*, sendo que "[...] Deveriam ser sábios, astrônomos ou astrólogos" (*Ibidem*, p. 1285). Sobre suas denominações na tradição oral, o historiador Jorge Pinto complementa:

> [...] chamados em hebraico Apelio, Amerio, Damasco; em grego Galgalat, Malgalat, Sarathin; em latim Gaspar, Baltazar, Melquior. A palavra mago tem três significações: "enganador", "feiticeiro" e "sábio". Alguns pretendem que esses reis foram chamados magos, isto é, enganadores, por terem enganado Herodes, não voltando até ele. (...) Mago também quer dizer feiticeiro. Os feiticeiros do faraó eram chamados magos e Crisóstomo diz que daí vem o nome deles. (...) Mago também quer dizer sábio (...) São portanto chamados de magos pela Escritura para indicar que eram sábios, donos de grande sabedoria" (DE VARAZZE, 2003, p. 150 *apud* PINTO, 2010, p. 28).

Como indicado, nas narrativas bíblicas não há menção direta aos nomes dos magos, sendo citados apenas os três presentes entregues ao menino Jesus. É no século XIII que surge a história dos "três" Reis Magos ou Santos Reis, quando o dominicano Jacopo De Varazze escreve a *Legenda Áurea*, a qual, como uma publicação de caráter hagiográfico, tem o objetivo de apresentar, através da narração da história dos santos, um modelo daquilo que deve ser seguido pelos cristãos, utilizando-os como exemplos de virtudes e milagres (PINTO, 2010, p. 27).

Assim, incorporando tais fatos bíblicos, os foliões refazem a caminhada dos magos, representando estes primeiros homens que conheceram Jesus, adorando-o e contribuindo com sua simbólica proteção, na medida em que não voltaram para informar o rei Herodes de seu paradeiro. Dessa maneira, na tradição festiva, a representação do rei Herodes é aliada à imagem do mal. Logo que o evangelho aponta: ao perceber a ameaça de poder do recém-nascido e a traição dos magos que não retornaram ao seu reinado para avisá-lo sobre Jesus, Herodes ficou irado e ordenou que matassem todos os meninos de até dois anos de idade.[6]

---

6   A narrativa bíblica *Fuga para o Egito: Massacre dos Inocentes*, de Mateus, apresenta a seguinte passagem: "Vendo, então, Herodes que tinha sido enganado pelos magos, ficou muito irado e mandou massacrar em Belém e nos seus arredores todos os meninos de dois anos para baixo conforme o tempo exato que havia indagado dos magos." (Bíblia Sagrada, 2000, p. 1286).

De acordo com Jadir de Morais Pessoa (2007, p. 77), o fato bíblico funciona como ponto de coerção social aos praticantes das Folias de Reis, explicando, por exemplo, antigas interdições que os grupos se impunham se, por ventura, contrariassem os sinais divinos, cruzando os mesmos caminhos por onde já haviam passado, ou mesmo quando os mestres ou palhaços não conseguiam responder indagações dos donos das casas, se estes lhes perguntassem sobre o lugar de onde vieram (Oriente) e para onde iriam (Belém). Interditadas, as bandeiras e seus respectivos grupos, não poderiam mais praticar o ritual da Folia de Reis.

Na Folia de Reis de Florínea, as interdições são rememoradas por alguns foliões mais idosos com o objetivo de alertar que, a falta de comprometimento e o desleixo com as leituras sagradas, possivelmente ocasionarão experiências negativas ao grupo. Ações consideradas ruins, como um morador esconder ou desafinar os instrumentos musicais, ou quando um dos integrantes do grupo fica tentado a ingerir bebidas alcoólicas, ou mesmo, os mestres ou palhaços esquecerem os versos que devem declamar. Esses são exemplos de situações atribuídas ao rei Herodes.

No trecho abaixo, Davi Antônio Mariano (2013) indica que, a criatividade dos três reis foi fundamental para transformar o que vestiam e o que viam pela frente em instrumentos musicais que serviram para distrair o malvado Herodes. Aliás, não é por acaso que a caixa e a viola são considerados os principais instrumentos musicais do grupo de Florínea. Nesse sentido, o folião não só equipara a sabedoria do grupo à dos três reis, como demonstra a importância dos instrumentos, da música e da dança no ritual:

> [...] os três reis quando viajaram... Vamos supor que um saiu de São Paulo, outro saiu de Curitiba e outro saiu do Mato Grosso do Sul, cada um com um destino. O que eles foram fazer? Ia nascer o salvador do mundo e eles foram pra adorar... Ninguém sabia dos três reis... um era preto, outro era branco, mais pequeno, e outro era moreno claro... Eles se encontraram na encruzilhada... Apareceu o sinal no céu, a estrela da guia apareceu e eles seguiram a estrela... foram encontrar o menino Deus deitado numa manjedoura... Eles gastaram onze dias pra fazer essa jornada e, pra voltar pra casa deles, eles gastaram trezentos anos... Então quer dizer que quem aguenta vive trezentos anos... A hora que eles saíram... pra eles tirarem a atenção de Herodes... não tinha viola e não tinha caixa... os três reis arrumaram uma lata, tiraram elástico da botina, fizeram uma viola de elástico e batia a viola, os três cantavam e dançavam... pro rei Herodes ficar ali em volta entretido... e São José com Nossa Senhora escapar do rei Herodes, pra ele não matar,

porque ele estava procurando o menino Deus pra matar. Então aí foi aonde que Jesus Cristo deu o poder deles serem santificados, porque eles não são santos, eles receberam o poder de ser, de fazer milagre e curar qualquer um... (MARIANO, 2013).

Diferente do livro de Mateus, o evangelho anunciado por Lucas (BÍBLIA SAGRADA, 2000, p. 1348) faz referência a *pastores* que teriam sido avisados do nascimento de Jesus por um anjo. Segundo essa história, após o desaparecimento do anjo, os pastores deixaram de guardar seus rebanhos e partiram em direção a Belém. Chegando lá, encontraram o recém-nascido e contaram aos presentes na manjedoura tudo o que havia sido dito sobre ele. Depois desse momento, "Voltaram os pastores, glorificando e louvando a Deus por tudo o que tinham ouvido e visto, e que estava de acordo com o que lhes fora dito" (Ibidem, p.1248). Tal louvor e alegria por algo que se concretizou, possivelmente embasa a ligação dos magos ou pastores com o conjunto musical das Folias de Reis e também das pastorinhas.[7] A ideia de que demoraram 300 anos nesta jornada de volta para casa, por sua vez, é uma forma de exaltar a história sagrada, demonstrando as dificuldades que estes supostos reis enfrentaram, mas que lhes conferiu a posterior santificação. Do mesmo modo, mantêm-se a ideia de que, realizados os rituais da Folia de Reis, os foliões devem continuar louvando e preservando por muito tempo em suas memórias esta graça divina que, por sinal, deve apresentar-se com a mesma intensidade de emoções: um verdadeiro testemunho de fé dos envolvidos. Talvez seja por este motivo que o folião tenha afirmado que "quem aguenta (crê) tal jornada vive 300 anos".

No depoimento, há um misto de informações que mostram a riqueza das tradições orais, as quais, neste caso, incorporam os já citados evangelhos bíblicos, suas ressignificações e vivências no ritual. Os três lugares e as aparências distintas dos reis são reproduzidos na fala de folião para dar ênfase ao encontro dos supostos reis numa encruzilhada e, embora vindos de caminhos diferentes, estavam ali com o mesmo objetivo, que era o de encontrar Jesus e, a partir desse primeiro passo, continuar a caminhada unidos.

O encontro e a saída das duas bandeiras de Folias de Reis de Florínea da casa do (a) festeiro (a) no dia 25 de dezembro representam esta encruzilhada, a qual é também rememorada no local da festa do dia 6 de janeiro, quando as duas bandeiras

---

[7] Sobre este auto popular inspirado no nascimento de Jesus, consultar: LAMAS, Dulce Martins. *Pastorinhas, pastoris, presépios e lapinhas*. Rio de Janeiro: Gráfica Olímpica Editora Ltda, 1978.

se reencontram em frente ao presépio depois de 13 dias de giro pela região. Com relação ao local "encruzilhada", ressalta-se:

> [...] o simbolismo da encruzilhada como um "ponto nodal" que pode ter várias acepções: ligação, fusão, interseção, confluência, fronteira. Ao mesmo tempo desvio, ruptura, divergência, que fazem desse local uma metáfora "operadora de linguagens e discursos [...] um lugar terceiro [...] geratriz de produção sígnica diversificada e, portanto, de sentidos", terreno de passagem que dá lugar a um sujeito em movimento constante. (MARTINS, 1997, p. 28 *apud* CAMARGO, 2014, p. 123).

A ideia dos reis serem provenientes de distintos lugares, possuindo inclusive, diferentes biotipos que subentendem origens e identidades diferentes, pode ser explicada a partir do depoimento de Benedito de Oliveira Silva (2013). Nele, o mestre Dito resume do seu modo, como se originou esta celebração na Europa e como ela teria migrado para distintas regiões do Brasil, história que leu em um livro sobre os Santos Reis.[8] Dentre as informações que se recorda, a de onde os restos mortais deles foram depositados:

> [...] na Alemanha, numa colônia portuguesa, inglesa aliás... aí no século XVIII, na Espanha, foi a primeira festa de reis, surgiu a primeira festa de reis, de lá foi pra Portugal, de Portugal veio pra Minas... onde tem a companhia de reis... com boi bumbá, bumba meu boi... tudo faz parte da companhia de reis. Mas, tudo dentro da companhia de reis também, a mesma coisa que a nossa. E daí vieram pra São Paulo, veio pra Paulista. Essa companhia nossa, mesmo, veio da Paulista, de Jorge Alves... (SILVA, 2013).

Como se percebe, a releitura feita pelo mestre é própria do imaginário social construído sobre os Santos Reis já na península Ibérica e por toda a Europa medieval; ou seja, antes mesmo de ter migrado com os colonizadores portugueses para o Brasil, já havia variadas expressões artísticas e devocionais sobre esses reis. Jadir de Morais Pessoa (2007, p. 64) esclarece que:

> Isso se deve à chegada dos restos mortais destes três entes míticos, lendários, imaginários, mas, enfim, tão reais na cultura popular brasileira, à cate-

---

[8] O mestre não se recordou do título e autoria do livro.

dral de Colônia (Alemanha), em 1164. Para lá foram trasladados de Milão (Itália) como despojos de guerra, numa conquista de Frederico Barbarrocha. E para Milão teriam sido levados no século IV ou V como presente especial da Imperatriz Helena, de Constantinopla. E por que foram parar em Constantinopla? Aí, tomem imaginação!

Ora, a metáfora da encruzilhada parece se encaixar nessa história onde os três reis, mesmo de lugares diferentes, encontram-se na citada fronteira e unem-se para reconhecer o salvador. Daí a importância dos símbolos no ritual e da imaginação, que produz sentido dentro de diversas realidades sociais, materializando-se nas memórias.

O depoimento do mestre Dito ainda mostra como esta manifestação popular teria adquirido características próprias em cada região e espaço, depois de chegar ao território brasileiro. Apesar das informações parecerem confusas e, dos mencionados bois, não terem migrado para Folia de Reis de Florínea, vale dizer que a presença desse personagem é mesmo comum nestas celebrações não só em Minas Gerais, mas também em outros Estados e regiões brasileiras. Luis da Câmara Cascudo (1954) aponta que, louvores ao boi, são recorrentes em regiões onde a pecuária foi atividade intensa, o que fez permanecer as manifestações culturais que, inclusive, possibilitaram nomenclaturas e costumes variados, como foi o caso do Bumba-meu-boi, o Boi Calemba de Recife, o Boi de Reis e Boi-Bumbá do Maranhão, Pará e Amazonas, o Três-Pedaços de Porto da Rua e Porto de Pedras em Alagoas, o Folguedo-do-Boi e Reis-do-Boi em Cabo Frio, no Rio de Janeiro. De acordo com o folclorista, o boi representaria nas celebrações as façanhas, agilidade, força e decisão que são incorporadas socialmente. Visando complementar estas informações, ao estudar os Bumba-bois maranhenses em São Paulo, André Paula Bueno (2014) apresenta que os significados atribuídos a eles já teriam migrado para o Brasil com as populações africanas, no contexto da escravidão. Em suas palavras:

> O boi é reconhecido pelos afro-descendentes, que tradicionalmente já sabiam de sua simbologia de vitalidade e de seu poder de ocupação territorial, como um dado civilizatório no Brasil. A "brincadeira do Boi" fornece interpretações metafóricas de como o país foi formado nos moldes de colônia mercantilista, vasta fazenda de exploração da metrópole, palco de injustiças e conivência da elite local. A "brincadeira" aponta, finalmente, para a associação dos chamados "povos de cor" que compuseram e compõem a massa trabalhadora brasileira, com experiências de reconhecimento de semelhanças culturais e narrativas. (BUENO, 2014, p. 36).

O relato do mestre também é interessante porque, do mesmo modo que citou como exemplo as diferentes Folias de Reis de Minas Gerais, apresentou o termo "paulista" como característica que distingue a sua bandeira de outras. Segundo Welson Alves Tremura (2004, p. 3), "paulista" designa o estilo musical da Folia de Reis que utiliza a viola caipira e o violão no acompanhamento das vozes, onde os músicos cantam em terças paralelas (ou sextas), sendo o uso de verso seguido de refrão. Entretanto, além do paulista, existe também o estilo "mineiro" de Folia de Reis, o qual nas palavras de Suzel Ana Reily (2014, p. 39), emprega "[...] de cinco a oito vozes distintas que integram o conjunto de forma acumulativa, sempre num registro tonal acima da voz anterior".

Levando em consideração que tais estilos musicais não foram citados nos demais depoimentos recolhidos com os foliões de Florínea, entende-se que Benedito de Oliveira Silva o mencionou, na verdade, não como uma característica que diferencia o estilo da música cantada pelo grupo, mas sobretudo, como suposta identificação deste com seu Estado de origem. Considerados os supracitados estilos musicais, percebe-se que, em geral, os conjuntos musicais que compõem a Folia de Reis de Florínea iniciam cantando em intervalos de terças, mas no decorrer da música, quando entram mais vozes, a melodia vai sendo entoada em outros intervalos musicais. Dessa forma, se utilizada a análise dos dois pesquisadores citados acima, diría-se que o conjunto de Florínea mescla os dois estilos, paulista e mineiro.[9] Os conjuntos musicais compreendem sete vozes que entoam as canções na seguinte ordem: 1ª mestre, 2ª contramestre, 3ª contrato, 4ª tala, 5ª contratala, 6ª contratinho e 7ª gritinho/espichado/tipi.[10]

Como demonstram os depoimentos do antigo palhaço Davi Antônio Mariano (2013) e do mestre da bandeira 2, Benedito de Oliveira Silva (2013), a história que remonta aos Santos Reis está fortemente ligada a simbolismos e mistérios fundamentados em narrativas cristãs oficiais que foram, e ainda são reinventadas nos mais variados lugares em que migram. Sob a égide de um catolicismo popular repercutido em discursos literários e na oralidade, os grupos sociais passam a pertencer à história de lutas e conquistas (milagres) que, por sua vez, oferecem educação e aprendizagem popular para suas próximas gerações (PESSOA, 2007). Como disse Jorge Pinto (2010, p. 27), a devoção aos Santos acaba fornecendo e servindo como

---

9   Conferir vídeos do grupo de Folia de Reis de Florínea disponíveis no Youtube: https://www.youtube.com/watch?v=b4gftgasXd4. Acesso: 01 mai. 2016; https://www.youtube.com/watch?v=sOiRh7_QwfQ. Acesso 10 abr. 2017.

10 Doravante, tais vozes serão melhor explicadas.

conduta de verdade aos cristãos, verdade esta que é constantemente lida e reinterpretada em lugares e espaços distintos, o que significa que a tentativa de ensiná-la ou compartilhá-la, seja através de instituições ou de manifestações populares, levará consigo não só o ideal do grupo evangelizador, mas também as necessidades daqueles que se tornam praticantes.

Portanto, passa-se a detalhar quem são os produtores da Folia de Reis de Florínea, bem como os modos como entendem e (re) conduzem seu ritual festivo.

2. 2 A Folia de Reis de Florínea/SP

> O que é interessante, sobre esses conhecimentos próprios da transmissão oral, é o tempo, na contramão da modernidade. Num primeiro contato muita gente apreende o sentido geral e já participa das manifestações culturais, mas só com anos de convivência é que se tocam melhor as histórias (BUENO, 2014, p. 13).

A história do grupo Flor do Vale está pautada em memórias e vivências culturalmente construídas pela região de Florínea durante o século XX. A chegada da festa na cidade fortaleceu a união de duas *bandeiras, batalhões* ou *companhias* de Folia de Reis e, por sua vez, promoveu a organização de uma equipe que os dirigissem. Denominada inicialmente como "Comissão de Santos Reis do município de Florínea", "Comissão de Folclore de Santos Reis do município de Florínea" ou "Comissão (Organizadora) de Festejo de Santos Reis do município de Florínea", essa diretoria passou a ser documentada a partir de 1990. Entretanto, foi no ano de 2013 que ela oficializou-se enquanto "Associação Folclórica de Reis Flor do Vale de Florínea".

As variações dos nomes que identificam o festejo popular é um sinal de que ele foi se transformando ao longo dos tempos e lugares. As palavras *batalhão* e *companhia*, que são antigas nomenclaturas utilizadas pelos foliões, por vezes, mais antigos do grupo, remetem a certa civilidade e disciplina institucionalmente impostas junto ao processo modernizador das cidades brasileiras, iniciados já no século XIX. No caso da fundação de Florínea e da celebração dos Santos Reis pela sua região, ambas atribuídas à década de 1920 ou, mais esclarecidamente, situando-as em meados do século XX, quando a cidade foi emancipada; a ideia de civilidade acabou migrando junto aos novos habitantes e seus costumes, não diferenciando, porém, sua realidade local, campestre, de sua formação, historicamente nova. Nesse sentido, os termos acima destacados trazem consigo outros elementos (capitão, bandeireiro, espadas...) que serão citados no decorrer do texto junto às suas devidas funções dentro da Folia de Reis de Florínea, mas que podem estar relacionados, por exemplo, às hierarquias militares, que exigem disciplina, fazendo-se a última, exigência para se viver em uma cidade. Portanto, este processo de "disciplinarização" que, quase invisivelmente, vai se impondo nas práticas e representações sociais, também está incutido na trajetória do grupo de Folia de Reis até a conquista efetiva de seu espaço na cidade, na última década do século XX.

A sinalização temporal de uma organização entre 1990 e 2013 é comprovada em atas anuais de reuniões da Comissão e na própria Constituição do Estatuto da Associação. As primeiras, abordando temáticas gerais sobre organização do giro e da festa final de Santos Reis de Florínea como, por exemplo, arrecadação das prendas, lugares de visita, problemas encontrados em festas anteriores e suas possíveis resoluções. Já a segunda, visando consolidar e preservar a manifestação cultural no município.

2. 2. 1 O grupo de Folia de Reis de Florínea: elementos da Associação e dos batalhões

O grupo de Folia de Reis de Florínea é constituído pelos elementos da recém-formada Associação Folclórica de Reis Flor do Vale de Florínea, a qual compreende uma diretoria executiva formada por: 1 *presidente*, 1 *vice-presidente*, 2 *secretários*, 1 *tesoureiro*, 1 *vice-tesoureiro*, 3 *membros do conselho fiscal* e 1 *suplente*, e demais associados que se encaixam às categorias de sócios fundadores, beneméritos e efetivos.[11] Desses membros, alguns também fazem parte dos batalhões de Folia de Reis, bem como da própria comunidade que se identifica com o bem cultural, contribuindo de alguma forma com a celebração de Florínea.

No que diz respeito à festa em si e aos batalhões responsáveis pelos rituais de giro e encontro das bandeiras, cada um deles é composto por: 1 *capitão*, 1 conjunto musical (1 *mestre*, 1 *contramestre*, 1 *contrato*, 1 *tala*, 1 *contratala*, 1 *contratinho* e 1 *gritinho/espichado/tipi/fino*), 2 a 4 *palhaços/bastiões*, 1 *bandeireiro(a)*, e 1 *motorista* encarregado de levar os foliões aos seus destinos de jornada.[12] De acordo com os relatos orais, à exceção do motorista, os demais elementos do ritual festivo e religioso sempre existiram e tiveram as mesmas nomenclaturas.

---

11   Sobre esta organização formada em 2013, seus membros e funções, escreverei mais detalhadamente no capítulo 3.
12   As funções cumpridas pelo capitão, palhaços, bandeireiro (a) e festeiro (a), bem como os símbolos que carregam no ritual serão analisados no próximo subtítulo.

Junto aos sujeitos que compõem o universo ritual da Folia de Reis, destacam-se alguns elementos essenciais que estes carregam como símbolos e objetos da cultura material. São eles: *bandeiras, lenços, coroas, fardas* (máscaras, espadas/facões), *instrumentos musicais* (violas, violões, caixas grande e pequena, cavaquinho, pandeiro e chocalho/maraca. Eventualmente, os músicos também utilizam sanfona, violino, bandolim e triângulo) que complementam os diferentes timbres dos conjuntos.

A partir de observações e dos depoimentos levantados, sobretudo, com o mestre Benedito da Silva (2013), foi possível elaborar o seguinte esquema que compreende as já citadas nomenclaturas das vozes, sua ordem no canto e os instrumentos executados por estes elementos do conjunto musical. A saber:

Ordem das vozes	Nomenclaturas das vozes	Instrumentos musicais
1ª	Mestre	Viola/Canto
2ª	Contramestre	Viola ou violão/Canto
3ª	Contrato	Caixa pequena/Canto
4ª	Tala	Caixa grande/Canto
5ª	Contratala	Canto
6ª	Contratinho	Cavaquinho/Canto
7ª	Gritinho	Pandeiro/Canto

Tabela 2: Elementos constituintes do conjunto musical da Folia de Reis de Florínea/SP.

Dos instrumentos destacados no quadro, considerados mais tradicionais pelo grupo, vale acrescentar o "maraca" ou chocalho que, embora não seja necessariamente tocado pelos componentes do conjunto musical, é um instrumento também comum à Folia de Reis de Florínea. Ele pode ser executado pelo contratala ou por qualquer outro folião e simpatizante que acompanha o festejo. Isso vale também para os demais instrumentos (sanfona, violino, bandolim e triângulo) que podem vir a ser tocados nos rituais.

Geralmente, os foliões iniciam sua "carreira" no conjunto musical exercendo a função de gritinho (também conhecido como espichado, tipi ou fino) e, dela, vão ocupando os cargos na ordem decrescente das vozes (vide Tabela 2). No topo da hierarquia musical, porém, está o mestre, que deve ser provido de experiência no grupo e um grande conhecimento sobre os evangelhos e histórias que embasam os costumes da Folia de Reis, uma vez que esta sabedoria será colocada em prática no improviso dos versos das canções (repente) que serão repetidas pelo restante do grupo. Daí sua trajetória iniciada no gritinho, depois contratinho, contratala e assim por diante.

O artigo de Suzel Ana Reily (2014), *As Vozes das Folias: um tributo a Elizabeth Travassos Lins*, forneceu algumas dicas para entender estilos e características musicais comuns às vozes do grupo de Florínea. Segundo esta autora, o estilo musical mais comum às Folias de Reis da região sudeste seria o "mineiro", o qual é composto de 5 a 8 vozes distintas, sendo reconhecido pelo famoso gritinho; ou seja, a voz mais aguda que finaliza as toadas. Em suas palavras:

> Grosso modo, todos os estilos utilizam formas polifônicas, tempos binárias e versos improvisados em quadras, sendo estes apresentados duas linhas por vez, de modo que a toada precisa ser cantada duas vezes para que o verso completo seja exposto. [...] O estilo mineiro é reconhecido principalmente pelo "gritinho" que finaliza cada toada. Utiliza entradas sucessivas de vozes nas quais cada configuração vocal começa a cantar um registro acima do (s) cantor (es) anterior (es). Assim, o som fica progressivamente mais denso até que se chega a um prolongado acorde maior, encimado pelo tal gritinho. (REILY, 2014, p. 45).

Ao analisar grupos de Folia de Reis da região de Guaxupé, em São Bernardo do Campo/SP, Suzel Ana Reily (2014) menciona que o estilo da Folia do Baeta Neves, por exemplo, seria o de "toadas soladas de 8 vozes", as quais são denominadas: embaixador, resposta, contrato, ajudante, contratipe, tipe, cacetero e gritinho. Como se percebe, as nomenclaturas das vozes dispostas pela autora apresentam semelhanças e diferenças das que integram o grupo de Florínea, o que possibilita entender que, embora se tratem de identificações próprias às cantorias de toadas da Folia de Reis, elas popularmente sofrem variações de grupo para grupo e de região para região.

Ainda utilizando dos estudos de Suzel Ana Reily (2014), foi possível entender um subestilo que melhor se encaixa às características percebidas nas canções e vozes do grupo de Folia de Reis de Florínea. Chamado de "estilo mineiro duetado de seis [vozes]", apresenta uma "toada lenta" e repetitiva, a qual é iniciada com o verso do mestre (voz grave) e complementada pelo contramestre, em um dueto em terças paralelas entre os dois "cantores de frente". Já o contrato, com uma voz grave mais forte, repete, juntamente ao tala e contratala, a última palavra do verso. Para completar estas "vozes de fundo", o contratinho ressalta a última palavra com sua voz aguda. Depois de repetirem duas vezes a segunda parte do verso, o gritinho o encerra com um "oi" agudo.

Segue abaixo um modelo do que foi dito, mencionando os instrumentos tocados nos tempos da música.[13]

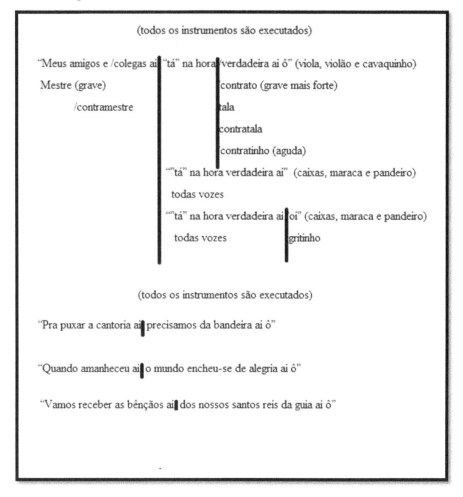

Figura 15: Modelo de música cantada nos giros das bandeiras de Folia de Reis de Florínea/SP.

Como se percebe, os instrumentos musicais complementam as vozes na cantoria. Quando o grupo forma uma roda para começar a cantar, todos os instrumentos musicais supracitados são executados. Porém, quando o mestre e o contramestre iniciam seu dueto que será complementado pelos demais cantores na primeira repe-

---

13 Versos entoados pelo mestre Benedito da Silva. Fonte: FESTA DE REIS EM FLORÍNEA DE 2009, Produção: Cristiano Arcanjo. Florínea: Som e Produções, 2009, 01 DVD (01:22:05).

tição, sustentam o verso os instrumentos de corda. Já depois das duas repetições da segunda parte do verso pelas "vozes de fundo", os instrumentos executados são os de percussão, os quais são reforçados, muitas vezes, com o bater das espadas e pés dos palhaços que dançam uma catira, atuando num contratempo do ritmo percussivo. Depois da última batida, retomam-se à roda os demais instrumentos (momento em que os palhaços mais dançam) e, posteriormente, portanto, inicia-se um novo verso que seguirá a mesma ordem até terminar "a quadra".

Há possíveis simbologias dos instrumentos musicais, mas elas também não foram devidamente expostas nos depoimentos dos foliões, exceto a caixa, que será citada mais abaixo como responsável por um som que facilita a rememoração das bandeiras de Folia de Reis e sua origem no meio rural, assim como as violas que, continuam a despertar a identidade sertaneja da celebração de Florínea. Vale dizer que junto às caixas, "o maraca" (SILVA, 2013) é um instrumento sonoro que também possibilita certa autenticidade junto aos ritmos percussivos da Folia de Reis de Florínea. Citado nos estudos de Mário de Andrade sobre os catimbós, "Entre os índios o maracá é empregado sistematicamente como instrumento de exorcismo pelos caraibas nas suas cerimônias de cura" (ANDRADE, 1963, p. 37), já nos candomblés, o instrumento responsável por esta espécie de expulsão do mal é o tambor (*Ibidem*, p. 37). Cruzando a afirmação do estudioso com as informações sobre a Folia de Reis em Florínea, pode-se sugerir que a sonoridade da festa, ou ao menos parte dela, teria influência indígena, posto que na região havia uma grande população de kaigangs e oti-chavantes que foram de lá expulsos na década de 1920.[14]

Ao contrário dos instrumentos, porém, as músicas cantadas pelos foliões e dançada pelos palhaços foram descritas como fundamentais ao ritual de visitação das bandeiras nas casas e também na festa de encontro das bandeiras, pois elas são responsáveis por anunciar as histórias dos Santos Reis que vão ao encontro do menino Jesus e, além disso, por serem repentes que contam com o improviso e sabedoria dos mestres, funcionam como poesia criada sobre o cotidiano em que os foliões estão imersos em suas caminhadas, o que fornece informações sobre seus sentimentos e lembranças. A música na Folia de Reis talvez não tenha sido mais explicada pelos foliões entrevistados, por ser ainda, como diria Mário de Andrade (*Ibidem*, p. 46):

14   Ver: PINHEIRO, Niminon Suzel. *Os Nômades*: Etnohistória Kaingang e seu contexto: São Paulo, 1850-1912. Dissertação de Mestrado, Assis, UNESP, 1992; ____. *Vanuíre*: conquista, colonização e indigenismo: Oeste paulista, 1912-1967. Assis, 1999. Tese (Doutorado em História). FCL/UNESP; ARAÚJO, Débora Fernandes; CUNHA, Fabiana Lopes da. A ocupação da terra na formação do município de Ourinhos-SP. *Revista Geografia e Pesquisa*, Ourinhos, v. 5, n. 1, p. 39-58, 2011.

> [...] uma força oculta, incompreensível por si mesma. Ela não toca de forma alguma a nossa compreensão intelectual, como fazem o gesto, a linha, a palavra e o volume das outras artes. Por outro lado é a mais socializadora e dinâmica, a mais dionísica e hipnótica, especialmente nas suas formas primárias em que o ritmo predomina. Assim, a música é terrível, é fortíssima e misteriosíssima. Mais ainda, ela é divina e não humana, é daimoníaca, e mesmo demoníaca no sentido em que os deuses criados pelos primitivos são mais ruins que bons. E por isso ela se identifica com os demônios; não é uma arte, não é um elemento de prazer, não é uma função imediatamente desnecessária pois é difícil de se provar que o primitivo (como até o homem do povo muitas vezes) tenha já concebido a beleza do som, como claramente concebeu a beleza da cor e da forma.

Ademais, mesmo que a maioria dos integrantes dos batalhões seja preenchida por homens, a partir da década de 1990, mulheres também começaram a tocar, cantar e se vestir de palhaças nas Folias de Reis de Florínea, ocupando novos espaços no grupo. Essa observação é necessária, pois no contexto do campo, as foliãs cumpriam funções referentes ao preparo da alimentação que, assim como as músicas, são resultantes e produtoras de dinâmica social.

Para o preparo da festa de encerramento (6 de Janeiro), também existem funções que podem ser cumpridas tanto pelos foliões do grupo quanto por aqueles a quem chamamos de simpatizantes da celebração (funcionários públicos da prefeitura e voluntários de Florínea e região). Essas funções estão relacionadas ao abate dos animais arrecadados para consumo, bem como o restante do preparo e distribuição das comidas na festa, além da própria organização e decoração do Parque de Tradições, que compreende um grande espaço com barracão/Pavilhão, gruta e presépio, capela, banheiros e estacionamento.

Outro ponto interessante é que, com a criação do Parque de Tradições (1989) e com a consolidação de uma Comissão (1990), a função de *festeiro* (*a*) popularizou-se na medida em que não é necessário este membro do batalhão ser o único responsável por organizar, administrar e patrocinar toda a Folia de Reis. Cabe ao representante em questão, se houver a possibilidade, responsabilizar-se apenas pela compra de materiais e o preparo das fardas dos palhaços.

Como se percebe, os sujeitos/personagens, símbolos e objetos da cultura material que compõem a Folia de Reis de Florínea ilustram a riqueza desta manifestação cultural compartilhada entre gerações de foliões. Cada um dos papéis exercidos reflete características específicas no ritual, seja através de gestos e linguagens apreendidas ao longo dos anos ou a partir das necessidades encontradas naquilo que se pode chamar de espaço-tempo, o qual configura as dinâmicas sociais. Afinal, existe todo um cenário religioso da Folia de Reis, mas o que de fato os sujeitos/personagens nele envolvidos estão buscando? Quais objetivos da "Associação Folclórica de Reis Flor do Vale de Florínea"? Que anseios são reproduzidos no lugar festivo?

Tais perguntas, entretanto, serão respondidas em outro momento. Parafraseando André Paula Bueno (2014, p. 13), o que interessa agora é "tocar melhor as histórias"; ou seja, descrever como é desenvolvido o ritual de Folia de Reis de Florínea e quais são os significados atribuídos aos principais símbolos da festa. Dessa forma, pretende-se dar voz aos sujeitos envolvidos na construção da história da Folia de Reis de Florínea. Estes manifestantes culturais são os que (re) produzem memórias, aprimorando o que apreenderam, vivenciaram e/ou vivenciam e o que imaginam sobre a celebração.

2. 2. 2 Símbolos e significados do ritual

> [...] o meu primeiro contato com a bandeira foi quando chegava do bairro da Água da Paca, onde eles moravam. Meu pai tinha safra de porco no Pontal com o Dourado, subíamos naqueles paus da derrubada das matas pra escutar as caixas tocarem [...] e quando uma pessoa chegava em casa, já com seu distintivo que era um lenço, já se sabia que era pra pedir almoço ou janta. Chamava-se ponteiro, ele vinha na frente avisando, vinha a pé porque não tinha estrada... (LIMA, 2013).[15]

Rememorando episódios de meados do século XX, o contramestre Onofre retoma a imagem do *ponteiro*, um dos elementos fundamentais do grupo de Folia de Reis. De acordo com o trecho, esse sujeito deveria estar à frente dos outros foliões para marcar as refeições do grupo, o que pressupõe sua boa memória e conhecimento dos lugares e casas onde seriam bem recebidos. Identificavam-no através do lenço que usava e confirmavam a aproximação da bandeira de Santos Reis pelos sons emitidos das caixas.

---

15   Onofre Lopes de Lima tem 78 anos, é residente da cidade de Tarumã/SP. Seu primeiro contato com a folia de reis foi ainda quando criança, aproximadamente 6 anos de idade quando a bandeira de folia de reis visitava sua casa na Água da Onça. Aos 16 anos começou a participar desta manifestação cultural, exercendo a função de contratinho. Atualmente, Onofre canta de contramestre na bandeira 1 de Florínea. Fonte: LIMA, Onofre Lopes de. *Entrevista [20 abr. 2013]*. Entrevistadora: Rafaela Sales Goulart. Tarumã/SP, 2013. Áudio MP3 (01:02:52).

Atualmente, as visitas que os batalhões da Flor do Vale fazem pelas casas que compreendem a região de Florínea são marcadas pelos *capitães* que, junto aos mestres das cantorias, assumem o papel de liderança e organização das equipes durante o giro. Evidentemente, as funções desses sujeitos são distintas, no que compete ao ritual, o *mestre* ou *embaixador* é o elemento que entoa os versos a serem reproduzidos pelos demais músicos, destacando sua sabedoria diante dos desafios encontrados na Folia de Reis e, "dom" inspirado pelo divino espírito santo (*Ibidem*, 2013). O mestre é um repentista (SILVA, 2013), pois é capaz de inventar versos que rimam a partir do que vê nos distintos momentos do ritual festivo, relacionando-os com as histórias sagradas dos reis magos e as histórias vividas pelo seu grupo.

Assim, o mestre é representante do grupo de músicos e dos palhaços, cuja intervenção também se faz através das possíveis falhas que podem ocorrer no desenvolvimento das músicas, nos toques dos instrumentos e nas performances dos palhaços.[16] Já o capitão, elemento igualmente respeitado nos batalhões, substitui as antigas funções de ponteiro e *escrivão*, pois além de controlar os lugares das refeições e demais visitas, anota tudo o que foi arrecadado por sua equipe. Se, por ventura, a bandeira arrecadar dinheiro em espécie durante os dias do giro, o capitão é quem deve incluí-lo no capital de bens levantados pelo grupo de Folia de Reis, os quais são convertidos na organização do festejo do dia 6 de janeiro. Cabe ressaltar que hoje, os capitães devem repassar ao tesoureiro da Associação, todo o capital levantado pelos batalhões. Esse repasse ou *fera* é feito, segundo o capitão Amado (2013), no momento em que os foliões se encontram na praça da igreja, nas manhãs dos giros da Folia de Reis pela região de Florínea.

As visitas marcadas pelos capitães são facilitadas através da utilização de telefones ou celulares. Ou seja, diferentemente do ponteiro que ficava à frente do batalhão, a pé ou a cavalo, para avisar as famílias que os batalhões estavam chegando, o capitão pode realizar um contato com moradores da região em apenas alguns minutos de ligação e, depois de combinar os lugares das visitas e refeições, resta indicá-los ao restante da equipe. Nesse sentido, a percepção sonora da chegada das bandeiras nas casas inclui agora, os toques dos telefones e dos motores dos ônibus que carregam os foliões de Santos Reis.

O *lenço*, que também possibilita a identificação visual do grupo de Folia de Reis de Florínea, por outro lado, "nunca caiu" (SANTOS, 2013), ele sempre foi vermelho

---

16 Veremos mais abaixo que os palhaços também são "falantes" no ritual, provando sua sabedoria diante dos batalhões de Folia de Reis, em contraste com sua imagem curiosa e alegórica.

assim como a bandeira, distinguindo-se de outras bandeiras da região (Figura 7). Não se sabe, porém, as possíveis simbologias da cor utilizada para representar estes lenços e bandeiras de Florínea. De qualquer modo, neste momento, não há como não lembrar das fitas vermelhas que compreendem a vestimenta dos praticantes do Moçambique surgido em Florínea aproximadamente na década de 1950. Como dito, essa dança, que também é feita por alguns representantes das bandeiras de Folia de Reis, manifesta naquele ritual, homenagem à São Benedito.

Além da menção a sujeitos do grupo e de seus "distintivos", o contramestre Onofre (2013) revela em seu relato outro elemento simbólico e, sobretudo, norteador do ritual de Folia de Reis de Florínea: a *bandeira*. Aliás, esse instrumento que geralmente é carregado por uma pessoa que cumpre promessas aos Santos Reis, é igualmente identificado em festas do catolicismo popular, como é o caso do Divino Espírito Santo (ABREU, 1999). Pode-se dizer que, "Toda a folia tem sua bandeira, o estandarte que a identifica, simbolizando, ao mesmo tempo, a jornada dos Magos a Belém e a intenção com que os foliões se dispõem à peregrinação" (CASTRO; COUTO, 1977, p. 8). Percorrer as bandeiras nas casas é uma característica remota das Folia de Reis, possibilitando suas bênçãos e a arrecadação de prendas para a celebração final do ritual.

O grupo Flor do Vale apresenta a bandeira como um elemento sagrado que representa a presença dos Santos Reis e a salvação, que pode ser oferecida através da fé e crença neles. Não é por acaso que alguns moradores, ao receber o grupo de Folia de Reis de Florínea em suas casas, acabam pedindo para que a bandeira seja levada para os cômodos, abençoando-os e benzendo objetos e pessoas. Dessa maneira, a bandeira carrega também na memória dos foliões, as heranças dos giros pelas casas, cidades e bairros rurais; ou seja, a rememoração das mais diversas situações que o grupo presenciou, tais como manifestações de emoções e de milagres alcançados e compartilhados por sujeitos envolvidos à sua história. Um exemplo dessa relação entre bandeira e milagre pode ser percebido no relato do mestre Fião, onde, em meio a um acidente que resultou em uma queimadura de terceiro grau no seu corpo, revela:

> [...] no meio do fogo, eu vi um fogo mais vermelho... Pode ver em mim... que "daqui a aqui" não queimou... Uns dois anos depois, passou a bandeira em casa, aí minha mulher... mediu a bandeira... Você acredita que "daqui a aqui" está certo... pode pegar a bandeira e medir em mim, não queimou nada... Eu vi aquele fogo vermelho que veio assim e me acolheu... (SILVA, 2013).

Conforme a descrição, o fogo vermelho representa a bandeira de Florínea, a qual envolveu o corpo do folião, protegendo-o durante este acidente e, supostamente, evitando maior contato do fogo em seu abdômen e tórax. O testemunho de crença no principal símbolo da Folia de Reis mostra o porquê de alguns fiéis, por exemplo, anexarem às bandeiras fotografias, folhetos de orações, documentos, papéis com promessas e agradecimentos. Ou seja, esses anexos se tornam complementos que escancaram no objeto diversos testemunhos de fé nos santos e milagres alcançados por suas intervenções sagradas. Como diria o padre Sérgio Henrique da Silva (2016), influente pároco entre os foliões florinenses,[17] essas expressões da religiosidade popular aparentam "[...] uma fé ingênua, digamos assim, mas é uma fé autêntica". Além disso, para complementar a autenticidade do grupo, os próprios foliões enfeitam as bandeiras com flores artificiais e fitas coloridas, deixando-as ainda mais atrativas. A Figura 16 ilustra uma das bandeiras de Folia de Reis de Florínea:

Figura 16: Bandeira de Folia de Reis de Florínea.
Florínea/SP (06/01/13). Autora: Rafaela Sales Goulart.

Embora as fitas de cetim coloridas atrapalhem a visualização completa da imagem dos reis magos adorando o recém-nascido Jesus (junto a José e Maria) pintada na bandeira, já se pode compreender o porquê das respostas dos foliões sobre o

---

[17] No capítulo 3 falarei mais sobre o padre Sérgio e de suas intervenções na Folia de Reis de Florínea no período de aproximadamente 5 anos, em que ficou na cidade.

possível significado deste elemento que determina também aquilo que o grupo pretende representar em sua comunidade festiva. Ademais, a bandeira pode representar a estrela que guiou os magos do Oriente à Belém. Dessa maneira, ela é o instrumento que fica à frente do grupo e entrando em diversos espaços sociais no giro, torna-se o ponto de encontro entre universo sagrado e a realidade presente.

No livro *A história cultural: entre práticas e representações*, Roger Chartier (1990) trabalha com a ideia de as que representações são como um resgate de algo ausente, tornando-o presente. Esta exibição completa ou incompleta de algo ou alguém – realidade representada – difere o signo de seu significado (CHARTIER, 1990, p. 20). A própria cultura é:

> [...] um sistema de significados, atitudes e valores partilhados e as formas simbólicas (apresentações, objetos artesanais) em que eles são expressos ou encarnados. A cultura nessa acepção faz parte de todo um modo de vida, mas não é idêntica a ele. (BURKE, 2010, p.11).

Os leitores, neste caso os foliões, apropriam-se dessa realidade representada e de sua própria cultura. A bandeira da Folia de Reis como símbolo pode, tanto tornar os reis santos e a sagrada família presentes nas celebrações, quanto pode representar o próprio grupo que a carrega. Nessa premissa, Ecléa Bosi (1994, p. 55) acredita que "O simples fato de lembrar o passado, no presente, exclui a identidade entre as imagens de um e de outro, e propõe a sua diferença em termos de pontos de vista". Isso quer dizer que os significados comuns que um objeto, símbolo ou uma festa podem representar, inicialmente, partem das experiências individuais dos foliões que "hoje" compartilham uma memória comum, pelo fato de quererem se identificar com ela. No seu livro *Memória e Sociedade – Lembranças de Velhos* (Ibidem, p. 414), a autora escreve: "O grupo é suporte da memória se nos identificarmos com ele e fizermos nosso seu passado".

Na fotografia (Figura 16), percebe-se que a bandeira é carregada por uma senhora descalça, o que pode indicar que ela estava cumprindo uma promessa. O fato de utilizar o lenço vermelho, por sua vez, não indica que ela seja a única bandeireira. Nos batalhões de Folia de Reis de Florínea, as pessoas que cumprem a função de *bandeireiro (a)* podem tanto ser integrantes do grupo dos músicos, quanto um simpatizante ou devoto que paga promessas e/ou cumpre a referida função pelo puro prazer de estar presente na celebração. Essa senhora, por exemplo, está carregando a bandeira na festa de reis do dia 6 de janeiro de 2013, mas não necessariamente precisou ou precisa estar na função durante os demais dias e anos do ritual.

Sobre a quantidade de tempo de peregrinação em distintas funções da Folia de Reis, alguns foliões rememoraram que deveriam ser *sete anos* o tempo mínimo de duração para qualquer papel desenvolvido na celebração. Segundo Zaíde Maciel de Castro e Aracy do Prado Couto (1977, p. 17), cada ano inteiro completa uma jornada de Folia de Reis, entretanto, os foliões costumam mencionar os sete anos, pois "Acredita-se, em geral, que a penitência [...] atrai bênçãos do céu para os elementos da companhia, resguardando-os de moléstias, de infelicidades e de tentações diabólicas" (*Ibidem*, p. 17-18). Essa determinação, que parece garantir o cumprimento de uma promessa e missão, no caso do grupo de Florínea, é um discurso reproduzido em sua essência; ou seja, assim como na cor vermelha por eles utilizada, não houve uma explicação sobre sua simbologia e, além disso, neste último caso, a maioria dos foliões já ultrapassou a referida quantidade de anos. Dessa forma, os costumes que permanecem, tornam-se exemplos do respeito que grupo possui pelas suas tradições, símbolos e possíveis significados reproduzidos dentro de sua história. Indicando, mais uma vez, que os símbolos podem permanecer "intactos" na memória da manifestação, seja em forma de discurso, nomes ou instrumentos materiais; mas não necessariamente terão os mesmos significados entre as novas gerações de praticantes.

Visualizando mais ao fundo da fotografia (Figura 16), encontram-se os músicos que, no dia da festa final, usam uniformes[18] (camisas verdes ou azuis doadas ou compradas pela Comissão/Associação). Eles estão caminhando e cantando rumo ao presépio com seus instrumentos musicais, igualmente enfeitados. Estes significam mais do que apenas objetos da cultura material do grupo. Seus sons podem provocar sensações e rememorações que fornecem a ideia de pertencimento à celebração, relacionando às histórias particulares. No trecho do relato de Onofre (2013), por exemplo, percebe-se que os sons das *caixas* além de o remeterem à Folia de Reis, fazem-no retomar memórias sobre sua infância e a realidade vivida no campo. Do mesmo modo, recorda uma foliã:

> [...] eu acompanhei muito tempo lá na Água do Barbado, eu era solteira. Então, quando a gente sabia que eles iam chegar... a gente já ia procurar eles, aonde que eles estavam. E eles iam sempre jantar na casa do pai do Rozim-

---

18 O uso de fardas (uniformes) para os músicos foi colocado em pauta na ata da reunião de 1996. Seu uso, porém, foi confirmado na Ata de 1997.

bo... um fazendeiro lá... o Saturnino... Então... a gente já escutava o toque das caixas, que eles tocavam forte, tocavam com fé. A gente tomava banho e "Ó!"... Eles estavam a pé... então a gente ia encontrar com eles a pé também... era muito gostoso, muito bom. (SANTOS, 2013).

O trecho expressa a lembrança de momentos agradáveis da juventude da cozinheira Aurora Franco dos Santos e também demonstra que este festejo era esperado e curtido como um momento de sociabilidade entre os moradores de sítios e fazendas da região de Florínea. O toque das caixas representava a força da fé do grupo de Folia de Reis, o qual contagiava os moradores do campo e assinalava a retomada do ciclo de festejos natalinos. De acordo com Jadir de Morais Pessoa (2008, p. 72), "[...] o principal *combustível* do aprendizado da folia era o encantamento que ela exercia", principalmente quando as pessoas viviam uma espécie de isolamento, inseridas no contexto da zona rural.

Na Figura 16 também se nota a presença dos *palhaços/bastiões* que são considerados guardiões das bandeiras de Folia de Reis e, além disso, são os responsáveis por pedir as prendas aos proprietários das casas visitadas. Além de conseguirem arrecadar carnes de animais (bois, porcos e frangos) e outros alimentos e bebidas, os palhaços costumam ser presenteados com moedas e notas dadas pelos devotos e simpatizantes da Folia de Reis. Esse dinheiro em espécie é guardado em suas bolsas e, no final do dia ou mesmo na saída da casa visitada, deve ser entregue ao capitão. Ambos fazem um acerto de contas, logo que o último certamente já anotou aquilo que foi oferecido pelos moradores e, além disso, como já dito, o capitão precisa repassar o que o grupo ganhou para o tesoureiro. Com a organização de uma Comissão (transformada em Associação em 2013), tudo o que é arrecadado pelos foliões necessariamente deve ser utilizado na festa de encerramento do ritual em Florínea e também na estruturação da equipe, seja na compra de produtos para o festejo, para os batalhões ou para reforma e adequação do próprio Parque de Tradições.

Se, por um lado, a bandeira é o principal símbolo da Folia de Reis, por outro, o palhaço é um dos personagens mais ambíguos. Os palhaços provocam risos e ao mesmo tempo assustam, eles personificam o bem e o mal, flutuando de um lado para o outro no imaginário social. Talvez por isso eles sejam elementos muito significativos aos foliões e ao público que conhece esta celebração popular. Os batalhões devem ter no mínimo dois palhaços titulares (MARIANO, 2014), mas junto a eles, saem alguns "palhacinhos" (SANTOS 2013); isto é, crianças que se vestem de palhaços, ou adultos que às vezes cumprem essa função durante o giro ou festa final, a fim de realizar promessas próprias ou de outras pessoas. Esse fator consequentemente ocasiona um revezamento de palhaços durante o giro, sendo que, ao menos um dos titulares precisa ficar ao lado da bandeira e, além disso, aumenta o número de palhaços na celebração de encerramento da Folia de Reis. Tais ressignificações são aceitas pelo grupo, que concorda que todos aqueles que se vestem de palhaço durante o giro podem também se reunir e sair na festa de Santos Reis. Esse fato, porém, provoca certo desconforto principalmente entre os foliões mais antigos, pois reflete sobre os sentidos dos palhaços dentro do ritual (OLIVEIRA, 2013).

Diferentemente dos outros foliões que são identificados apenas com os lenços vermelhos, os palhaços usam *fardas* (roupas, máscaras e espadas). Suas calças, batas e bolsas são feitas com tecidos de algodão florados (chita ou chitão), os quais possuem geralmente um fundo vermelho, azul ou amarelo. Suas *máscaras* são tomadas pela rusticidade dos pêlos de ovelha que formam suas barbas, costuradas em uma moldura de papelão ou tela de nylon que tem como acabamento um tecido vermelho de algodão. Em complemento com as roupas que tampam todo o corpo, as máscaras dificultam ainda mais a identificação dos sujeitos que as vestem. E, como complemento do figurino desses personagens exóticos das Folias de Reis, usam *facões* ou *espadas* que são construídos com madeira e decorados com fitas, tintura e/ou colantes (Figura 16). Instrumentos de guerra que indicam também o porquê de serem considerados os guardiões da bandeira. Quando se encontram, chegam a representar em dança esta "luta", cruzando suas espadas (Figura 17).

Dessa maneira, perto da imagem sagrada que supõe a bandeira, o palhaço se torna uma figura profana e aparentemente contraditória ao contexto de uma festa religiosa. Por que será que se vestem com roupas e instrumentos tão curiosos, roubando, às vezes, a cena da própria bandeira; logo que, ao menos um deles, fica ao lado dela? Por que são eles também os principais falantes do ritual (MEIRA FILHO, 2013), sobrepondo em alguns momentos a figura do mestre repentista, fazendo performances jocosas durante o giro e a festa final de reis? Por que durante o giro da Folia de Reis, as bandeiras apresentam a presença de dois ou três palhaços e na festa final, são vários os palhaços que se apresentam?

Das vinte entrevistas que questionavam questões pertinentes ao ritual da Folia de Reis de Florínea, os palhaços surgiram em 75% das respostas como sendo eles a própria representação dos três reis magos. Entretanto, integrando a minoria das respostas e, talvez, apresentando-se de maneira mais contundente, as versões abaixo demonstram a integração entre narrativas cristãs e imaginário popular (re) produzido sobre os personagens:

[...] Os três palhaços antigamente eram os ordenanças dos três reis, os três guardiões dos três reis. Cada um que foi visitar o menino Deus levou um guardião, era o guarda deles... Então, quando chegaram no Palácio do rei Herodes, o rei era traiçoeiro... e, em segurança, para os três reis voltar pra contar pra ele aonde o menino tinha nascido, pra depois matar o menino Deus, então ele segurou os ordenanças dos três reis, que eram guardas dos três reis... O que fizeram? Dentro do galpão onde eles estavam sendo presos, tinha panela preta, tinha carvão, tinha tudo essas coisas... aí veio na ideia deles de se pintar tudo de preto e rasgar a roupa e sair, porque ali na frente, se o reis Herodes perguntar: - você não viu três pessoas assim... eles: - não, aqui nós vimos uns palhaços, uns homens pintados de carvão. Então foram assim que eles conseguiram escapar. Mas, quando chegaram na lapinha de Belém, eles não puderam ver o menino Deus, porque o anjo já tinha avisado São José e Nossa Senhora, por sonho, pra eles fazer a retirada pro Egito, que o Herodes vinha atrás pra matar o menino Deus. Quando eles chegaram na lapinha não tinha menino Deus, não tinha mais nada. Então é por isso que quando um palhaço chega numa casa, primeiro ele tem que entrar na minha casa aqui e olhar se não tem presépio... porque com a máscara ele não pode entrar, porque ele não viu o menino Deus (VALIM, 2013).[19]

Nessa versão há uma indicação, tanto da simbologia dos palhaços, quanto das máscaras que eles utilizam. As máscaras são igualmente comuns em outras celebrações do catolicismo popular, como é o caso da Semana Santa (PAULINO, 2008), das festas do Divino (ABREU, 1999) e também em variados reisados e folias brasileiras que evidenciam crenças afro-brasileiras como, por exemplo, o Bumba-meu-Boi e o Cavalo-Marinho (BUENO, 2014). Segundo o depoimento, os palhaços não são os reis magos, eles não chegaram a conhecer o menino Deus entregando-lhe os três presentes citados na bíblia, mas são elementos fundamentais porque ajudaram a despistar o rei Herodes dos caminhos de Jesus. Essa leitura encaixa saberes cristãos ao imaginário apreendido e transmitido através da oralidade. Ora, por que usam roupas diferentes e fazem performances tão curiosas no festejo? A resposta é: porque estes guardas dos reis magos estão se disfarçando para fugir da prisão determinada pelo rei Herodes. Fantasiaram-se com aquilo que

19 Este trecho se trata de algumas informações cedidas pelo contramestre da bandeira 2, João Rodrigues Valim, após o término da entrevista oficial realizada em sua residência no dia 07/12/13. O folião afirma que aprendeu esta história com seu finado pai, o mestre José Valim. Fonte: VALIM, João Rodrigues. *Entrevista/Complemento [7 dez. 2013]*. Entrevistadora: Rafaela Sales Goulart. Florínea/SP, 2013. Áudio MP3 (04:57).

estava ao alcance e continuaram sua missão de proteger os magos do Oriente que, nesse sentido, são as próprias bandeiras de Santos Reis. Mesmo que não tenham encontrado Jesus, Maria e José e, aparentemente, também não encontraram os magos, eles foram fundamentais para atrapalhar os planos traiçoeiros de Herodes e, dessa forma, permaneceram ao lado das bandeiras.

Tal explicação, que associa o significado do palhaço às utilizações das máscaras é interessante principalmente porque também esclarece costumes presentes no ritual da Folia de Reis, declarando que os palhaços não devem ficar com elas em frente às imagens e representações do menino Deus e da sagrada família (altar, presépio), pois afinal, eles não conseguiram chegar a tempo de vê-los pessoalmente. Assim, "A máscara fornece a materialidade da representação a toda uma narrativa compartilhada" (BUENO, 2014, p. 31). Na verdade, não é só ela, "Etnograficamente, a bandeira e a máscara se insinuam enquanto símbolos dominantes e, em grande medida, se apresentam de forma complementar, estendendo-se ao plano das ações sociais e rituais" (BITTER, 2008, p. 10). Ou seja, elas são elementos cósmicos que possibilitam uma mediação entre o material e o imaginário. Em frente ao presépio e sem as máscaras, os palhaços retornam à condição de sujeitos comuns, de foliões e devotos de "cara limpa". Outro ponto que merece ser mencionado é que a condição de serem guardas dos reis magos, hipoteticamente pode demonstrar a razão de às vezes chamarem os proprietários das casas que visitam de "patrões", recebendo deles as doações solicitadas. Apontando também que, no ritual do giro das bandeiras, ocorrem situações distintas que fornecem outras interpretações sobre os referidos personagens da Folia de Reis.

Já foi dito que as dificuldades e desacertos encontrados pelo grupo de Folia de Reis durante o ritual festivo podem ser comparados aos malfeitos do rei Herodes. Além dessas relações, algumas das interpretações sobre os palhaços também se encaixam com o mal. Isto é, contrária à sua representação de proteção à bandeira, os palhaços também podem ser comparados ao próprio diabo que se entrecruza, por sua vez, à representação do rei Herodes. O antigo palhaço Davi Antônio Mariano (2014) chega a mencionar que se, por acaso, acontecer alguma coisa com um folião que vista a farda de palhaço, a primeira atitude a se tomar pelo restante do grupo é despi-lo na tentativa de libertar o folião desse mal que foi por ele aceito em vida; ou seja, ter se habilitado a vestir e interpretar um personagem diabólico. Nas palavras do folião:

> [...] os três reis do oriente não é os três "reis Herodes", "os reis Herodes" é o demônio que apareceu em forma de três reis pra poder matar o menino

Deus... se a pessoa morre dentro daquela farda, não tem salvação não... se der qualquer "piripaque" no cara, tem que arrancar a roupa e deixar pelado... porque não pode morrer, se morrer não tem salvação... (MARIANO, 2014).

Essa versão leva consigo a ideia de que os palhaços, na verdade, são soldados do próprio rei Herodes, quando não o próprio disfarçado, representações que tentaram desviar os magos do caminho a Belém, apontado pela Estrela do Oriente (CASTRO; COUTO, 1977, p. 3). Nesse sentido, outra interpretação se engendra à representação dos palhaços: de que eles seriam os soldados convertidos do rei Herodes; ou seja, aqueles que enganaram o rei. Entretanto, assim como não é mencionada a quantidade de magos na história bíblica, também não há referência desses soldados na escritura. No relato abaixo há uma explicação dos seus sentidos que se relacionam, por sua vez, à interpretação sobre a bandeira de Folia de Reis:

> [...] os palhaços eram os guardiões lá do rei Herodes, eram os guardas, o guarda que enganou o rei Herodes, o próprio empregado... porque ele não concordava com aquilo que o rei Herodes estava fazendo. Então pintou o rosto de barro, é onde surgiu a representação do palhaço [...]. A bandeira é os três reis, mas nós não temos os três reis, então "desenharam"... é a mesma coisa dos três reis estar indo e os palhaços estão guardando os três reis... O sentido é simplesmente isso, é tudo o que nós vemos falar na igreja... foram juntando e formando isso aí que está acontecendo hoje. Mas dizer que os palhaços, eles são os reis... é mito (FABIANO NETO, 2014).

Sobrinho de Santino Fabiano, que foi um dos palhaços mais lembrados na história da Folia de Reis de Florínea, o tesoureiro Alexandre Fabiano Neto demonstra certa sobriedade em seu depoimento, ao subentender que os foliões foram modificando (desenharam) as histórias oficiais (Igreja) relacionadas aos reis magos. Seu filho, o palhaço Pedro Henrique Bianco Fabiano,[20] repete essa versão dita por Alexandre, ressaltando que personagens usam como referência um guarda que traiu o rei Herodes. Assim, os palhaços representam este suposto único guarda

---

20 Pedro Henrique Bianco Fabiano tem 18 anos e é palhaço na bandeira 2. É filho do atual tesoureiro da Associação folclórica de reis Flor do Vale de Florínea, Alexandre Fabiano Neto, principal elemento de incentivo para sua entrada na folia de reis. Pedro começou a se vestir de palhaço com 4 anos e hoje também costuma ajudar no canto, em suas diversas posições, além de saber tocar todos os instrumentos musicais utilizados pelo grupo. Fonte: FABIANO, Pedro Henrique Bianco. *Entrevista [27 mai. 2014]*. Entrevistadora: Rafaela Sales Goulart. Florínea/SP, 2014. Áudio MP3 (13:04).

e o fato dele ter pintado o rosto de barro ou de ter colocado uma máscara pôde "[...] despistar os outros guardas, pro menino poder passar, pra ir embora pro Egito" (FABIANO, 2014). Inclusive, além de estarem fardados, os palhaços lideram performances que unem danças, gritos e pulos na tentativa de disfarçar a bandeira. De acordo com Onofre Lopes de Lima (2013), "[...] quando chega numa casa, faz uma meia lua, o pessoal vai, embrulha lá e vem". Este movimento conhecido como *meia lua* é recorrente nos giros da Folia de Reis pela região de Florínea. Nele, os palhaços e os músicos enfileiram-se e caminham no entorno da bandeira, formando como o próprio nome já diz uma meia lua, que, na junção de sua posição com as danças realizadas e os instrumentos tocados, torna-se uma bela representação de proteção ao menino Deus.

São intrigantes as explicações que se têm sobre os significados dos palhaços. Quando Pedro (2014), por exemplo, diz que não há uma menção ao número de guardas de Herodes, o que os leva a tomar apenas um guarda como referência à representação do palhaço, inevitavelmente também, reflete-se sobre uma nomenclatura e sobre duas descrições supracitadas sobre o personagem palhaço; ou seja, o nome Bastião e o fato de, consequentemente, haver um dos palhaços da Folia de Reis de Florínea usando uma máscara com barba preta ou mais escura, demonstrando talvez a dita estratégia de pintar sua face de barro ou carvão para se disfarçar. Na imagem abaixo, são dois o número de palhaços (titulares) que vestem a máscara com barba preta.

Figura 17: Giro da bandeira em um sítio (1982).
Fonte: Acervo particular de Aurora Franco dos Santos.

A fotografia fornecida por Aurora Franco dos Santos retrata um dos giros da bandeira de Folia de Reis na zona rural da região de Florínea, na década de 1980.[21] Como a foto é proveniente do acervo particular da foliã, provavelmente trata-se da bandeira 2, a qual seu marido se vestia de palhaço. Nela, os palhaços estão fazendo movimentos típicos como cruzar suas espadas e dançar uma espécie de catira, onde pulam e batem forte os pés no chão. Eles estão andando na frente das bandeiras e, logo atrás dela, aparece o grupo de músicos liderados, provavelmente, pelo mestre de cantoria e capitão do batalhão que anda em fila, como se marchassem. É válido lembrar que os palhaços são os únicos integrantes dos batalhões que podem ficar na frente da bandeira, pois são seus guardiões.

De acordo com os estudos de André de Paula Bueno (2014, p. 4), os heróis negros ou palhaços da cara preta aparecem com nomes diferentes nos também dis-

---

21   No canto inferior direito da fotografia, consegue-se identificar o ano de 1982. Esta e outras fotografias foram fornecidas por Aurora no momento em que fiz a entrevista com a foliã (2013). Inclusive, ela as emprestou para que eu pudesse fazer suas digitalizações. Não houve tempo suficiente, porém, para fazermos os devidos questionamentos sobre a fotografia com Aurora, pois ela infelizmente obteve óbito em 2014.

tintos festejos populares brasileiros, sendo: "Pai Francisco e Catirina" nos bois do Maranhão, "Mateus" nos cavalos-marinhos de Pernambuco e "Bastião" nas Folias de Reis de Minas Gerais. Tais personagens apresentam, segundo o autor, elementos de crítica social que são transparecidos através das músicas, versos e danças. Nessa premissa, o Bastião é o personagem que mais interessa, pois é uma nomenclatura que ainda é utilizada para identificar os palhaços da Folia de Reis de Florínea e, quando o autor situa sua maior incidência em Minas Gerais, retoma-se a linha de pensamento de que a região oeste do Estado de São Paulo foi ocupada inicialmente por mineiros e, além disso, o primeiro festeiro de Florínea, Sebastião Alves de Oliveira, nasceu em Ribeirão Preto,[22] cidade próxima ao Estado de Minas Gerais e que, igualmente, foi ocupada por mineiros. Sendo também importante ressaltar que, a partir dos estudos dos processos de reocupação do município de Florínea, feitos por Adão Nunes (1993), constatou-se que a cidade recebeu migrantes nordestinos e mineiros em meados do século XX. Ou seja, muito provavelmente, estas práticas e representações presentes nas variadas Folias de Reis mineiras migraram para o lugar e foram se transformando e modificando a figura dos palhaços junto ao imaginário da festa.

André de Paula Bueno (2014, p. 205-206) aponta que o líder dos palhaços das Folias de Reis é o preto Bastião, o qual executa junto aos companheiros, seu trabalho de pedir e adivinhar alguns mistérios em formato de versos e danças que, por sua vez, devem ser aceitas pelo dono da casa, o "patrão". É necessário pedir licença ao patrão, sujeito que quando conhece a cultura dos Santos Reis, entra no "jogo da folia". Entretanto, vale lembrar que a figura do palhaço transita entre o bem e o mal e, além disso, eles foram considerados majoritariamente pelos integrantes da Folia de Reis de Florínea como os próprios reis magos, o que também pode explicar o fato de que um dos palhaços é representado com cara preta, logo que um dos reis – Baltazar – foi identificado como negro pelos próprios foliões (MARIANO, 2013).

Cabe dizer que as relações sobre os palhaços/bastiões foram feitas a partir das observações e leituras sobre a manifestação cultural, não necessariamente aparecendo explícitas nas falas dos foliões. Entretanto, as leituras podem explicar algumas comparações deste personagem às imagens diabólicas, grotescas e brincalhonas, as quais provocam risos, subversão ao sagrado e submissão ao patrão para a conquista de algo. As artimanhas do palhaço/bastião seria:

---

22 ASSIS (SP). *Inventário*. Processo nº 199/1951, Maria José de Oliveira e Sebastão Alves de Oliveira, 28/06/1951. Arquivo do Fórum de Assis, CEDAP/Assis.

> Uma superação em sabedoria, incluindo defesas simbólicas do valor que o negro desempenha na sociedade brasileira. Braço direito dos patrões no trabalho. [...] um palhaço atípico, caracterizado pelo preto, interiorano e vaqueiro. (BUENO, 2014, p. 22).

Seria este o "palhaço de cara preta" que teria migrado para a Folia de Reis de Florínea, cuja história ainda tem pouco desenvolvimento, mas está cheia de indícios de religiosidade popular?

Retomando as recordações de Onofre (2013) que retrataram um remoto giro de Folia de Reis pela Água da Onça, percebe-se que os elementos, símbolos e significados do ritual, embora possam permanecer nas memórias, são reconfigurados a partir de novas nomenclaturas, atribuição de valores ou entendimento de funções e significados, que se constroem entre novos espaços e tempos vivenciados pelos sujeitos que atualmente formam os batalhões de Folias de Reis de Florínea. A partir do relato do contramestre e dos demais foliões supracitados, o que se pode confirmar é que a celebração passou a ter novos sentidos, pois a memória desse produto da cultura popular se reproduz de maneira contínua. Talvez seja sensato dizer que essa memória resiste através dos tempos, pois ainda são realizados costumes como sair, girar, chegar e, no encontro, coroar festeiros e festeiras. Assim, passa-se aos momentos distintos do ritual festivo.

2. 2. 3 Saída das bandeiras ou início do giro

> [...] a gente foi saindo e foi criando mais aquele contato, aquela fé, antes a gente não considerava como religião, considerava como uma festa folclórica. Depois eu fui vendo as coisas que acontecia, o cara pronunciando algum milagre que acontecia, alguma coisa e depois a gente foi pedindo e também foi válido. Hoje a gente faz intenção, muitas vezes faz intenção e é válida, então a gente tem que ir com uma coisa, com um rito de religião. (FERREIRA, 2013).[23]

O depoimento de Antônio Cândido Ferreira, conhecido como Leco, permite retomar o ingrediente principal que fundamenta a Folia de Reis de Florínea; ou seja,

---

23 Antônio Cândido Ferreira, conhecido como Leco, possui 66 anos. Nasceu na Água do Dourado, perto de Santo Antônio/Tarumã. Atualmente reside em Florínea. Antônio é aposentado, mas exerce a função de agricultor. Seu primeiro contato com a folia de reis de Florínea foi através de tios e avós. Desde de 1976 canta de tala na bandeira de número 1 e, atualmente, é vice tesoureiro da Associação folclórica de reis Flor do Vale de Florínea. Fonte: FERREIRA, Antônio Cândido. *Entrevista [30 nov. 2013]*. Entrevistadora: Rafaela Sales Goulart. Florínea/SP, 2013. Áudio MP3 (01:01:41).

a crença nos Santos Reis e na identidade coletiva do grupo a partir desse fundamento religioso. Quando o folião não participava do grupo, pensava que aquilo era folclore, entendendo esse substantivo, talvez, como uma manifestação cultural antiga que se mantém preservada, mas que é desprovida de alguma "verdade" ou fundamentação que realmente valha motivo suficiente para se salvaguardar enquanto patrimônio. A fé nos santos e no grupo, portanto, foi se constituindo a partir do contato, da "prova" de um milagre alcançado, quando se deu algo em troca, ou quando se faz algum sacrifício: como é o caso de sair de casa no dia 25 de dezembro e ficar nesta "caminhada" até o dia 6 de janeiro, reconstituindo em auto popular, a jornada dos magos rumo ao menino Deus. Neste período de peregrinação, mergulha-se em um tempo diferente do comumente vivenciado durante o ano, neste momento "[...] o homem experimenta o tempo mítico da eternidade e da manifestação divina que permite a reconciliação de todos com todos" (JURKEVICS, 2005, p. 74), em uma junção entre o sacrifício de se fazer longas jornadas, o conhecimento/realização de dádivas divinas e a satisfação de se socializar.

No momento de encontro das bandeiras de Folia de Reis de Florínea e de sua saída para o giro ou batalha (SILVA, 2013), o grupo reincorpora sua fé, materializando-a através de cânticos e performances que reproduzem a viagem dos reis em direção a Jesus. Diz o verso que foi:

> No ponto da meia-noite,
> Sem faltar nenhum segundo,
> Nasceu nosso Jesus Cristo,
> É o salvador do mundo,
> 25 de dezembro,
> Que o menino Deus nasceu,
> Os galos todos cantaram,
> Uma estrela apareceu.[24]

---

[24] Este trecho foi encontrado em um caderno de versos que compreendem diferentes momentos do ritual de Folia de Reis. O material que agora está digitalizado foi emprestado no momento que fiz a entrevista com Aldo Vasconcelos Meira Filho. Conhecido como Sarapo, este folião cumpre a função de palhaço na bandeira de número 1 há 19 anos e, recentemente, também é suplente do conselho fiscal da Associação folclórica de reis Flor do Vale de Florínea. Foi festeiro na celebração de 2014 (Figura 27). Aldo tem 32 anos, nasceu na cidade de Santa Mariana/PR. Atualmente é funcionário público em Florínea, onde reside. Seu primeiro contato com a Folia de Reis foi com 12 anos, quando a bandeira visitava sua casa. Porém, não teve histórico de foliões em sua

Essas frases recitadas durante o festejo complementam também a dita saudação ao presépio, feita pelos mestres e palhaços da Folia de Reis de Florínea. Nelas, estão estabelecidos: o horário, a data e alguns elementos que nortearam os magos em direção ao recém-nascido. Como já mencionado, as bandeiras de Folias de Reis são equiparadas ao elemento estrela, mostrando que é a partir desse guia, que o grupo iniciará sua jornada.

O início do giro de Folia de Reis de Florínea é realizado na casa do (a) festeiro (a) do ano. Tal membro é indicado no singular, representa sua família, ao passo que todos foram coroados no dia 6 de janeiro. Pode ocorrer de essa família oferecer um almoço, um lanche rápido, ou apenas a sua casa, para que os dois batalhões façam o encontro inicial das bandeiras, onde as bênçãos são invocadas àqueles que enfrentarão o giro pela região de Florínea, durante 11 dias.[25] A Figura 18 mostra um destes momentos vivenciados a partir das 12:00 horas do dia 25 de dezembro de 2012:

Figura 18: Saída das bandeiras da casa do festeiro.
Florínea/SP (25/12/12). Autora: Rafaela Sales Goulart.

Na imagem, o festeiro segura a bandeira 2 e, ao seu lado, encontra-se sua esposa, com quem reveza o ato de segurar o instrumento simbólico que representa a

---

família. Fonte: MEIRA FILHO, Aldo Vasconcelos. Entrevista [07 dez. 2013]. Entrevistadora: Rafaela Sales Goulart. Florínea/SP, 2013. Áudio MP3 (24:34).

25 Os 11 dias fazem referência apenas ao atual ritual de giro das bandeiras pela região de Florínea. Consultar informações mais precisas da celebração no "Roteiro da Folia de Reis de Florínea", presente nos anexos do livro.

Folia de Reis de Florínea. Junto aos músicos, os festeiros formam um círculo onde geralmente é realizada uma oração inicial. Neste dia, o capitão solicitou um pai-nosso e uma ave-maria em oferecimento a um folião que estava ausente por conta de uma enfermidade. Para este ato, em sinal de respeito, foi pedido também que todos retirassem seus bonés. Terminadas as orações, para iniciar uma breve prece sobre o enfermo, o capitão inicia sua fala direcionando-a aos Santos Reis e, imediatamente, o grupo responde: "rogai por nós". Posteriormente, todos batem palmas, emocionam-se e é iniciada a cantoria, onde o mestre entoa versos que louvam a família do festeiro, a alegria e a gratidão do grupo em estar mais um ano na jornada, a bandeira como um guia adorado, entre outros versos que representam o encontro do grupo. O primeiro verso aclamado pelo mestre Dito dizia: "Louvai este festeiro (ai) / com toda sua família (ai... ô)". Eles foram antecipados por toques dos instrumentos musicais e a segunda parte do verso foi repetida duas vezes pelo grupo, sendo intercalada pelos sons dos instrumentos. A toada foi acompanhada pela atenção dos foliões e demais simpatizantes da Folia de Reis que embarcam neste tempo festivo sem apresentar cansaço em meio aos variados versos entoados. Após algumas rodadas de cânticos, os foliões fazem mais orações (pai-nosso e ave-maria, pedindo bençãos aos Santos Reis) e se benzem passando debaixo das bandeiras, beijando-as ao som apenas das caixas, do cavaquinho, do pandeiro e do maraca. A fotografia a seguir retrata este momento:

Figura 19: Bençãos dos foliões na bandeira.
Florínea/SP (25/12/12). Autora: Rafaela Sales Goulart.

Feito esse ritual, três palhaços que estavam escondidos, saem de dentro da casa dos festeiros e começam a dançar, gritar e pular no centro do círculo de foliões. Embora estática, a próxima fotografia consegue demonstrar que, quando esses personagens se misturam aos demais foliões, a cena logo é invadida pela vibração das cores de suas fardas, as quais se complementam a imagem da bandeira. Eles despertam risos e olhares curiosos.

Figura 20: Bandeira 1 no ritual de saída das bandeiras. Florínea/SP (25/12/12). Autora: Rafaela Sales Goulart.

Para quem não vivenciou esse encontro e também não se ateve a alguns detalhes das imagens, é importante destacar que a bandeira da Figura 20 não é a mesma que se encontra nas cenas acima. Essa fotografia apresenta o ritual que se repete, mas agora com a bandeira 1. Ela tem em seu topo flores brancas e, ao seu redor, mais foliões diferentes. Inclusive, os palhaços da bandeira 1 não são os mesmos que se apresentaram na bandeira 2 que, embora estivessem na mesma quantidade e contendo em cada trio um com a barba mais escura, eram todos adultos. Nesse sentido, o costume se repete nas duas bandeiras: chegam, rezam, cantam, rezam novamente, benzem-se na bandeira, dançam e proferem mais versos:

Reunir os foliões,
Pra cantar pros três reis santos,
Estamos saindo com a bandeira,
Pra cumprir nossa missão.[26]

Além do ritual religioso explicitado, esse encontro apresentou uma especificidade interessante, pois foi aproveitado o momento de união dos foliões para que o tesoureiro, Alexandre Fabiano Neto, pudesse expor uma mudança importante que o grupo passava. Embora tenha apontado que já havia ocorrido uma reunião em que foram discutidas estas novidades com os membros da Comissão, era importante esta sua fala porque abria para a comunidade a transformação desta organização informal em "Associação". Transformação justificada especialmente em função do dinheiro que se vinha arrecadando e que não tinha uma conta específica para ser devidamente guardado e, além disso, pela responsabilidade do grupo em comprovar sua identidade como uma organização séria, que se compromete em "devolver aos Santos Reis, o dinheiro de Santos Reis" (FABIANO NETO, 2014); ou seja, converter à estruturação do grupo e, sobretudo, à festa final feita para o povo, tudo o que foi arrecadado pelos foliões, seja nas casas, em comércios, empresas e demais lugares que necessitam, também, comprovar suas doações.

É importante dizer que, anteriormente à criação da Associação em 2013, nas reuniões feitas antes do encontro inicial do dia 25 de dezembro, já eram esclarecidos todos os caminhos a serem percorridos pelos foliões, assim como outros detalhes e compromissos que devem ser seguidos pelo grupo, retirando a necessidade de se esclarecer dúvidas no próprio ritual religioso.

No dia de saída das bandeiras, portanto, há o encontro de todo o grupo com o universo sagrado e a separação do mesmo para o giro das bandeiras, momento em que cada batalhão toma seu rumo pela região. Atualmente, no caso da bandeira 1, costumam sair rumo a Água da Onça, passando pela capela e encerrando o dia em uma janta que é oferecida há um tempo por Divino Lopes Eleutério,[27] como

---

26   Fonte: Caderno de versos de Aldo Vasconcelos Meira Filho (manuscrito).
27   Divino Lopes Eleutério possui 59 anos, nasceu no sítio São José, na Água da Onça/Tarumã. Atualmente mora na cidade de Tarumã, onde trabalha como guarda noturno. Seu primeiro contato com a folia de reis foi com 7 anos de idade, na casa do seu avô, o qual recebia e dava janta para a bandeira de santos reis de Florínea. Desta forma, por influências familiares e por possuir tios cantadores, Divino cresceu participando da folia de reis de Florínea, ocupando as funções de desponto/tipe/gritinho, contratinho e palhaço. Atualmente, canta de tala e contratala na bandeira de número 1. De acordo

consequência de uma promessa que foi garantida à sua mãe. Segundo este folião, antes de falecer ela disse: "[...] não deixa morrer essa tradição de dar a janta pra bandeira. Então, essa janta que eu dou, é uma promessa" (ELEUTÉRIO, 2013). Já a bandeira 2, visita algumas casas da própria cidade de Florínea e da Água de Santo Antônio (SILVA, 2013).

Depois da janta, ambos os batalhões retornam à Florínea e, quem não mora na cidade, pousa em uma casa que é alugada pelo grupo, justamente para os foliões de fora, facilitando assim a jornada de todos. E na manhã seguinte, retomam o giro a partir das 8:00 horas da manhã.

2. 2. 4 Giro das bandeiras

> [...] Como pode essa estrela,
> Os três reis ir avisar,
> Isso é mistério de Deus,
> Não tem como explicar,
> Os três reis quando souberam,
> Saíram pra viajar...[28]

Mais uma vez os versos demonstram mistérios que embasam a crença da Folia de Reis. Assim como fizeram os três reis, quando percebem um sinal no dia do nascimento do menino Deus, os foliões também deixam todos seus compromissos cotidianos para sair na jornada que objetiva reconhecê-lo. Os foliões acreditam que os magos já tinham estudado o velho testamento e, portanto, já sabiam da profecia divina.[29] Dessa forma, se os magos só confirmaram suas previsões quando receberam uma indicação do acontecido através da estrela, os foliões nem mesmo buscam muitas explicações para continuar sua jornada. Afinal, essa tradicional herança "é mistério de Deus", são milagres, como dizia Leco (2013), religião que se conhece na medida em que os contatos com ela se estreitam. O giro ou jornada, quando vivenciado, é uma verdadeira viagem de sensações.

---

com o folião, só não sabe tocar viola, mas o restante das funções ele pode substituir se faltar componentes na bandeira. Foi, também, festeiro da folia de reis de Tarumã. Fonte: ELEUTÉRIO, Divino. *Entrevista [5 dez. 2013]*. Entrevistadora: Rafaela Sales Goulart. Florínea/SP, 2013. Áudio MP3 (01:03:25).

28   Fonte: Caderno de versos de Aldo Vasconcelos Meira Filho (manuscrito).
29   Esta crença é exposta na poesia oral "Saudação ao Presépio". Tais versos se encontram na íntegra na página 135.

É no giro que se constituiu e que ainda são fortalecidas a identidade do grupo de Folia de Reis de Florínea. Os dois batalhões foram criados na medida em que se ocupava a região em questão[30] e, mesmo que há algum tempo tenham encontrado um espaço para pertencer, no caso a cidade Florínea, no giro, as duas bandeiras retomam o contato com pessoas e lugares que dificilmente se perdem da memória quando se tem como norte alguns mistérios, milagres ou simpatia pelo histórico da tradição festiva.

Além da aparição da estrela no Oriente, a qual teria destinado o grupo ao menino Deus, os foliões também mencionam o aviso de um anjo, o qual igualmente teria contribuído na viagem dos reis santos. Nas palavras do contramestre João:

> 25 de dezembro que os três reis se alertaram,
> que Jesus era nascido, os três reis desconfiaram.
> A estrela do oriente, pelo espaço eles enxergaram,
> veio um anjo e avisou, sua viagem destinaram.
> Era meio-dia em ponto, os três reis viajaram,
> despediram das suas esposas, seus filhinhos abençoaram,
> despediram e saíram chorando, aquela estrela acompanharam.
> Chamaram seus ordenaças, para seus guardas levaram.
> Numa bela encruzilhada, os três reis lá se encontraram,
> todos os três com a mesma ideia, ali junto combinaram. (VALIM, 2013).[31]

Antes mesmo dos galos cantarem e da estrela aparecer no oriente, os magos já sabiam do nascimento de Jesus. Só bastava saírem de encontro ao recém-nascido. Além de terem sido guiados pela estrela e/ou pelo anjo, já durante a jornada, foram avisados em sonho para não fornecerem as coordenadas do lugar do nascimento de Jesus ao rei Herodes. De acordo com o evangelho de Mateus (2000, p. 1286), de fato, o anjo teria aparecido em sonho para José, pai de Jesus, avisando-o que teriam que fugir para o Egito, pois Herodes queria matar o menino. De qualquer maneira, é interessante ver que, em ambos os discursos, a fé (representada pelo anjo) se sobrepõe aos fenômenos físicos (estrela), mas ambos são presentes no universo mítico da Folia de Reis.

---

30 Rever mapa (Figura 13).
31 Fonte: VALIM, João Rodrigues. *Entrevista [7 dez. 2013]*. Entrevistadora: Rafaela Sales Goulart. Florínea/SP, 2013. Áudio MP3 (01:34:53).

O trecho em destaque também observa o horário de saída dos reis, o qual costuma ser seguido no dia 6 de janeiro, quando as duas bandeiras que estavam em pouso na casa de dois foliões desde a noite do dia 4 de janeiro, retornam ao ritual sagrado através do grupo que sai, momentos depois, em direção ao Parque de Tradições; ou seja, vai ao "encontro das bandeiras" que compõe o momento ápice da festa de encerramento de Florínea.[32] Entretanto, ao contrário desse momento, "onde os reis alegremente conhecem e adoram Jesus", ao saírem para o giro, os foliões, sobretudo os mais antigos do grupo, rememoram as dificuldades encontradas durante a viagem em direção ao menino Deus. Do mesmo modo que aparece no trecho da Saudação ao Presépio, onde os reis teriam despedido de suas respectivas famílias, saindo chorando de suas moradas, os relatos dos foliões também despertam um sentimento de sofrimento vivenciado no passado. Segundo o capitão Amado Jesus da Silva (2013):

> Hoje a modernização ajuda muito... a gente não fica longe da família... toma banho todo dia [...] Eu, a primeira vez que eu saí, foi uma promessa que eu fiz, eu fiquei oito dias. Eu saí dia 25 e voltei em casa dia primeiro... Só lavava o pé, o rosto, molhava o cabelo pra pentear e lavava os braços... Eu não sabia, era muito difícil mesmo, porque saía daqui e fazia Água da Paca, Água da Onça... Água do Barbado, Água do Dourado, pra depois vim pra cá.[33]

O fato de saírem de suas moradias sem mesmo saber de todas as dificuldades que passariam pela estrada era uma prova de sacrifício e devoção aos santos. Uma devoção que poderia ser despertada por pura curiosidade sobre a prática festiva ou através de influências familiares, como foi o caso de Amado (2013) e de Divino Lopes Eleutério (2013), o último esclarece como se atravessava de uma Água para outra, em suas palavras: "[...] era uma ponte, nós pisava assim e molhava até aqui na canela, lá no Dourado... pra atravessar lá no outro Barbado, era tudo a pé e o carroceiro ia "ataiando", pegando as prendas". Como se percebe, o percurso dos foliões era feito a pé, o único meio de transporte que os acompanhava era uma carroça destinada para carregar prendas como frangos e porcos. Nesse sentido, dificilmente levariam para o giro pertences pessoais que não fossem os próprios instrumentos musicais ou fardas dos palhaços.

32 Doravante falarei deste momento do ritual.
33 Fonte: SILVA, Amado Jesus da. *Entrevista [15 mai. 2013]*. Entrevistadora: Rafaela Sales Goulart. Florínea/SP, 2013. Áudio MP3 (01:50:27).

Neste período, entre as décadas de 1950 e 1960, havia um número maior de pessoas que habitavam a zona rural. Assim, o costume de pousar e de ficar mais tempo em uma única Água (sítio, fazenda) para depois ir até outra, dava-se justamente porque os foliões não tinham meios de transporte eficientes para retornar às suas casas. As Águas visitadas, previamente estabelecidas através do contato entre o ponteiro e os donos das casas, eram chamadas de *pontos de pouso* (NASCIMENTO, 2012); ou seja, lugares onde os foliões não só chegavam para realizar suas orações, cânticos e refeições, como também, dormiam. E o fato dos simpatizantes do festejo aceitarem os foliões em suas casas, não queria dizer que teriam condições ou que dariam um pouso confortável para todos eles. Dormia-se onde dava e tomavam banho quando podiam.

Estas experiências explicam o porquê do giro de antigamente compreender oito dias (25 de dezembro a 1 de janeiro); ou seja, teriam ainda um tempo para retornar em suas casas para descansar e se arrumar antes da festa final do dia 6, a qual era preparada e realizada pelo festeiro. Atualmente a festa é organizada por uma Associação que inclui membros dos batalhões e voluntários, tendo um lugar específico para sua realização dentro da cidade de Florínea, elementos que possibilitaram o aumento dos dias de giro pela região, sendo hoje o total de 11 dias (25 de dezembro a 4 de janeiro). Melhor dizendo, no caso do ritual, as palavras, gestos, músicas, entre outras particularidades, na verdade, foram remodeladas na medida em que foram apreendidas entre as gerações de foliões, cada dia mais imersos ao cotidiano da cidade.

Não desprezando essa perspectiva, os giros são compostos por uma sequência de visitas das bandeiras pelas casas de devotos e simpatizantes da Folia de Reis.[34] Esse ritual, como foi dito, é iniciado no dia 25 de dezembro com a saída das duas bandeiras de Florínea no período da tarde, da casa do (a) festeiro (a), retornando para Florínea à noite. Já dos dias 26 dezembro a 4 de janeiro, cada uma delas sai de Florínea pela manhã. De acordo com Aldo Vasconcelos Meira Filho (2013), "É marcado às 8:00 horas. Todo dia é marcado esse horário pra sair. Mas, tem horário só pra sair, você não sabe o horário que você vai voltar". Ou seja, o retorno depende do que pode ocorrer durante o dia de jornada, os únicos locais previamente marcados para a bandeira visitar, são os lugares onde serão feitas as refeições do grupo, os quais podem estar em cidades ou bairros rurais distintos. Fora isso, nas cidades, os batalhões acabam sendo solicitados na medida em que são percebidos. Outro fator de maior

---

34 Consultar "Roteiro da Folia de Reis de Florínea" nos anexos.

ocupação do tempo deles pelas casas é quando os moradores possuem presépios em suas residências e/ou conhecem mais profundamente a cultura da folia de reis, o que pode gerar desafios e brincadeiras entre os foliões. Entretanto, de maneira geral, os batalhões costumam retornar para Florínea aproximadamente às 23:00 horas.

Embora o horário de saída dos dois ônibus que levam os batalhões seja o mesmo, é importante ressaltar que cada bandeira tem o seu rumo durante o giro. Quando chegam às cidades e bairros rurais, os capitães e palhaços que seguem frente à bandeira, pois são os responsáveis por ir de encontro com os proprietários das residências. Entretanto, quando se aproximam do horário de visita da casa onde as refeições serão realizadas, o grupo imediatamente passa a percorrer as ruas ou estradas dispostas conforme representado abaixo:

Figura 21: Bandeira 2 rumo ao Parque de Tradições. Florínea/SP (06/01/15). Autora: Rafaela Sales Goulart.

Do dia 6 de janeiro, a fotografia registra uma caminhada da bandeira 2 rumo ao Parque de Tradições. Embora apresente uma quantidade maior de palhaços, o esquema organizacional dos sujeitos e elementos dos batalhões de Folia de Reis não é diferente dos demais dias de giro. Como se percebe, o guia continua sendo a bandeira. Ao seu lado, atrás ou até na frente dela, está presente ao menos um palhaço responsável também por guardá-la. Nos giros pela região de Florínea, esse guardião é complementado com um ou dois companheiros. Atrás deles, apresentam-se os músicos e depois os devotos ou simpatizantes que acabam acompanhando a procissão. Além disso, é interessante perceber a disposição do capitão da bandeira, identificado pelo lenço vermelho no canto direito da fotografia, o qual fica separado do restante do batalhão pois precisa estar atento à sua organização.

Ao aproximarem-se da moradia já tocando os instrumentos, a primeira coisa a fazer é pedir licença. Essa função de perguntar aos proprietários das casas se eles aceitam a bandeira da Folia de Reis, como dito, é cumprida pelos palhaços (MEIRA FILHO, 2013). Se a resposta for positiva, a segunda atitude a ser tomada pelos foliões é averiguar se existe a representação do menino Jesus no lugar, mediante a presença de um altar ou presépio, pois se ocorrer, os palhaços só podem entrar no ambiente sem as suas máscaras ou se este altar for coberto.

Ao receber a bandeira, o (a) proprietário (a) a beija e segura em suas mãos. Em seguida, como novo (a) bandeireiro (a), entra no lugar que escolhe apropriado para receber o grupo, sendo que, às vezes, ocorre dos foliões ficarem apenas no terreiro (SILVA, 2013). Atrás da bandeira, os músicos continuam a andar enfileiradamente até formarem um círculo onde os palhaços se transportam para o centro. Pode ocorrer de os moradores levarem a bandeira para abençoar os cômodos de sua casa ao final do ritual de visitação.

Organizados dentro das moradias, o mestre reinicia os acordes da viola e os cumprimentos do batalhão:

> Meu senhor dono da casa,
> Que se encontra aqui presente,
> Recebe uma saudação,
> Dos três reis do oriente,
> Que enviou a saudação,
> Pra todos seus parentes,
> Recebe a santa benção,
> A todos que estão me ouvindo,
> Devoto dos Santos Reis,
> Tem seus passos dirigidos,
> Por a proteção dos três.[35]

---

35 Fonte: Caderno de versos de Aldo Vasconcelos Meira Filho (manuscrito).

O *verso de chegada* saúda os proprietários da casa, demonstrando honras à família que lhes receberam e, posteriormente, iniciam-se os pedidos. Um exemplo de repente de oferta é entoado pelo mestre Fião: "[...] bom dia minha senhora, é Santo Reis que aqui chegou, vem pedir a sua oferta, foi o festeiro quem mandou" (SILVA, 2013). Ainda segundo o folião, depois da cantoria produzida a partir do verso, o palhaço pergunta para a madrinha (ou padrinho/patrão), o que ela guardou para os Santos Reis e para quem sua oferta será oferecida. Diante do oferecimento de prendas pela dona da casa, o mestre já demonstra sua satisfação em música, dizendo: "[...] agradeço a oferta que a senhora veio dar, Santo Reis que me ajude e dê saúde pra aumentar" (*Ibidem*, 2013). Estas trovas são repetidas pelas variadas vozes que compõem o restante do grupo de músicos, elas são realizadas conforme o batalhão ganha prendas. Acontece, inclusive, das pessoas fazerem ofertas em memória de entes queridos já falecidos. Assim, o mestre continua seu processo criativo conforme surgem situações variadas e inusitadas, demonstrando o sentimento coletivo de gratidão e seguindo o "ritmo" dos proprietários das casas. Um exemplo de agradecimento para aqueles que já faleceram é dado por Fião, em suas palavras "[...] veio dar sua oferta, nessa hora de verdade, é o seu pai que vos lembrou, que você tem muita saudade" (*Ibidem*, 2013). Depois de encerradas as doações, o palhaço agradece os proprietários da casa e os convida para comparecerem na festa. Feito isto, o mestre cria mais um verso de encerramento, o qual é acompanhado da devolução da bandeira para o grupo, e enfileira o batalhão para a saída da casa.

Nas moradias onde são marcadas as refeições, além do processo de pedido de licença e agradecimento se repetir como nas outras visitas, acrescentam-se versos que demonstram também o pedido de almoço/janta e o pedido de guarda provisória da bandeira, dos instrumentos musicais e das máscaras dos palhaços. Antes de entrarem na casa, além do grupo se enfileirar conforme a Figura 21, costumam fazer performances de meia lua para representar mais uma vez que o grupo contribui no processo de fuga de Jesus para o Egito (LIMA, 2013). Além disso, podem ser realizados alguns relatos de milagres que podem servir de conteúdo para repentes ou orações e declamações que remetem à própria refeição como, por exemplo:

> São Francisco das Chagas que é o pai da pobreza
> digo a Deus e ao Divino Santo Reis
> que nunca deixe faltar o sagrado pão nessa mesa. (Amém!)
> São Francisco das Chagas que é o pai da pobreza
> digo a Deus e ao Divino Santo Reis

que nunca deixe faltar o sagrado pão nessa mesa. (Amém!)
São Francisco das Chagas que é o pai da pobreza
digo a Deus e ao Divino Santo Reis
que nunca deixe faltar o sagrado pão nessa mesa. (Amém!)
Cristo Reis perguntaram quem vai cantar da Companhia
os anjos dos céus nos disse que foi o filho de Maria
Orai e viva, orai e viva no ato de devoção
Orai e viva, orai e viva o dono da casa e também viva os folião. (Viva!)
Orai e viva, orai e viva nessa hora verdadeira
Orai e viva o dono da casa e também viva a cozinheira. (Viva!)
Viva a nossa bandeira. (Viva!)
Orai e viva, orai e viva na mensagem desse além
Orai e viva a Jesus Cristo que é só ele e mais ninguém. (Viva!)[36]

Feitas as refeições, o grupo descansa um pouco na casa ou nos seus arredores, retornando para a organização inicial deste encontro no momento estipulado pelo capitão e mestre, a fim de fazerem a despedida. Nas canções de despedida, é feito o agradecimento aos donos da casa e iniciam-se as ofertas como ocorre nas demais residências.

Antigamente, por ficarem mais tempo nas ditas Águas, experimentavam também o "lado profano" do ritual. Se, por um lado os depoimentos apontam de maneira geral as dificuldades que eram enfrentadas pela fé e devoção no culto aos Santos Reis, por outro, são relatados que, nos pontos de pouso, ocorria até uma certa bagunça, de tanta festança que os sujeitos faziam. O mestre Fião apresenta algumas das práticas compartilhadas pelos foliões nos remotos giros, em suas palavras:

> [...] eles não tinham muita noção da coisa... eles bebiam muito, iam dormir nas casas. Em vez de dormir sossegadinho, eles começavam a lutar a noite, eles misturavam... Naquela época tinha o tulha... tulha era um caixão de madeira. Então botava arroz, feijão... chegavam a misturar arroz com feijão... aquela festa. Pra eles era festa, mas na verdade, era uma bagunça... Por exemplo, hoje nós vamos dormir na sua casa, você pode ter a sua família, tua filha, no caso no quarto, por exemplo, do lado, tem o maior respeito e, então, é um negócio sério, e antes não. Eu estou dizendo porque eu che-

---

[36] Estes versos foram declamados pelo palhaço Aldo Vasconcelos Meira Filho, em um almoço feito fora do tempo do ritual de Folia de Reis. Fonte: FESTA DE REIS EM FLORÍNEA DE 2009, Produção: Cristiano Arcanjo. Florínea: Som e Produções, 2009, 01 DVD (01:22:05).

guei a fazer... Aquele tempo não tinha muito guarda-roupa, então tinha o varal, você ia e vestia as roupas das moças, então era totalmente diferente (SILVA, 2013).

Embora breve, esse relato torna-se um rico indício de como alguns foliões se comportavam nos lugares que visitavam, demonstrando como eram desenvolvidas as socializações do grupo com os moradores rurais da região do giro das bandeiras de Florínea. Muito provavelmente, posteriormente aos versos e cânticos de agradecimento pelas jantas, faziam uma espécie de baile noturno, com bebidas e brincadeiras. E quando o mestre descreve que foliões lutavam a noite, inevitavelmente já se subentende que aqueles que mais festavam, eram os sujeitos que representavam os palhaços. Entretanto, torna-se difícil a reconstrução precisa destas práticas "extravasantes" pela escassez de informações.

Quando os foliões pousavam nas casas que forneciam os jantares, deveria ao menos um dos palhaços ficar ao lado da bandeira durante a noite, guardando-a. Tal atitude de proteção, a qual representa o lado sagrado do ritual, era mais comum, pois se acontecesse da bandeira sumir, por exemplo, o batalhão não teria mais sentido, ficando impedido de retomar à prática festiva. Entretanto, dificilmente uma bandeira como a de Folia de Reis iria sumir sem que alguém percebesse. Dessa forma, caso tamanha maldade fosse feita ou algum entrave no ritual viesse a ser provocado, era logo comparado ao rei Herodes. Na realidade, o *impedimento* ou *proibição da bandeira* seria uma desonra ao batalhão, em especial aos mestres e palhaços, os quais são testados por alguns moradores das casas visitadas. Ou seja, estes fazem alguns desafios que tem como objetivo perceber se os referidos membros da bandeira realmente são sábios, entendem da história dos três reis magos e de toda a tradição mitológica que a circunscreve.

Essas situações que os batalhões vivenciaram, e que ainda podem experienciar – mesmo que em menor medida pelo próprio desconhecimento que se tem sobre o ritual religioso dos Santos Reis entre moradores citadinos – são variadas.

Recordando as vivências com o mestre Zé Fernandes (José Valim), seu filho, o contramestre João Rodrigues Valim (2013),[37] fornece um belo exemplo de aprendizagem popular dentro da prática da folia de reis (PESSOA, 2008). Segundo esse folião, uma das casas que seu batalhão visitou em Assis tinha um senhor que gostava de tentar prender a bandeira, ele sempre dava um jeito de fazer alguma peripécia com os grupos, deixando seus integrantes desconcertados. Nesse sentido, João rememora que, depois que seu pai fez toda a cantoria, este senhor pediu que os músicos guardassem seus instrumentos no seu quarto, pois ele iria dar chá e bolacha para o grupo. Entretanto, enquanto eles comiam e bebiam, o senhor foi até o quarto e desafinou as violas. Quando o mestre voltou para pegá-las, logo percebeu esta armação e, dessa forma, teve que tomar uma atitude rápida. Nas palavras de João:

> [...] papai falou assim pra mim: "- você pega uma viola e eu pego a outra..." papai era um mestre da inteligência... ele ponhou uma viola em pé, e ponhou a outra aqui e fez uma cruz, aí começou a falar as palavras dele ali na viola... O homem desafinou todas as cordas e deixou uma, a principal, a torina... Daí papai foi batendo, batendo, afinou uma, afinou outra... pegou e falou pra mim: "- agora meu filho, parece que tá bem melhor do que tava... vamos chegar lá pra nós fazer a saída"... papai foi entrando na "areona" dele, papai deu uma batida na viola e o Jairo falou: "- ê Zé Fernandes, você é macaco velho hein"... Mas você sabe o que que o homem fez? ...Ele ponhou a bandeira de atravessado na porta... E quem que atravessa ali depois pra ir embora em outras casas? Daí papai piscou pros foliões fazer uma fila e tocar o velho pra fora da casa dele... foi o único jeito que nós... saímos... Ele chamou o papai: "- ô Zé Fernandes!". Papai pegou e falou pra ele: "- que lá Jorge, espera um pouquinho aí"... ele caiu na besteira de perguntar pro papai essa semelhança... com as violas... "- Que nome que você dá nisso?"... Papai falou: "- ah Jorge, isso aí é ação do rei Herodes, foi o rei Herodes que contrariou o nosso pai lá do céu e que levou ele a morte" (VALIM, 2013).

---

37 De acordo com João Rodrigues Valim (2013), ele só não cumpre efetivamente a função de mestre porque não pode tocar viola, devido a uma deficiência que tem em sua mão. Mas, como contramestre, acaba criando e recitando versos que são cantados pelo grupo e, além disso, entende do afinamento dos instrumentos. Em suas palavras: "eu não toco viola, não toco porque não posso mesmo, porque se eu pudesse, pelos dois professor que eu tive dentro de casa, Rafaela, eu acho que eu era um violeiro há muitos e muitos anos. Mas, eu sei a altura do mestre, eu sei a altura da companhia... se eu estou cantando de mestre, que um sai errado lá, a outra posição, eu já conheço a voz" (VALIM, 2013).

Além de revelar alguns costumes mantidos, como é o caso da proibição do grupo cruzar ou ultrapassar a posição da bandeira, a qual deve estar à frente dos foliões, esse relato de João mostra como se dá a aprendizagem popular entre as gerações de foliões, independente de o mestre ser seu pai, esse sujeito vai adquirindo respeito pelo grupo, principalmente pelas suas habilidades, suas "artes de fazer" e "artes de dizer" estabelecidas no contexto da celebração (CERTEAU, 2014). Sabe-se que a viola foi afinada devido às habilidades manuais e auditivas do folião, as quais se aliaram à reza e crença. Entretanto, quando o mestre diz que o imprevisto com a viola foi ocasionado pelo rei Herodes, por exemplo, ele está rememorando trechos da história que fundamenta a Folia de Reis e colocando-as em prática; ou seja, "[...] essas histórias "maravilhosas" oferecem ao seu público (ao bom entendedor, um cumprimento) um possível de táticas disponíveis no futuro" (CERTEAU, 2014, p. 80).

De fato, tais habilidades foram colocadas em prática no futuro. João Rodrigues Valim (2013), na sequência da história acima relatada, revela que seu mestre da inteligência não mais voltou naquela casa. Porém em 2012, o próprio João esteve lá e, agora, assumia a mesma posição de seu pai. Ao entrar na casa, o folião recorda que o senhor já começou a puxar as suas calças, provocando-o, querendo desconcentrá-lo. Mesmo assim, João deu início às cantorias conforme o ritual pede. Entretanto, ele aponta:

> [...] quando eu fui começar a segunda rodada de oferta, o Juventino que tava com a viola, e o meu sobrinho tava de contramestre comigo. Eles bateram a viola "assim ó"... tudo desafinada... falaram: "- Joãozinho do céu, as violas estão tudo desafinada!". Eu falei: "- Bate aí, vai batendo que eu tenho a altura do mestre na minha cabeça, pela minha altura vocês pegam a cantoria"... Daí assim fizemos, agradecemos a outra rodada e fomos saindo... enfileirei o batalhão, saímos tocando e cantando... Quando saímos da calçada dele, ponhamos o pé ali na rua, o Juventino bateu nas violas, tava afinadinha... Você vê que é um mistério isso... um mistério muito grande. (VALIM, 2013).

É recorrente nos discursos que narram os giros das bandeiras surgirem as palavras "mistério", "milagre", "provação", entre outros termos e expressões que demonstram que o grupo está sendo desafiado o tempo todo, pois afinal, ao saírem de suas casas para percorrerem os caminhos dos Santos Reis, representando-os e buscando adorar e "salvar" o menino Jesus das possíveis maldades do rei Herodes, os foliões também estão sendo perseguidos na medida em que são os conhecedores do lugar do recém-nascido, através da relação quase "metafísica" que possuem com os elementos anjo e estrela. Quando se fala destes caminhos, por exemplo, os palhaços também são testados. Caso alguém questione de onde o grupo vem e para onde ele vai, rapidamente precisam responder que eles saíram do Egito e estão indo para Belém (OLIVEIRA, 2013); ou seja, saíram do Oriente em busca do salvador.

Outro "mistério" que foi citado principalmente por foliões que conviveram com antigos mestres da Folia de Reis de Florínea é o caso das bandeiras não poderem cruzar umas com as outras durante o giro, pois isso ocasionaria uma grande disputa, onde quem fosse derrotado, perderia também a bandeira e o direito de dar continuidade a esta tradição popular. Quando acontece das bandeiras de Florínea cruzarem com um batalhão desconhecido, logo gritavam: "[...] Paz irmão! Paz irmão! [...] Nós não quer briga não! Paz irmão!" (MARIANO, 2013).

Nos depoimentos, o encontro de bandeiras não é muito bem explicado, visto que, os foliões entrevistados cresceram participando de uma celebração que já possuía dois batalhões. Essas bandeiras faziam percursos distintos pela região, caso se encontrassem, se fundiam num único grupo de Folia de Reis. Dessa maneira, se houve vivências sobre este real desencontro, foram com batalhões que não pertencem à Flor do Vale. Recorrendo mais uma vez às histórias que João Rodrigues Valim (2013) aprendeu com seu pai, tem-se uma ideia de como funcionavam tais disputas:

> [...] diz que era uma disputa feroz... quando encontrava dois batalhões... no caminho. Então a primeira disputa era entre os palhaços, aquele que vencesse o outro na luta, então tomava a farda, tomava facão, tomava máscara, tomava tudo... praticamente, com todo o respeito... ele ficava só de cueca. Daí então entrava na disputa os dois mestres... aquele que cantasse mais que o outro, levava a farda, levava a bandeira, levava tudo e, se fosse preciso, até brigar eles brigavam (VALIM, 2013).

Como relatado, a bandeira era o último elemento do ritual que era tomado, ou melhor, prendido pelo grupo oposto. Dessa forma, assim como acontece em algumas casas onde os moradores questionam a sabedoria e as habilidades dos foliões, ocorriam os desafios entre os distintos batalhões. Entretanto, como aponta João (2013), se fosse necessário brigar e lutar, os foliões o faziam, subentendendo, portanto, que nem sempre as habilidades do canto, do instrumental e da retórica eram elementos preponderantes nas disputas.

Para não dizer que não houve esse tipo de provação na história recente da Folia de Reis de Florínea, a bandeira 2 vivenciou um pequeno desafio iniciado por uma companhia de Santos Reis da cidade de Assis, onde dois palhaços deste batalhão insultaram um dos palhaços de Florínea, quando este estava descansando na rua à espera dos companheiros. Porém, além deste palhaço do batalhão da Flor do Vale ser esperto, era também forte para lutar, o que resultou no seu sucesso na disputa. Quando ameaçou de retirar as máscaras dos desafiadores, porém, o capitão impediu tal ato (VALIM, 2013). Segundo Alexandre Fabiano Neto (2014):

> [...] o intuito de tomar a bandeira, quer dizer, prender os três reis é porque... o Herodes não queria que eles fossem lá visitar... hoje, o erro é nosso também... eles falam de encontro de bandeiras, uma bandeira não pode encontrar com a outra, é tudo mito isso... mas aquele cara que vem... encontrar, vamos supor, com a de Florínea, se ele veio, ele veio na maldade, porque se ele tivesse na fé, ele não vinha tomar a bandeira... ele tava fazendo o que rei Herodes fez... Então hoje nós tínhamos que tomar mais cuidado com isso aí... só que a coisa ficou mais moderna, não tem como nós falarmos...

Alexandre era o capitão da bandeira na época em que ocorreu tal fato. Em seu depoimento, explica que a tentativa de prender uma bandeira é uma ação simbólica entre os grupos, pois está relacionada aos significados atribuídos ao principal elemento da festa. Nesse sentido, retomam-se os questionamentos sobre a representação dos palhaços e do próprio grupo de cantores, pois como esta má fé a qual se refere Alexandre pode ser provocada por um grupo que representa os três reis, ou seja, a bandeira? Estas ambiguidades presentes no festejo, sobretudo na já citada representação paradoxal dos palhaços (guardas do rei ou guardas convertidos do rei?), são alimentadas nos discursos, fazendo-se vivo no imaginário popular.

O próximo trecho do depoimento fornecido por um palhaço retoma os indícios sobre as possíveis representações destes elementos, possibilitando também, o entendimento do porque são os responsáveis por fazer os pedidos no ritual, sendo desafiados a desvendar mistérios em formato de brincadeiras, utilizando-se de sua retórica popular. De acordo com Aldo Vasconcelos Meira Filho (2013):

> Na história dos três reis, quando os palhaços foram visitar o menino Jesus, deram tudo o que tinham. Na hora de voltar, eles não tinham mais nada... Eles tiveram a ideia de pintar a cara e sair pedindo pra ver se conseguiam alguma coisa... Um pintou a cara de barro e os outros dois cantavam agrade-

cendo a Deus... Hoje o significado do palhaço é por causa disso. O palhaço é um protetor da bandeira, ele é um defensor... Onde a bandeira está sempre tem um palhaço junto. [...] O palhaço é o que mais conversa. Quem canta não conversa nada, só canta. O palhaço é responsável por fazer a chegada, conversar com o dono da casa... O palhaço vai e pergunta se o dono da casa aceita a bandeira... Se o dono da casa aceita a bandeira, ele e os cantadores fazem a chegada... Os palhaços têm que pedir a oferta, agradecer e convidar pra festa. Essa é a função do palhaço... O palhaço tem que declamar ao nosso senhor Jesus Cristo. Tem vários enfeites que o palhaço tem que desmanchar, é tipo uma brincadeira, é gostoso de fazer.

Mais uma vez, a utilização de máscaras ou fardas pelos palhaços é atribuída a uma estratégia de distração do rei Herodes, a qual possibilitou tanto a fuga do menino Deus quanto a não prisão destes guardas convertidos ou não de Herodes, pois também foram considerados por alguns como guardas dos próprios reis, quando não, os próprios. A última hipótese, porém, impossibilita entender o porquê do personagem retirar sua máscara quando se depara com a representação de Jesus. Mas, duas constatações são inquestionáveis, a primeira é de que eles podem ser guardas de Herodes ou tomar essa posição no ritual quando se tem a intenção de prender a bandeira de outro grupo. Já a segunda, é que o cenário destes personagens é a estrada, o giro. Isto é, eles provocam o entendimento de que são andarilhos e que esta condição foi responsável pela construção de artimanhas para sua sobrevivência. Nesse sentido, mostram "[...] seu bom "trabalho" em forma de dança, verso e adivinhações, e o "patrão" deve então pagar algo, além do donativo e o alimento possível" (BUENO, 2014, p. 206). E, como já foi dito, na Folia de Reis de Florínea, toda esta arrecadação será convertida em uma grande festa para o povo, a qual representará o encontro e adoração dos reis magos com Jesus e sua família.

Entre os distintos desafios e brincadeiras propostas pelos patrões, padrinhos e madrinhas nas Folias de Reis, os quais exigem artimanhas e trabalho dos palhaços, Davi Antônio Mariano (2013) revela que foram muitos os desafios que enfrentou cumprindo esta função. Um exemplo é dito pelo folião:

[...] o cara deu a oferta e falou assim: "- Ah! Esses palhaços são ruim"... quando ele falou... eu tomei um soco tão grande, que eu quase caí... aí eu virei assim pro companheiro e falei assim: "Ô meu, porque tá empurrando eu?"... ele falou: "Ô Davi, que você tá pensando que eu fiz pra você, eu não fiz nada não, olha a distância que eu tô de você"... aí na hora veio um tinido no meu ouvido... lembrei do cara (suspiro/emoção) que chamava Dino Marcelino, ele pegou e deu uma máscara pra mim e falou assim: "- Davi, essa é pro palhaço de Santo Reis não acabar, a bandeira de reis... então você leva essa máscara e fica com ela". Eu peguei e trouxe aquela máscara embora... E, então, ele veio... daí eu peguei... comecei a olhar pra tudo quanto é canto e lá no cantinho... tinha um farolete... fui lá, peguei e falei assim: "- Ô companheiro, você tá falando que nós não presta por causa disso aqui?" Ele falou assim: "É! O que que tem dentro aí?" Eu peguei e falei assim: "Ô... você ponhou aqui um dinheiro, umas moedas... pra dizer que é mirra... e o farolete tá imitando a estrela da guia"... Ele falou: "Pode tirar o dinheiro de dentro." Eu peguei, tirei o dinheiro, enfiei no bolso, eu ganhei... (MARIANO, 2013).

As provocações de alguns "patrões" às vezes eram tão acirradas que os palhaços acabavam recorrendo à memória de antigos mestres e foliões, a fim de conseguir força e sabedoria "do além" para fazerem um bom trabalho de acordo com os fundamentos da Folia de Reis. Quando Davi (2013) disse: "E, então, ele veio...", confirma sua rememoração imediata ao amigo que já faleceu, em um momento de dificuldade no giro. Esta emoção que se cria sobre a história de grandes mestres da sabedoria e crença nos feitos/mistérios cumpridos a partir de sua intervenção fortalecem, portanto, a identidade do grupo. O amigo de Davi pediu que ele não deixasse acabarem com os palhaços e a bandeira, portanto, ajudou-o em um momento que este folião tinha dificuldade em cumprir sua função.

Outro ponto interessante destacado no depoimento é que, quando o palhaço consegue cumprir o desafio, geralmente apresenta o resultado com um tom questionador e sarcástico. Por exemplo: "- Ô companheiro, você tá falando que nós não presta por causa disso aqui?" (*Ibidem*, 2013). Ocorre também deste personagem acabar "invertendo seu papel no desafio" quando, por exemplo, os patrões prometem fazer alguma brincadeira ou teste com eles, mas acabam esquecendo-se de cumprir tal proposta.

Além dos exemplos fornecidos pelo antigo palhaço, é interessante demonstrar as propostas dos proprietários das casas durante o giro. Florêncio Bavaresco Dias (2014), por exemplo, aponta que, uma das formas de desafiar os palhaços, é fazer desenhos de coração, estrela ou mesmo letras do alfabeto com giz ou rosas (que podem ficar sobre moedas). Assim, quando o palhaço se depara com eles, são obrigados a usar sua criatividade, "[...] o palhaço tem que falar, aí depois ele desmancha... no facão ele tira uma parte, aí o outro palhaço vem, faz outro verso, e tira mais uma parte... eles brincam..." (DIAS, 2014). A título de ilustração, a fotografia abaixo demonstra esse momento de brincadeira:

Figura 22: Giro da bandeira 1 na Água da Onça.
Água da Onça – Tarumã/SP (25/12/13). Autora: Rafaela Sales Goulart.

O coração que compõe esta brincadeira foi construído com pétalas de rosas, sob elas, havia algumas moedas que foram logo guardadas nas bolsas dos palhaços, depois de terem criado seus versos. Na imagem, apresentam-se quatro palhaços que formavam bandeira 1 neste dia, provavelmente tal número de guardiões da bandeira se deu por conta de estarem no dia da saída das bandeiras de Florínea, dia de natal. A criação dos versos, seja a partir de arranjos como o da imagem, ou até mesmo de alguns objetos ou imagens consideradas sagradas e representativas para os foliões, entretanto, nem sempre é improvisada. Ela pode surgir a partir do estudo e repetição do mesmo durante os rituais. O exemplo abaixo é uma transcrição feita por um palhaço da Folia de Reis de Florínea. Ao se acompanhar a leitura, verificam-se suas rimas e até certa musicalidade que ajuda no armazenamento dos versos, uma tática "[...] fundamental para a transmissão oral" (BUENO, 2014, p. 204).

Ao chegar no vosso lar,
Avistei a estrela guia,
Indicando onde está,
O nosso senhor Messias,
Viva o altar florido,
Montado sobre essa mesa,
Pra iluminar o presépio,
Quero ver a vela acesa,
Pedir aos anjos do céu,
Que escutem um instante,
Viemos saudar Jesus,
O nosso aniversariante.[38]

E é com essa perspectiva natalina presente no verso que se passa para a próxima etapa do ritual. O momento ápice do giro é o (re) encontro das bandeiras, o qual representa o momento em que os reis magos acharam o menino Jesus e puderam então adorá-lo.

2. 2. 5 Encontro das bandeiras e coroação de festeiros (as)

[...] Depois que se reuniram, logo em breve entraram,
no reinado do rei Herodes, no Palácio eles entraram.
Os três reis sem saber o que falar, eles se "achegaram"
e do menino Deus os três reis perguntaram.
Rei Herodes não sabia e também se admirou:
"- eu não vi, não conheço e ninguém me contou.
Se vocês achar o menino Deus, eu peço-lhe o favor,
pra vocês vir me contar onde vocês achou.
Quando vocês voltarem, visitar também eu vou".
Que o rei Herodes era inimigo, os três reis se desconfiou.
Se nós achar o menino Deus, não convêm nós lhe contar
que esse rei, ao contrário, é perseguidor desse lugar.
Os três reis se despediram, do palácio se "arretiraram".
Sem avistar a estrela, um dia eles viajaram.
Quando viram novamente a estrela estar,
na lapinha de Belém os três lá chegaram... (VALIM, 2013).

38　Fonte: Caderno de versos de Aldo Vasconcelos Meira Filho (manuscrito).

O trecho revela o segundo momento mais importante da poesia popular "Saudação ao Presépio". Ou seja, depois de terem se encontrado e decidido viajar em busca do menino Deus, os magos deparam-se com o rei Herodes e logo percebem suas más intenções com Jesus. É a partir dessa leitura que se criam a maioria dos ditos mistérios e provações que os batalhões de Folia de Reis de Florínea enfrentam durante o giro ou jornada de visitações, "desencontros" que são superados através da fé e da criatividade. Nesse sentido, o terceiro e último episódio do ritual é uma verdadeira festa de comemoração de quando os reis magos encontram o recém--nascido; isto é, quando as bandeiras de Folia de Reis se deparam com o presépio.

A festa final do dia 6 de janeiro é iniciada em Florínea logo pela manhã, no Parque de Tradições.[39] Há menos de 10 anos, celebra-se em frente ao presépio do Parque (ou na capela), uma missa católica que se inicia às 09:00 horas da manhã, tendo aproximadamente uma hora de duração. Já no barracão junto à cozinha, são servidos até as 10 horas da manhã, pães com carne moída. Realizada a missa, os garçons e garçonetes passam a fazer a entrega do almoço, cujo cardápio apresenta uma fartura de pratos como: carne bovina assada, carne suína e de frango fritas, arroz, feijão, macarrão com carne bovina moída, tutu de feijão e carne bovina cozida com batata. O almoço só é interrompido quando os foliões e voluntários da cozinha recebem o aviso de que as bandeiras de Folia de Reis já estão em posição de entrada no local, sendo aproximadamente às 14:00 horas, o horário que costumam cumprir esta missão que se estende por aproximadamente 3 horas. Passado esse momento, que é complementado pela coroação de novos festeiros (as), passam a servir a janta, dando a preferência para os foliões dos batalhões e depois para o público. Essa refeição, que repete os mesmos pratos do almoço, é estendida enquanto houver fome para se comer e ânimo para se servir. Mas, nem sempre o público fica usufruindo apenas da refeição oferecida gratuitamente na festa, o Parque também abriga barracas que comercializam bebidas, doces, brinquedos e lembrancinhas, além de comportar uma grande tenda com mesas, música e mais bebidas.

Antes de entrarem no Parque de Tradições, porém, os dois batalhões da Flor do Vale reúnem-se aproximadamente às 12 horas, na casa onde pousaram suas respectivas bandeiras desde a noite do dia 4 de janeiro. Assim como feito durante as visitas por outras casas, desde o dia 25 de dezembro, nesses locais são elaboradas mais orações, pedidos e agradecimentos através de falas e canções que sinalizam o caminho

---

39 Tanto a descrição do Parque de Tradições como as mudanças que este novo espaço trouxe à festa de reis serão discutidas no capítulo 3.

para o fim da jornada do ano. Feito isso, os batalhões saem dos pontos de pouso que se tornaram tradicionais depois que a festa passou a ser celebrada no Parque. Caminham enfileiradamente seguindo suas guias (bandeiras) até chegarem em uma esquina próxima ao local da festa (ver trajeto das bandeiras na Figura 32). Neste ponto, o batalhão que chega primeiro espera o outro e, a partir do momento que todos se apresentam, organizam novamente suas filas, um ao lado do outro, e andam rumo ao efetivo encontro que ocorrerá em frente ao presépio do Parque de Tradições.

Já na esquina de espera dos batalhões e durante todo o caminho percorrido até separarem-se novamente, os capitães costumam soltar fogos para alertar a população festiva que as bandeiras estão chegando. A fotografia abaixo ilustra o momento de chegada ao Parque:

Figura 23: Batalhões de Folia de Reis de Florínea.
Florínea/SP (06/01/15). Autora: Rafaela Sales Goulart.

Ao entrarem no Parque de Tradições, os foliões continuam andando por uma trilha ladrilhada com pedras e cercada de barracas de comidas, bebidas, brinquedos e lembrancinhas. No fim desse caminho, uma encruzilhada delimita dois rumos diferentes pelos quais as bandeiras deverão passar separadamente. Estes caminhos isolados por linhas com bandeirinhas ou fitas possibilitam a distinção entre os foliões de Florínea e o público festivo que se apresenta variado em termos de idade e gênero. O público que circunscreve os foliões representa interesse tanto nos cânticos dos músicos quanto nas performances jocosas dos palhaços. Em agradecimento ao grupo como um todo ou por querer ver mais performances dos palhaços, as pessoas arremessam moedas aos últimos, ou mesmo trocam estas moedas por um pedaço de fita que eles carregam em suas bolsas ou presas em suas espadas. O ato de troca, por exemplo, é realizado pois se acredita na sacralidade daquilo que o grupo carrega. Assim, ligadas ao grupo de Santos Reis, as fitas se tornam amuletos para proteção dos fiéis. Nesse mesmo sentido de contato direto com o sagrado, também são feitos pedidos para se tocar e beijar as bandeiras ou para se tirar fotografias com os foliões.

A próxima imagem demonstra as brincadeiras dos palhaços, as quais estão sendo fotografadas pelo público festivo. Além dessa observação, nota-se que um dos palhaços está trocando fitas por moedas.

Figura 24: Palhaços da Folia de Reis de Florínea.
Florínea/SP (06/01/14). Autora: Rafaela Sales Goulart.

Cada um dos corredores pelos quais as bandeiras de Florínea percorrem antes do efetivo encontro das bandeiras é coberto por seis arcos feitos com bandeiras de papel e, no final deles, em frente ao presépio, há mais um arco onde os grupos devem cantar juntos. Totalizando treze, estes arcos servem para nortear os mestres a cantarem versos específicos sobre a narrativa bíblica referente a toda a história que leva ao nascimento de Jesus e o posterior encontro dos magos com ele. De acordo com Amado Jesus da Silva (2013), cada grupo

> [...] entra no seu arco... um abre a cantoria e o outro responde entrosando os versos do nascimento do menino Deus até chegar e encontrar com o rei e a rainha. Depois que chega lá, que encontra e que canta, vamos pro altar pra rezar o terço.

E por falar em terço, estas cantorias nos arcos são comparadas com um rosário de versos (FABIANO NETO, 2014). Seguem abaixo duas imagens que demonstram, respectivamente, os corredores decorados com arcos e a gruta/presépio onde os festeiros aguardam os demais foliões.

Figura 25: Festeiros esperando os batalhões de Folia de Reis de Florínea na gruta. Florínea/SP (06/01/15). Autora: Rafaela Sales Goulart.

Sentidos da Folia de Reis 133

Figura 26: Chegada dos foliões na gruta e presépio do Parque de Tradições. Florínea/SP (06/01/13). Autora: Rafaela Sales Goulart.

A segunda imagem (Figura 26) explicita uma terceira bandeira utilizada na Folia de Reis de Florínea. Ela representa a sagrada família – Jesus, José e Maria – em uma manjedoura e, neste momento do ritual, nas mãos do rei e da rainha (os festeiros), articula-se a importância destes sujeitos na celebração. Ou seja, simboliza uma espécie de ligação que os festeiros fornecem entre o real e a crença que fundamenta esta manifestação religiosa. Dessa forma, esta festa que antes era essencialmente organizada por eles, é agora, uma espécie de agradecimento a todos os foliões devotos de Santos Reis, que giraram pela região cumprindo sua missão de reconstituírem os caminhos dos magos em direção e em função de salvar o menino Jesus e que, cumprindo tal, foram santificados.

Este momento de encontro é interessante porque revela dentro da tradição oral da Folia de Reis, principalmente com a repetição dos ditos 25 versos da Saudação ao Presépio, quem são os magos. Embora o grupo de Florínea não represente o auto popular com personagens que caracterizam os reis e seus presentes, na Saudação ao Presépio eles são identificados como "Gaspar, Belquior e Baltazar", os quais vieram do Oriente especialmente para adorar Jesus com "incenso, mirra e ouro". Nesse sentido, a simbologia dos presentes é um ponto importante, pois demonstra, segundo o padre Sergio Henrique da Silva (2016), uma troca de dons que explica todo o contexto da manifestação popular dos Santos Reis. Em suas palavras, os reis ou magos:

> [...] levam o ouro... e oferecendo o ouro pra Jesus, está manifestando que Jesus de fato é rei, o verdadeiro rei. Eles levam pra Jesus o incenso... um meio de adoração à divindade, então oferecer incenso, estava adorando a divindade, o ser supremo, o divino... está dizendo: "de fato esse menino é Deus". E a mirra, a mirra era... usada para ungir as pessoas quando morriam... Jesus mesmo depois de morto foi colocado em aloés, ungido com esse óleo e envolto em faixa para sepultar, então oferecendo a mirra pra Jesus, eles estão dizendo assim: "esse menino de fato é humano também, ele vai morrer, ele vai precisar ser embalsamado, ser ungido com óleo, porque ele também é humano". Então essa é a grande manifestação, o menino que nasceu ele é rei verdadeiro... ele é Deus, é divino e... ele também é humano...

Ainda de acordo com o padre Sergio, esse princípio teológico da natureza de Deus a partir dos presentes dos magos a Jesus se repete nas andanças do grupo no giro de visitações, logo que, ao chegarem às casas, os foliões estão simbolicamente entregando estes elementos aos proprietários e, em troca, ganham prendas. Assim, essa troca de dons se repete na medida em que as prendas convertidas em refeição no dia da festa, também serão gratuitamente distribuídas para aqueles que compartilharam.

Nesta lógica heróica, revelada em mistérios e desafios, os foliões demonstram que os reis magos foram santificados porque sabiam de toda a trajetória de Jesus, desde que ele encarnou no ventre de Maria até seu nascimento em um local onde Jesus pudesse estar protegido das perseguições de Herodes. Vale dizer que, depois de cantarem versos improvisados e cheios de emoção sobre o encontro com Jesus, os palhaços levantam suas espadas com gritos de felicidade (Figura 26) e, depois disso, um dos mestres pega um microfone e saúda o momento com as seguintes palavras:

Santo vale das colinas da Galiléia Meridional,
cidade de Nazaré que nasceu o pai celestial,
Jesus, José e Maria que herda a sua descendência,
cidade de Nazaré que foi a sua residência,
25 de março que Jesus se encarnou,
por obra o espírito santo, pai eterno quem mandou,
25 de dezembro que Jesus se revelou,
do ventre da virgem Maria Jesus Cristo desencarnou,
24 de dezembro da meia noite pro dia,
nasceu o menino Deus filho da virgem Maria,
bateu asa, cantou galo, todos viveiros se alegraro,
pela vaca e o carneiro os três manifestaro,
de um anjo que anunciava ...
foi nessa virtucura que nasceu o salvador,
nasceu o salvador deitado numa manjedoura,
para ser o rei do mundo com sua alma salvadora,
de glória o espaço celeste, dos anjos foi adorado,
os grupo por companheiro são todos abençoado,
25 de dezembro os três reis...,
25 de dezembro que Jesus Cristo foi nascido.
No 6 de janeiro ele foi reconhecido,
pelos três reis do Oriente, que eram três reis tão querido.
Reconheceram e lhe deram o que lhe tinham prometido.
Os três reis quando souberam que o menino Deus "havia",
os três reis saíram de viagem, com a estrela em sua guia.
Os três reis viajaram saindo do Oriente,
pra visitar o menino Deus e dar o vosso presente.
Foi no velho testamento que os três reis estudaram,
na promessa de Messias na escritura encontraram...
25 de dezembro que os três reis se alertaram,
que Jesus era nascido, os três reis desconfiaram.
A estrela do oriente, pelo espaço eles enxergaram,
veio um anjo e avisou, sua viagem destinaram.
Era meio-dia em ponto, os três reis viajaram,
despediram das suas esposas, seus filhinhos abençoaram,
despediram e saíram chorando, aquela estrela acompanharam.
Chamaram seus ordenaças, para seus guardas levaram.
Numa bela encruzilhada, os três reis lá se encontraram,

todos os três com a mesma ideia, ali junto combinaram.
Depois que se reuniram, logo em breve entraram,
no reinado do rei Herodes, no Palácio eles entraram.
Os três reis sem saber o que falar, eles se "achegaram"
e do menino Deus os três reis perguntaram.
Rei Herodes não sabia e também se admirou:
"- eu não vi, não conheço e ninguém me contou.
Se vocês achar o menino Deus, eu peço-lhe o favor,
pra vocês vir me contar onde vocês achou.
Quando vocês voltarem, visitar também eu vou".
Que o rei Herodes era inimigo, os três reis se desconfiou.
Se nós achar o menino Deus, não convêm nós lhe contar
que esse rei, ao contrário, é perseguidor desse lugar.
Os três reis se despediram, do palácio se "arretiraram".
Sem avistar a estrela, um dia eles viajaram.
Quando viram novamente a estrela estar,
na lapinha de Belém os três lá chegaram.
São José com Nossa Senhora os três reis foram encontrar,
com sua mãozinha mole também vão ficar,
a cabana era pequena não cabia todo os três,
fizeram sua adoração, cada um por sua vez,
a virgem lhe perguntou seu nome natural,
o primeiro respondeu: o meu nome é Gaspar,
o segundo Belquior, o terceiro Baltazar,
pegaram os seus presentes e pra Jesus foi entregar,
o primeiro levou incenso pro seu trono incensar,
o segundo levou mirra por saber que era mortar,
o terceiro levou ouro porque ouro só eles que dá,
veio o anjo São Gabriel somente pra lhe avisar,
que já corria perigo, que precisava se arretirar,
a virgem montou numa jumenta pra seu filho carregar,
São José saiu puxando e para o Egito foi levar (VALIM, 2013).

Declamada essa primeira Saudação ao Presépio, também conhecida como "25 versos sagrados",[40] todos os presentes na festa batem palmas. Em seguida, ao som dos instrumentos dos músicos, todos os foliões se organizam sob a gruta, em frente

---

40   Nas palavras de seu declamador, João Rodrigues Valim (2013), os 25 versos totalizam, na verdade, 50. Entretanto, como se percebe, eles ultrapassam ambos os números.

ao presépio. Nesse sentido, os bandeireiros ficam em frente ao presépio e, em meio às bandeiras dos batalhões, ficam os festeiros. Já os demais músicos ocupam todo o restante do espaço da gruta, devendo os palhaços se ajoelhar e retirar suas máscaras neste momento. Este ato, como já apontado, indica que, mesmo estes personagens representando os guardiões da bandeira e, portanto, de Jesus, não o viram na manjedoura. Isto é, quem viu Jesus e o adorou foram apenas os magos, não os guardas. Entretanto, como personagens que incorporam uma espécie de dupla personalidade, os palhaços, nesse momento, demonstram uma conversão em frente à imagem de Jesus, fazendo preces conforme a imagem:

Figura 27: Palhaços oram frente ao presépio.
Observação: O palhaço em pé, segurando a bandeira e com a coroa na cabeça, também era festeiro naquela ocasião. Florínea/SP (06/01/2014). Autora: Rafaela Sales Goulart.

Passada essa etapa de preces e agradecimentos, que é complementada pelos demais integrantes dos batalhões, todos retomam suas devidas posições na gruta e, assim, os mestres iniciam alguns versos que demonstram a saudação: "Já saudei esse presépio (ai), com as palavras verdadeira (ai ô)...". Além disso, elaboram versos de agradecimento aos festeiros, às bandeiras, aos batalhões, à missão terminada, pedem perdão e indicam um dos palhaços para falar. Este por sua vez, expressa mais agradecimentos em nome de todo o grupo. Em suas palavras:

> Viva aos três reis do oriente (viva!).
> Viva os dois batalhão (viva!).
> Viva a nossa bonita união (viva!).
> Viva a todos que são cristão (viva!).
> Viva os nossos dois capitão (viva!).
> Viva ao nosso gerente (viva!).
> Viva a nossa Comissão (viva!).
> Viva a todos que aqui estão (viva!).
> E viva eu e os dois irmão (viva!)...
> Mas, antes de encerrar eu queria chamar o festeiro pra gente ter uma conversa, eu e o meu irmão:
> "- A licença festeiro, pode ficar do nosso lado?" (OLIVEIRA, 2014).

Ao dizer sim, os festeiros ficam ao lado dos palhaços. Outro palhaço agradece estes representantes com singelas palavras, pedindo que o "Bastião" mais uma vez retome sua fala, agora porém, para saudar novamente o presépio com os ditos 25 versos. Nesta lógica, o palhaço passa novamente a ser comparado com os magos.

Terminada essa sequência de falas, os músicos retomam seus acordes instrumentais e, com um ritmo mais agitado, entoam mais versos que são cantados por todo o grupo. Eles aparentam mais alegria na sonoridade, como se tivessem realmente agradecidos pela missão cumprida. As músicas, por sua vez, são encerradas com gritos de vivas, muitas palmas e barulhos de rojões, os últimos oferecendo-se como guias que sinalizam não só a chegada das bandeiras no Parque de Tradições, como também indicando seu encontro no presépio. Aliás, esse ato de encerrar as festividades com rojões é indicado por Mário de Andrade (1963, p. 37) como costume, um tanto quanto urbano, de mais celebrações religiosas católicas. De acordo com o autor, persiste aí "[...] o princípio de exorcização dos demônios por meio da percussão mortificadora" (*Ibidem*, p.37).

E para que o ritual de encontro das bandeiras seja de fato encerrado, é rezado um terço em que, não necessariamente precisam ficar todos os foliões. Entretanto, ao término deste, todos devem estar de volta à gruta, pois precisam acompanhar os festeiros até o barracão onde são servidas as refeições. Na imagem abaixo, averígua-se como estes elementos são recebidos no local:

Sentidos da Folia de Reis 139

Figura 28: Entrada dos festeiros no barracão do Parque de Tradições.
Florínea/SP (06/01/13). Autora: Rafaela Sales Goulart.

Passado este momento, inicia-se a coroação dos novos festeiros do ano. Esse ritual de retirada de coroas, e nova coroação é feita pelos palhaços, os quais aparentam não saber quem são os novos festeiros, fazendo uma espécie de brincadeira entre o público, ameaçando coroar sujeitos diferentes. Entretanto, ao final, como se tivessem recebido um sinal divino, realizam esta etapa final do ritual religioso da Folia de Reis de Florínea. De acordo com Jadir de Morais Pessoa (2007):

> A passagem da coroa é, na maioria das Folias de Reis, o ritual mais solene e final de todo o giro, a cada ano. É o momento em que, depois de todos os acordos feitos quanto a quem será o próximo festeiro, a folia canta coroando-o. É uma espécie de confirmação pública, da aceitação, primeiro dos foliões, depois, de toda a comunidade dos fiéis, quanto à família que organizará a festa do ano seguinte.

Como apontado, no momento de coroação são publicados os nomes dos novos festeiros (as), os quais, de antemão já foram decididos e notificados pelo grupo Flor do Vale. Nesse sentido, na Folia de Reis de Florínea não é surpresa para os foliões esta tomada de decisão e notificação pública na festa. É válido ressaltar que, se mais de uma família de festeiros (as) anunciarem seus interesses ao grupo, este se norteia através de uma lista de espera. Assim, durante o decorrer dos anos, são retomados os contatos para saber dos interesses dos envolvidos. Além disso, com a criação da Comissão de festas de Florínea, a qual se deu praticamente junto à ocupação de um novo espaço para a festa na cidade, os festeiros coroados não são mais os principais responsáveis por organizar a festa que é realizada no dia 6 de janeiro, dia de Santos Reis. Aliás, este dia recentemente passou a ser feriado municipal em Florínea, indicando que, tanto os foliões, quanto membros do poder público continuam manifestando interesses pela cultura da Folia de Reis na cidade, fortalecendo sua identidade para além dela.

CAPÍTULO 3

SENTIDOS DA FOLIA DE REIS DE FLORÍNEA (SP): memória, identidade e patrimônio (1993-2013)

3. 1 Do campo à cidade: introdução à consciência social do patrimônio

A consciência social do patrimônio é resultante da história do lugar onde ele se insere. Ao reconstruir as memórias da Folia de Reis de Florínea, notou-se que as principais ressignificações atribuídas à celebração popular deram-se em conjunto a momentos específicos da história da cidade, que ainda é pouco desenvolvida em termos econômicos e populacionais, mantendo traços de uma identidade rural nas suas práticas e representações cotidianas. Estes fatores específicos que auxiliam a análise da concretude histórica do local, contribuem também para o entendimento de noções, conceitos e práticas que neles se criam, tomando novos sentidos junto a uma esfera global. Do mesmo modo, a compreensão sobre o termo patrimônio é entendida junto à ideia de que "[...] cada lugar é o centro de uma mistura distinta das relações sociais mais amplas com as mais locais" (MASSEY, 2000, p. 185).

Em *A Alegoria do Patrimônio*, Françoise Choay (2006) apresenta logo na introdução do livro que a palavra patrimônio está ligada originalmente "[...] às estruturas familiares, econômicas e jurídicas de uma sociedade estável, enraizada no espaço e no tempo" (*Ibidem*, p. 11); ou seja, os patrimônios seriam heranças passadas de pais para filhos, de geração em geração. Já o termo patrimônio histórico:

> [...] designa um bem destinado ao usufruto de uma comunidade que se ampliou a dimensões planetárias, constituído pela acumulação contínua de uma diversidade de objetos que se congregam por seu passado comum: obras primas das belas artes e das artes aplicadas, trabalhos e produtos de todos os saberes e *savoir-faire* dos seres humanos. (*Ibidem*, p. 11).

Ligado a ideia de monumento, o qual é entendido como um suporte de memória coletiva que invoca a recordação do passado que se tornou comum à determinada sociedade (LE GOFF, 2003, p. 526), a noção ocidental de patrimônio histórico esteve muito tempo atrelada às ditas obras primas das belas artes e edificações que funcionavam como espelhos para rememoração de uma história apropriada. Na construção dos Estados Nacionais que se apresentavam junto às remodelações das paisagens urbanas, como partes de uma tradição inventada, os monumentos representavam "[...] o contraste entre as constantes mudanças e inovações do mundo moderno e a tentativa de estruturar de maneira imutável e invariável ao mesmo alguns aspectos da vida social" (HOBSBAWN, 1997, p. 10). Neste sentido, além das edificações, também foram comuns as invenções de símbolos como bandeiras e hinos nacionais, bem como a criação de calendários oficiais que ritualizam através de celebrações, momentos e personagens da história nacional, incitando e naturalizando o sentimento nacionalista nas memórias sociais. Entretanto, o delineamento desses perfis histórico-ideológicos acaba por enquadrar as memórias, silenciando aquilo que Françoise Choay chamou de "trabalhos e produtos de todos os saberes". Ou seja, embora o enquadramento da memória seja estratégia de coesão interna e defesa das fronteiras daquilo que um grupo tem em comum (POLLAK, 1989, p. 9), nos casos dos Estados de uma dita Nação,[1] a criação de uma história oficial transforma toda uma variedade social e identitária em algo homogêneo. Nesse sentido, as ditas minorias étnicas com seu arsenal patrimonial de práticas e saberes acabam sendo deixadas de lado, diante da imposição dos bens e valores de uma elite.

No caso do Brasil, a criação do Instituto de Histórico e Geográfico Brasileiro (IHGB) e Arquivo Nacional em 1838, exemplifica o que foi dito. Como lugares de memória e campos de letrados, delimitaram historiografias com perfil histórico e identitário ao recém-implantado Estado Nacional. De acordo com José Ricardo Oriá Fernandes (2010, p. 6), o Instituto Histórico e Geográfico Brasileiro pode, portanto, ser considerado precursor da política patrimonial do país, logo que "[...] através do ensino, a História Oficial celebrativa foi aprendida por gerações sucessivas ao mesmo tempo em que inspirou, posteriormente, a composição do universo do que viria ser chamado Patrimônio Histórico e Artístico Nacional". Entretanto, o mesmo autor afirma que datam da década de 1930, as ações mais consistentes com relação à preservação da memória nacional que, através do então ministro da Educação e Saúde do governo estadonovista de Getúlio Vargas, Gustavo Capanema, incumbiu

---

1   No livro *Reis negros no Brasil escravista: história da festa de coroação de Rei do Congo*, a historiadora Marina de Mello e Souza (2002. p. 139-143) explica que o termo "nação" foi imposto pelo colonizador escravista para identificar grupos de africanos originários de uma mesma região da África e com costumes parecidos, quando eram forçadamente inseridos em outro lugar, com costumes diferentes. Dentro desta concepção, o termo é visto como uma afirmação do colonizador sobre seus dominados.

a Mario de Andrade a tarefa de elaborar um anteprojeto de lei visando à preservação do patrimônio brasileiro. Tal projeto criado em 1936, que almejava a guarda de manifestações artísticas e populares, sofreu injunções políticas, sendo aproveitado somente parte dele no Decreto-Lei nº 25, de 30 de novembro de 1937, de Rodrigo Melo Franco de Andrade.

Assim, embora a Constituição Federal brasileira de 1937 preconizasse a proteção do patrimônio tendo como ponto de partida o trabalho do então Serviço do Patrimônio Histórico e Artístico Nacional (SPHAN), visando identificar como patrimônio os "bens móveis e imóveis", por sua vez, vinculados "a fatos memoráveis da história do Brasil, quer por seu excepcional valor arqueológico ou etnográfico, bibliográfico ou artístico" (BRASIL, 1937) que deveriam ser registrados em Livros de Tombo,[2] o que de fato ocorreu, pela própria razão de um projeto nacional que ressaltava edificações e elites de uma época, foi a valorização dos ditos bens móveis. Entre 1930 e 1940, por exemplo, houve no Brasil o tombamento de grandes obras do barroco, como igrejas, palácios, chafarizes e conjuntos urbanos (FONSECA, 2005, p. 21). Aliás, já em 1933, o Decreto Nº 22.928, elevou Ouro Preto à categoria de monumento nacional (CORÁ, 2014, p. 1095).

De acordo com Maria Cecília Londres Fonseca (2005), foi durante a década de 1970 que se deslancharam ações políticas importantes no Brasil com relação ao patrimônio cultural; o que, por sua vez, retomava ideias do anteprojeto de Mário de Andrade, de 1936. A criação do Centro Nacional de Referência Cultural (CNRC) por Aloísio Magalhães em 1975, a transformação da Campanha em Instituto Nacional do Folclore, vinculado à Fundação Nacional de Arte (Funarte) em 1976 e, em 1979, a criação da Fundação Nacional Pró-Memória, responsável por implementar a política de preservação da então Secretaria do Patrimônio Histórico e Artístico Nacional, incorporando-a ao Programa de Cidades Históricas (PCH) e o Centro Nacional de Referência Cultural, por exemplo, foram medidas que contribuíram com o progresso da concepção legal da noção de patrimônio.

Disposta de maneira mais abrangente na Constituição Federal de 1988, a legislação aliou ao Estado, a participação da sociedade no reconhecimento e preservação dos patrimônios culturais (FONSECA, 2005). Definidos como bens de natureza material

---

2 Consultar definições de Patrimônio e Tombamento/Livros de Tombo, respectivamente, nos Art. 1º, Capítulo I e Art. 4º, Capítulo II, vide: Decreto-Lei nº 25, de 30 de novembro de 1937. Disponível em: http://www.planalto.gov.br/ccivil_03/Decreto-Lei/Del0025.htm. Acesso: 12 abr. 2017.

e imaterial,[3] eles podem ser "tomados individualmente ou em conjunto, portadores de referência à identidade, à ação, à memória dos diferentes grupos formadores da sociedade brasileira" (BRASIL, 1988). Nesse sentido, a noção de referência cultural que se apresenta na Constituição brasileira é interessante porque desloca o foco de atenção dos bens culturais para os sujeitos responsáveis por dar sentido a estes patrimônios materiais ou imateriais, atribuindo-lhes valores que são historicamente produzidos nos lugares e espaços de atuação de tais sujeitos (FONSECA, 2001, p. 112).

No campo do patrimônio cultural imaterial, todavia, embora houvesse uma preocupação legal em incluir a cultura popular ao que até então se concebia como cultura nacional, as políticas culturais ainda precisavam ser colocadas em prática, saindo do plano jurídico e fazendo, de fato, sentido às comunidades. Desse modo, considerado um marco das políticas culturais de natureza imaterial, o Decreto Nº 3.551, em 4 de agosto de 2000, institui tanto o Registro de Bens Culturais de Natureza Imaterial, o qual se faz a partir dos Livros de Saberes, Celebrações, Formas de Expressão e Lugares, quanto o Programa Nacional de Patrimônio Imaterial, o qual aponta uma política específica de inventário, referenciamento e valorização do patrimônio a ser registrado. Para provocar o processo de registro dos bens, inclusive, o Art. 2º dessa legislação diz que são partes legítimas para a implementação de tais políticas, os seguintes órgãos: "I - o Ministro de Estado da Cultura; II - instituições vinculadas ao Ministério da Cultura; III - Secretarias de Estado, de Município e do Distrito Federal; IV - sociedades ou associações civis" (BRASIL, 2000).

No plano internacional, o documento resultante da "Convenção para a salvaguarda do patrimônio cultural imaterial",[4] que ocorreu em Paris/França no dia 17 de outubro de 2003, define patrimônio histórico imaterial como:

> [...] práticas, representações, expressões, conhecimentos e técnicas – junto com os instrumentos, objetos, artefatos e lugares culturais que lhes são associados – que as comunidades, os grupos e, em alguns casos, os indivíduos reconhecem como parte integrante de seu patrimônio cultural. Este patrimônio cultural imaterial, que se transmite de geração em geração, é constantemente recriado pelas comunidades e grupos em função de seu ambiente, de sua interação com a natureza e de sua história, gerando um sentimento de

---

3   Ver Art. 216 da Constituição Federal de 1988 em: http://www.planalto.gov.br/ccivil_03/Constituicao/Constituicao.htm. Acesso: 12 abr. 2017.

4   Consultar: UNESCO – Convenção para a salvaguarda do património cultural imaterial, de 17 de outubro de 2003. Disponível em: http://www.unesco.org/culture/ich/doc/src/00009-PT-Portugal-PDF.pdf. Acesso: 12 abr. 2017.

identidade e continuidade e contribuindo assim para promover o respeito à diversidade cultural e à criatividade humana (UNESCO, 2003).

Essa definição, defendida também pelo IPHAN, demonstra que patrimônio imaterial são criações culturais de caráter dinâmico e processual, fundamentadas nas tradições que expressam a identidade cultural e social de um determinado grupo. São práticas constantemente reiteradas, transformadas e atualizadas que vinculam o presente com o passado.

A Folia de Reis entendida como um bem cultural de natureza imaterial, encaixar-se-ia em uma das categorias atribuídas pela legislação federal supracitada: o Livro de Celebrações. As celebrações onde se inscrevem "rituais e festas que marcam a vivência coletiva do trabalho, da religiosidade, do entretenimento e de outras práticas da vida social" (BRASIL, 2000), são ocasiões de sociabilidade que produzem sentidos de acordo com cada região e lugar. Essas práticas são complexas e envolvem regras específicas de vestuário, ornamentos, símbolos, objetos, músicas, orações e danças, e são parte da memória coletiva de grupos que compartilham de um passado e uma identidade social comum.

Dessa forma, não há dúvida que a Folia de Reis é um patrimônio que faz sentido entre os foliões de Florínea, os quais consolidaram uma entidade social intitulada como Comissão em 1990 e Associação em 2013. Esta mudança de espaço do grupo mostra a necessidade dos seus produtores em criarem estratégias de adaptação da celebração ao cotidiano da cidade, enquadrando-se em condições estabelecidas neste lugar social que possui relações com políticas públicas advindas das esferas estadual e federal. Entretanto, quem, como e porque se construiu (ou tenta-se construir) uma consciência social sobre este patrimônio e no que isso relaciona-se aos novos sentidos da celebração na cidade?

Atentando para a temporalidade da Folia de Reis de Florínea na memória social, a qual caminha junto ao desenvolvimento da história do lugar em que ela se insere, o esquema abaixo retoma algumas informações e reflexões dos capítulos anteriores, bem como fornece dados que serão trabalhados no decorrer desse capítulo.[5]

---

5   Vale dizer que as datas, sobretudo anteriores à década de 1990, foram mencionadas no esquema de acordo com as informações obtidas nas entrevistas com os 21 foliões, remetendo assim, ao imaginário do grupo pesquisado.

Tabela 3: Temporalidade da Folia de Reis de Florínea/SP na memória social.

Até que a Folia de Reis conquistasse seu lugar na cidade de Florínea, muito do seu ritual foi aprimorado. O giro de visitações, como já assinalado, passou por um processo de modernização quando facilitado com os transportes (caminhonetes, caminhões) cedidos, primeiramente, por foliões de mais poder aquisitivo e depois pela prefeitura municipal (ônibus), fatores que possibilitaram mais visitações, gerando tanto o aumento de prendas arrecadadas, como da popularidade da festa pela região de Florínea. Mesmo que o ritmo da cidade seja mais acelerado no sentido de que o tempo no trabalho é contado, o que tornaria inviável a saída de foliões não aposentados nos giros pela região, houve também uma flexibilização por parte da prefeitura que passou a dispensar os foliões do funcionalismo público, para que estes cumprissem suas tarefas durante todo o tempo da Folia de Reis, afinal, estas também são formas de trabalho que trazem benefícios à cidade.

Foi a partir de 1990, entretanto, que o grupo passou a documentar assuntos relativos à própria Comissão organizadora das festas que, mediante a aliança com o poder político e elitista local, conseguem um lugar em Florínea para a Folia de Reis. Esse lugar, nomeado pela prefeitura como de Parque de Tradições, não só fornece espaço efetivo para a realização anual das festas na cidade, como também instiga uma espécie de identidade patrimonial junto ao bem cultural para a comunidade florinense.

Como lugar onde foram desenvolvidas características específicas relacionadas à celebração da Folia de Reis, enquadrar-se-ia também ao Livro de Registros de

Lugares, outra categoria dos bens culturais de natureza imaterial. Nesses lugares – "mercados, feiras, santuários, praças e demais espaços onde se concentram e reproduzem práticas culturais coletivas" (BRASIL, 2000) – ocorrem práticas simbólicas e modos de apropriação. Os locais, assim como as próprias celebrações em si, adquirem uma nova atribuição, um novo recorte social, uma vez que são espaços onde se manifestam modos dinâmicos de cultura.

Vale observar que a própria cidade é formada por lugares sociais que, entre regras e normas, ensinam princípios e deveres aos cidadãos. Assim, as práticas sociais acabam sendo institucionalizadas; ou seja, a escola passa a ser lugar de educação, a igreja de religião, a prefeitura e câmara de vereadores de política e, no caso de Florínea, o Parque de Tradições vira lugar de cultura e, como o próprio nome diz, de tradições. Há uma modernização do *modus vivendi* da população, fazendo com que aqueles que testemunharam antigos costumes da Folia de Reis passem a aceitar o novo e, ao mesmo tempo, utilizar-se dele para fazer com que sua identidade seja reconhecida e, portanto, fortalecida dentro do universo citadino.

Sobre a institucionalização dos espaços sociais, pode-se recorrer às reflexões de Michel Foucault (1979, p. 12), quando este filósofo formulou a ideia de sociedade disciplinar, a qual teria nascido no século XVIII, atingindo seu ponto máximo no século XX. Grosso modo, essa sociedade passa a ser organizada em lugares e espaços modernos como a escola, o presídio, ou mesmo a família e uma festa, onde os indivíduos dispostos de maneira classificatória, hierarquizada e controlada, tanto fisicamente quanto temporalmente, produzem relações de saber e poder que são identificadas nos gestos, atitudes, comportamentos, hábitos e discursos.[6]

Não diferente dessa concepção, a remodelação do espaço da Folia de Reis quando atingido o contexto urbano de Florínea, refletiu-se nos discursos proferidos pelos foliões, sobre os comportamentos sociais antes praticados no campo, tanto no momento do giro das bandeiras quanto na festa final de Santos Reis. No primeiro caso, destacam-se o envolvimento dos foliões com bebidas alcóolicas e a realização de brincadeiras diversas nos pontos de pouso, práticas que acabaram sendo consideradas como desrespeito. De acordo com o capitão Amado (2013), atualmente, caso

---

6   No artigo *Invenções e resistências na mista sociedade disciplinar e sociedade de controle: o caso do "Festival da Cultura Paulista Tradicional"*, apresento reflexões sobre tais ressignificações dos espaços sociais, através da análise do "Festival da Cultura Paulista Tradicional", realizado no Estado de São Paulo. Consultar: GOULART, Rafaela Sales. Invenções e resistências na mista *sociedade disciplinar* e *sociedade de controle*: o caso do "Festival da Cultura Paulista Tradicional". *Revista Semina*, Passo Fundo-RS, v.13, n.1, p. 252-260, 2014.

alguém seja encontrado embriagado durante o ritual, pode ser penalizado, tendo sua farda (lenço) guardada por um tempo. Ainda que tenham surgido depoimentos que assumem que a "[...] bandeira de reis é um lugar que tem muita bebida" (VALIM, 2013), subentendendo a continuidade deste "mal" ou a violação da regra por alguns integrantes, na cidade, houve uma "disciplinarização" da festa (FOUCAULT, 1979). Além disso, a lembrança das diversões vivenciadas ou transportadas para a memória coletiva do grupo, que também retratam a presença de mais foliões nos giros de antigamente, aparecem, por sua vez, contrárias à essência sagrada da celebração, que é fortemente exaltada a partir dos já mencionados sacrifícios e dificuldades que foram dizimados quando a prefeitura, por exemplo, passou a fornecer ônibus para o transporte dos foliões que, antes andavam a pé.

Antônio Cândido Ferreira (2013) aponta que existia muita bebida e bagunça na Folia de Reis, citando inclusive que os palhaços chegavam a pedir tanto que se tornavam inconvenientes.[7] Eram atitudes que faziam com que algumas pessoas não aceitassem a bandeira em suas casas; isto é, resultando em olhares negativos sobre a festa. As palavras de Juventino Avelino de Oliveira (2013)[8] exemplificam a contraposição de atitudes ao longo dos tempos:

> [...] parecia que todo mundo bebia... hoje não... a coisa mais difícil é o cara beber... a companhia que eu saio, se tiver, é uns dois ou três só, que bebe, que toma a tua cervejinha, o resto é que nem eu... só tomo água e café.

Esta concepção ora negativa, ora positiva, foi recorrente nas respostas aos questionamentos sobre as principais diferenças entre a Folia de Reis de antes e a de agora, ou também quando foram abordados assuntos sobre possíveis interferências

---

7 A "bebedeira" dos palhaços foi relatada de maneira crítica nas atas manuscritas de 1994 e 1997.

8 Juventino Avelino de Oliveira possui 72 anos, nasceu na Água Preta/Florínea. Trabalhou até 30 anos de idade na Fazenda da família Paula e depois se tornou funcionário público na prefeitura de Florínea, lugar onde se aposentou. Participa da Folia de Reis desde meados da década de 1950, ocupando as funções contratinho, tala e, atualmente, contrato. Seu primeiro contato com a manifestação cultural, por sua vez, foi estabelecida através de seu pai que também era cantor e seu avô, que era bastião/palhaço. Ambos ofereciam janta para Folia de Reis, atitude seguida por Juventino. Um dos seus filhos, Fábio Donizete de Oliveira, é palhaço da bandeira de número 2 da Folia de Reis de Florínea, a mesma bandeira que Juventino canta. Juventino é sócio fundador da Associação folclórica de reis Flor do Vale de Florínea. Fonte: OLIVEIRA, Juventino Avelino de. Entrevista [05 dez. 2013]. Entrevistadora: Rafaela Sales Goulart. Florínea/SP, 2013. Áudio MP3 (01:24:28).

da igreja ou de párocos da região e da própria cidade sobre a festa. Nesse último caso, Onofre (2013) recorda de um padre de Tarumã que possuía uma posição rígida com relação à celebração, pois além de considerar todos participantes como bêbados, acreditava ser inadmissível que o grupo não dividisse o que arrecadavam pelo giro com a instituição. Onofre justifica a posição deste indivíduo dizendo que "[...] os padres... vinham lá de fora aquelas épocas... não conheciam... achavam que isso era uma bagunça... Uns tempos... eles queriam até proibir" (LIMA, 2013).[9] Tudo isso em função das origens daqueles que habitavam Tarumã que, por serem em sua maioria descendentes de italianos e alemães, e não de portugueses, desconheciam a devoção aos Santos Reis (*Ibidem*, 2013).

Hoje em dia, a concepção dos párocos sobre a Folia de Reis mudou. Na Ata de 2008, por exemplo, há o registro de notificação dada pelo então presidente, Rozimbo do Nascimento, de que o padre Sérgio havia convidado os batalhões para se apresentarem na Missa do Galo (24 de Dezembro), que ocorreria na igreja matriz de Florínea. Pedido este, que foi aceito pelos integrantes da Comissão e das bandeiras de Folia de Reis. De acordo com Alexandre Fabiano Neto (2014), o padre Sérgio ajudou na comunicação da festividade durante as missas na igreja de Florínea, chamando inclusive a atenção dos mais jovens à Folia de Reis:

> [...] O padre Sérgio é o que mais influenciou. Sempre na igreja, na missa, a gente ouvia ele falando a respeito dos reis. Os outros padres, a gente não vê falando muito. O padre Sérgio, desde quando chegou aqui em Florínea, já vinha falando mais... A bandeira nunca tinha sido convidada pra ir cantar na igreja na véspera de natal. Na Missa do Galo, ele chegou a convidar a bandeira pra ir lá cantar. Falou assim: "- Amanhã nós vamos começar um segmento"... Ele queria mostrar a bandeira para o povo... Ele ganhou uma bicicleta e falou: "- Vai ter uma premiação, um sorteio no dia da festa, na missa. Quem estiver de bicicleta é pra subir com ela"... Tudo isso pra influenciar a molecada e todo mundo... E ele conseguiu. Este momento foi quando começou a fazer a missa... Ele foi e sorteou a bicicleta. (FABIANO NETO, 2014).

Este evento foi confirmado no DVD da Festa de Reis em Florínea – 2011,[10] onde averiguou-se o grande número de crianças que partiram da igreja católica

---

9   Não há registro oficial, entretanto, sobre algum impedimento da Folia de Reis em Florínea e região.
10 FESTA DE REIS EM FLORÍNEA DE 2011, Produção: Cristiano Arcanjo. Florínea: Som e Produções, 2011, 01 DVD (01:07:22).

rumo ao Parque de Tradições. Nessa gravação, também foram divulgadas imagens da igreja da cidade e da praça pública que a envolve, a qual por sinal, leva o nome do festeiro fundador da Folia de Reis na região, Sebastião Alves de Oliveira. Esse local é ponto de encontro dos foliões durante os giros de Folia de Reis entre os dias 26 dezembro e 4 de janeiro; isto é, todos os membros das bandeiras comparecem nele para rezarem e partirem com os ônibus rumo a outras cidades da região. A praça também abriga a placa do *Marco Histórico do Legislativo Municipal (04/04/1990)* e, acima dela, está o busto de Sebastião (Figura 8), já mencionado como fundador da cidade de Florínea.

Se por um lado a Folia de Reis tende a ser favorecida na cidade, devido aos vínculos que estabelece com as elites locais (famílias tradicionais, vide Figura 11) e os poderes público (prefeitura) e religioso (igreja católica), por outro, essas alianças também demonstram a preocupação desta sociedade dentro do espaço urbano, que tem abertura para variedades culturais e ideológicas. A relação entre igreja e manifestação da cultura popular, por exemplo, pode representar o recente temor da instituição em arregimentar mais fiéis e simpatizantes à fé católica. Convêm, agora, utilizar as palavras do padre Sergio Henrique da Silva (2016):

> [...] nós temos que valorizar expressões da fé que ainda garantem uma identidade religiosa, não só o culto instituído como, por exemplo, a missa ou qualquer outro tipo de culto instituído, mas essa manifestação da fé que também parte do coração do povo e sem esse dado da fé... a igreja não caminha também, que é o povo que faz isso tudo.

O depoimento do vice-presidente da Associação, Saulo Franco de Oliveira (2014), complementa as reflexões não só das intervenções da igreja católica, como também de outras instituições como é o caso da prefeitura local e dos órgãos de patrulhamento e segurança pública (polícia e corpo de bombeiros) na Folia de Reis. No fim da entrevista com o referido folião, ele disse:

> [...] A única coisa que a gente tem a falar, é pedir a Deus que todo ano tenha uma festa boa, sem brigas, sem confusão. Ah! E uma coisa que eu digo pra você... Antigamente a festa de reis era só o povo católico que fazia, hoje não, hoje é diferente. Eu sou evangélico há dez anos.[11]

11 Saulo Franco de Oliveira tem 66 anos, é aposentado e mora em Florínea. Sua ligação com a Folia de Reis de Florínea foi através de sua família que sempre recebeu a ban-

Diante disso, pode-se atribuir à imagem do padre Sérgio, como um inteligente leitor da realidade que o circunda, repleta de ressignificações. Em aproximadamente cinco anos presente na cidade de Florínea, este representante oficial da fé católica conseguiu atrair os foliões florinenses a ponto de poder adentrar no espaço festivo deles para celebrar uma missa que persiste em ser realizada no local, no dia 6 de janeiro, mesmo depois de sua saída da cidade. Ainda assim, entretanto, não é sensato continuar afirmando que na atualidade a concepção dos párocos e da própria Igreja Católica mudou como um todo, mas é importante destacar que a festa foi avaliada como algo significativo para os foliões florinenses, parte de sua identidade e, portanto, instrumento da fidelidade cristã. Ou seja, mesmo sob a consideração do engajamento de igrejas protestantes presente no depoimento de Saulo, a autonomia da Folia de Reis na cidade é independente das ramificações religiosas lá constituídas.

Com relação à festa final dos Santos Reis, antes de haver um lugar considerado mais adequado e um grupo de pessoas responsáveis pela sua monitoração, apontaram-se algumas dificuldades no processo de preparo e entrega das refeições, pois não havia espaço suficiente para acomodação do público que se ampliava principalmente quando a festa passou a pertencer à cidade de Florínea. O público era visto como incivilizado, pois não respeitava o tempo da comida, invadindo e "furando" a fila de distribuição de alimentos.

Expostas em quadros no interior da capela do Parque de Tradições, as fotografias abaixo ilustram como se dava a organização das festas nos improvisados barracões:

---

deira em sua casa. Desta maneira, Saulo deu procedência a este costume, inclusive recebendo a bandeira 1 há mais de 20 anos para pouso em sua casa, no dia 4 de janeiro. Saulo já foi escrivão na bandeira e fez parte da Comissão de Folia de Reis de Florínea, cumprindo a função de tesoureiro. Em 2014, ano em que nos concedeu a entrevista, o folião era vice-presidente da Associação folclórica de reis Flor do Vale de Florínea. Fonte: OLIVEIRA, Saulo Franco de. Entrevista [12 jul. 2014]. Entrevistadora: Rafaela Sales Goulart. Florínea/SP, 2014. Áudio MP3 (28:09).

Figura 29: Mesa com alimentos sob barracão improvisado.
Florínea/SP. Acervo da Associação folclórica de reis Flor do Vale de Florínea.

Figura 30: Homem segurando bacia com carne assada na frente do antigo barracão improvisado.
Florínea/SP. Acervo da Associação folclórica de reis Flor do Vale de Florínea.

Apesar de não possuir as devidas referências sobre os sujeitos que aparecem nas Figuras, elas são interessantes pois demonstram como era a antiga estrutura dos barracões que abrigavam as refeições e o público festivo nas fazendas e na antiga propriedade de Ico Marcelino (atual Parque de Tradições), formados por vigas de madeira, cobertos por lonas e fechados com cercas de arame farpado e porteiras de madeira.

Davi Antônio Mariano (2014) fala dos tempos de barracão improvisado: "[...] naquela época era um corredor... cercado de arame e você entrava por aqui e saía pra lá... a mesa, não era igual é hoje... eu era o porteiro... de cercar a turma pra não entrar na contramão". No trecho em que o antigo palhaço da Folia de Reis narra a paisagem que remete às fotografias, apresenta também que chegou a se deparar na porteira, com pessoas que não forneciam prendas durante o giro pela região, indivíduos que, inclusive, não permitiam a entrada do grupo em suas casas por conta da sujeira dos sapatos dos palhaços. Dessa forma, além de revelar que os palhaços eram os responsáveis pelo controle da população festiva nos barracões, Davi (2014) indica o aumento do público das Folias de Reis de Florínea que, independente de receberem a bandeira em suas casas, através da simpatia pelo grupo ou pela devoção aos Santos Reis, frequentariam a festa do dia 6, que além de oferecer comida gratuitamente, funcionava como um espaço de sociabilidade e de conflitos (DEL PRIORE, 2000). Rozimbo do Nascimento (2012) complementa as informações:

> [...] era um tempo muito educado, os palhaços colocavam a máscara seis horas, cedo, e só tiravam as máscaras sete horas do outro dia, do dia sete... Cantava a noite inteira, era carne até onze horas da noite, comia, e depois das onze horas da noite era doce, baile e samba, aquela "coiserada", mas tudo com respeito aos palhaços pra tomar conta da mesa... se não era pra você entrar, os palhaços não deixavam você entrar, tinha que respeitar ali...

O depoimento do presidente Rozimbo (2012) ainda revela alguns costumes praticados na festa antes da construção do Parque de Tradições, apresentando que ela se iniciava na manhã do dia 6 de janeiro e durava até a noite do dia 7, sendo servidos churrasco e doces, e realizados bailes com samba durante a madrugada. Apesar dos modos de diversão através de bailes e samba serem diferentes dos praticados atualmente, mesmo assim, a descrição apresenta que quando as bandeiras passaram a pertencer à cidade, já haviam regras que deveriam ser respeitadas pelos participantes, mesmo que estas fossem criadas a partir de interesses pessoais de alguns foliões.

O alvoroço causado em torno do barracão onde se servia a comida das festas também é atribuída à demora de sua liberação, que ocorria, segundo Benedito da Silva (2016), por volta das 17:00 horas, e por certa discriminação praticada pelos próprios palhaços. Ou seja, o público que parecia superar a quantidade de prendas arrecadadas nos giros pela região, ficava um bom tempo esperando os alimentos e, dessa maneira, os palhaços também acabavam dando preferência para algumas pessoas, às vezes, tirando-as do fim da fila para colocá-las na frente (SILVA, 2016). Nas palavras de Benedito da Silva (2016), "hoje graças a Deus a gente tem aquela tranquilidade ali, você doa de 1 centavo até 1 milhão que seja, não tem discriminação nenhuma".

Como se percebe, as brigas ocorriam primeiro porque a população ficava praticamente o dia inteiro aguardando a comida que só era liberada a tarde, e segundo porque existia discriminação ao servir o público, seja pelo fato dos palhaços realmente darem preferência para pessoas conhecidas e de melhor poder aquisitivo, seja por quererem fazer "justiça" com aqueles que não os receberam em suas casas. Portanto, o ato de cercar os barracões com arames farpados, colocando os palhaços como guardas, estimulava confusões na festa. Benedito da Silva (2016) fala que:

> [...] teve festa lá no Santo Antônio que prenderam os palhaços... todo mundo saiu brigado... não tinha organização. Hoje, por exemplo, a gente manda ofício pra polícia militar, pra civil, e os caras dão apoio pra gente lá... sempre tem uma viatura à disposição. Nós temos ambulância à disposição... monta uma barraca da saúde lá, então quer dizer, você quer medir pressão, a pressão sua sobe, você já vai lá.

A citação refere-se a uma festa que ocorreu em um sítio hoje pertencente à cidade de Tarumã, no bairro rural Água do Santo Antônio. Na ocasião, era mais difícil ainda se ter controle dos foliões na festa, justamente porque ela era organizada no campo. O mestre Benedito da Silva, que forneceu esse relato, também não se recorda do ano e dos festeiros responsáveis por esta celebração, entretanto, utiliza-a como exemplo para comparar as diferenças hoje percebidas nas festas da cidade, especificamente no Parque de Tradições. O fator da organização do grupo de administradores da Folia de Reis, principalmente depois da criação da Associação, também tem seu lado positivo ressaltado, pois, com um documento oficial, há mais facilidade de solicitar órgãos de patrulhamento na festa, dificultando confusões e cuidando daqueles que participam da mesma, dando inclusive, assistência de saúde aos idosos e demais participantes.

Portanto, a institucionalização da Folia de Reis em um lugar – cidade, Parque de Tradições – promoveu não só a mudança de discursos, mas das práticas que passaram por aquilo que Foucault (1979) chamou de disciplinarização dos corpos. O controle e as intervenções do poder municipal, através de seus órgãos de patrulhamento, contribuíram com as modificações das formas, ora conflitantes, de festejar. Vale reafirmar que a institucionalização de espaços festivos é uma prática contemporânea, comum também a outras festas como foi o caso do carnaval. De acordo com Fabiana Lopes da Cunha (2008, p. 195), o controle do carnaval carioca pôde ser percebido em fins do século XIX e início do XX, através da proibição do uso de certas fantasias e de mascarados avulsos, além do alto custo monetário dos desfiles, o que reconfigurava socialmente e espacialmente o festejo na cidade.

Independente das atribuições de valores nos relatos dos foliões florinenses, o que se deve levar em consideração é esta construção de contrapontos discursivos – religião/devoção *versus* festa/bebida, Folia de Reis do campo *versus* Folia de Reis da cidade, barracão improvisado *versus* Parque de Tradições – que assumem a ressignificação do grupo e a ideia da preservação do mesmo junto às novas características urbanas. Esses assuntos aparecem em peso tanto nas respostas dos 21 foliões do grupo Flor do Vale, entrevistados entre 2012 e 2016, bem como nas atas manuscritas por membros da Comissão de festas a partir de 1990. Um discurso coletivo que demonstra, mesmo entre seus mais recentes membros ou aqueles com uma menor faixa etária, que tais modificações foram positivamente aceitas. Além disso, o recorte temporal das fontes orais e escritas demarca momentos em que este passava por um processo de oficialização que teve sucesso em 2013, com a criação da "Associação Folclórica de Reis Flor do Vale de Florínea" e de seu "Estatuto Social de Constituição". Antes, porém, foi sancionado que o dia 6 de Janeiro é data consagrada aos Santos Reis Magos.[12] Em justificativa ao Projeto de Lei nº 058/2009 de 26.11.2009, o autor da proposta de feriado, vereador Walter Silveira, apontou que "No Município de Florínea, o Dia de Reis é comemorado há mais de 70 anos, e a Festa é pioneira na região, constituindo grande tradição. O culto aos Reis Magos, traz milhares de pessoas a Florínea todo dia 6 de janeiro".

Baseando-se em Maurice Halbwachs, o historiador Eduardo Romero de Oliveira (HALBWACHS, 1990, p. 61-62 *apud* 2010, p. 132) traz à tona uma consideração importante para pensar a memória do grupo Flor do Vale:

---

12 Fonte: FLORÍNEA (SP). Lei Nº 351/2009, de 02 de dezembro de 2009. *Dispõe sobre Feriados Religiosos no Município*. Florínea, 2009.

> Por um lado, há uma memória individual, resultante da "história vivida"; por outro, a lembrança de momentos vividos por membros do grupo (ou do coletivo nacional) são assumidos como a memória coletiva (ou histórica). [...] há uma interação essencial entre a memória individual e outra coletiva, pois as impressões pessoais apoiam-se na memória coletiva para atingir o ponto de vista do grupo, criando uma "consciência do grupo", mas as lembranças coletivas aplicam sobre as lembranças individuais.

A memória é construída, desfeita e reconstruída, ela é consciência social que existe a partir de interesses em comum. Embora se tenha lembranças individuais sobre a Folia de Reis, como é o caso das impressões sobre determinados símbolos e elementos da festa, ou mesmo os casos dos particulares pedidos de promessas, as vivências e trocas de experiências em grupo, inevitavelmente geram uma memória coletiva. Recorda-se, a exemplo, da bandeira de Folia de Reis de Florínea como uma representação da estrela guia ou dos magos adorando Jesus, como também, pode-se rememorar o próprio grupo festivo junto aos considerados principais sujeitos de sua história, ou mesmo, algum ente querido que recebeu uma graça dos Santos Reis pela sua fé e que, por isso, pendurou uma fotografia neste instrumento, tornando público tal ato.

No grupo de Folia de Reis de Florínea, a união entre sociedade civil e Estado, vide Prefeitura Municipal, proporcionou entre 1993 e 2013, a construção do Parque de Tradições, a criação de um feriado em função da tradição da Folia de Reis e a oficialização da Associação Folclórica de Reis Flor do Vale de Florínea, uma entidade que visa a preservação desse patrimônio na cidade. Ou seja, a crença e o compromisso com promessas ou com uma tradição familiar que são considerados essenciais para a Folia de Reis, no contexto da cidade de Florínea, passou a adquirir uma identidade pública que incorpora interesses distintos aos da religiosidade propriamente dita. Interesses sustentados a partir de uma memória comum construída sobre este patrimônio que, não só faz bem para as pessoas, como traz benefícios culturais, turísticos e financeiros para o lugar social em que se insere.

Um exemplo de que as lembranças coletivas se aplicam sobre as individuais é validada no relato fornecido pelo mestre Benedito da Silva, quando ao se recordar do episódio em que a tradição da Folia de Reis poderia ser interrompida, ocasião que se deu quando o grupo estava em transição junto à celebração do campo para a cidade. Dessa maneira, há uma reprodução discursiva comum[13] que se traduz na fala do mestre:

> [...] teve uma época... que... a bandeira nossa não ia cantar mais... Então, acharam por bem na época: "- não vamos fazer mais festa não, e coisa e tal...". Daí, inclusive o Nézio, que morreu... Juntou o Nézio, o Amadinho, o Santino, um cara que morreu também, que era palhaço... falaram: "- Vamos fazer!". O Alfeu, dos Faustino... o irmão do presidente nosso *(Rozimbo do Nascimento)*, falou assim: "- Não! Se vocês fizerem... tem o sítio aqui... pode fazer no sítio, tem água, tem tudo". Foi a época que eu falei pra você que fazia buraco no chão, fazia tudo, a churrasqueira... Menina do céu... o sol rachando, e isso aí foi no dia... na véspera de natal... a partir do momento que eles falaram: "- Vamos fazer a festa!"... entraram num bom senso lá e o Alfeu, que era fazendeiro, deu o local... Menina do céu! A hora que os caras disseram que ia ter a festa, fez uma nuvem aqui em cima da fazenda, passou ali chovendo, choveu forte... milagre essas coisas... (SILVA, 2013).

Mesmo não presenciando o acontecimento, o folião relata com certo entusiasmo esse episódio considerado uma quase "morte da festa" (SANTOS, 2013). Ele destaca nomes de homens que resolveram se reunir para realizá-la de última hora, de forma que um cedeu o lugar para a festa de encerramento e os outros dois, cuidaram de sua organização, avisando os cantores e convidando os demais participantes. Além disso, Benedito da Silva (2013) não deixa de lado a relação desse momento com algo sobrenatural; ou seja, a descrição da chuva inesperada que caiu sobre as terras em que a festa seria realizada manteve-se como um sinal de que as dificuldades encontradas nos giros das bandeiras devem ser enfrentadas, pois afinal, a Folia de Reis é repleta de mistérios e provações.

Esse acontecimento é importante em termos de memória, pois renova o ciclo festivo quando a organização da celebração popular passa a ser feita por uma equipe e não apenas por um festeiro, elemento que, paulatinamente se torna um representante simbólico na Folia de Reis de Florínea. Como assinalado, o festeiro só deve se responsabilizar, e se puder, pela indumentária dos palhaços. Nessa premissa, a memória da celebração ligada a antigos festeiros, como Sebastião Alves de Oliveira e Jorge Alves de Oliveira, agrega também nomes de mestres e foliões que não tinham

---

[13] Descrevi este momento de dificuldade no primeiro capítulo do livro. Mais especificamente no subtítulo *A Folia de Reis na cidade*.

tanto poder aquisitivo na região, mas que possuíam um objetivo em comum, que era o de realizar o festejo, tornando-se detentores de um poder simbólico ligado à memória coletiva da Folia de Reis do campo para a cidade. "Trata-se de um trabalho coletivo, que acontece toda vez que a coesão do grupo se vê ameaçada, que a tradição se vê descaracterizada ou que as obrigações da devoção correm algum risco de descrédito" (PESSOA, 2007, p. 79); ou seja, a dificuldade é relembrada como um alerta geral à história da manifestação cultural, fazendo com que seus produtores começassem a repensar possibilidades de sustentação desse patrimônio na cidade. Esta introdução à consciência social sobre a Folia de Reis promove a constituição de uma Comissão de festas que passa a ser documentada em atas no final do século XX, comprovando, portanto, a preocupação do grupo com sua própria memória.

As atas manuscritas apresentam informações sobre quando, onde, como, o que e por quem eram discutidas as informações sobre a Folia de Reis de Florínea, entre os anos de 1990 e 2011. Nos cabeçalhos, além das datas de realização das reuniões, destaca-se uma auto-intitulação do grupo como "Comissão de Santos Reis do município de Florínea", "Comissão de Folclore de Santos Reis do município de Florínea" ou "Comissão (Organizadora) de Festejo de Santos Reis do município de Florínea", indicando como o grupo era denominado antes de se tornar "Associação Folclórica de Reis Flor do Vale de Florínea", oficializada em 4 de janeiro de 2013. Juridicamente, os termos "Comissão" e "Associação" não apresentam uma diferença significativa, porém o ato de se tornar uma entidade com bases legislativas e executivas, ligadas e comprometidas com certas finalidades, traz para a história da celebração um peso substancial que remete à formalização da consciência de um patrimônio coletivo, reconhecendo a trajetória de um grupo engajado com a manifestação cultural da Folia de Reis.

A tabela abaixo demonstra as datas das reuniões registradas no livro de atas, bem como esclarecem os nomes dos representantes do poder executivo do município de Florínea durante os referidos períodos de organização do festejo na cidade:

Sentidos da Folia de Reis 159

Datas das reuniões da Comissão	Representantes do poder executivo de Florínea e datas dos mandatos
17 de novembro de 1990	Prefeito Severino da Paz e vice Valter Gervazioni (gestão: 1989/1992)
09 de outubro de 1991	
15 de dezembro de 1992	
10 de dezembro de 1993	Prefeito Valter Gervazioni e vice Benedito Granado Filho (gestão: 1993/1996)
28 de novembro de 1994	
22 de dezembro de 1995	
07 de novembro de 1996	
22 de outubro de 1997	Prefeito Benedito Granado Filho e vice Jair Paulino Barreiros (gestão: 1997/2000)
04 de junho de 1998	
05 de novembro de 1998	
12 de novembro de 1999	
19 de outubro de 2000	
12 de dezembro de 2001	Prefeito Severino da Paz e vice Francisco da Silva (gestão: 2001/2004)
01 de novembro de 2002	
21 de dezembro de 2003	
17 de novembro de 2004	
Início em 17 de dezembro de 2005 e término em 04 de outubro de 2005	Prefeito Walter Gervazioni e vice Benedita Helena Simeão Granado (gestão: 2005/2008)
04 de novembro de 2006	
18 de novembro de 2006	
22 de dezembro de 2007	
23 de dezembro de 2008	
11 de dezembro de 2009	Prefeito Rodrigo Siqueira da Silva e vice Aparecido da Silva (gestão: 2009/2012);
Início não informado e término em 05 de outubro de 2010	
12 de janeiro de 2011	
31 de outubro de 2012*	
31 de outubro de 2013**	Prefeito Rodrigo Siqueira da Silva e vice Aparecido da Silva (gestão: 2013/2016).

Tabela 4: Datas de reuniões da Comissão e mandatos do poder público de Florínea/SP.
*Ata digitada e anexa ao livro de Constituição da Associação Folclórica de Reis Flor do Vale de Florínea.
**Não obtive a ata desta reunião, entretanto, pude vivenciá-la, sendo este o primeiro contato pessoal com a maioria dos foliões e demais membros da Associação."

A opção por destacar quem foram os prefeitos e seus respectivos vices durante a organização da Comissão (1990-2012) e Associação (2013) do grupo de Folia de Reis de Florínea, deu-se pelo fato dessa equipe referenciá-los nas pautas das reuniões, seja citando seus nomes (como ocorreu com Severino da Paz) ou simplesmente subentendendo as contribuições na celebração, o que demonstra as relações entre os representantes políticos de Florínea e o grupo de foliões. Isso sem falar que os locais marcados para as reuniões do grupo, salvo nos dois encontros realizados em 1998, na residência do Benedito da Silva (então capitão e representante da Folia de Reis) em Florínea, fazem parte da prefeitura da cidade, variando entre prédios da Câmara Municipal, sala de reuniões da Prefeitura, sala da Casa de Agricultura, Centro de Criatividade e Recreação Municipal (CECREM), Ginásio de Esportes, barracão de Santo Reis (Parque de Tradições), sala da Faculdade de Florínea e Centro de Referência da Assistência Social (CRAS). Ou seja, a organização da festa e seus componentes estão muito atrelados ao espaço público citadino.

À excessão de uma das reuniões de 1998 e a de 2011, as quais foram realizadas em janeiro, a maioria dos encontros era marcada em meses que antecedem as celebrações de Folia de Reis. Sendo que os horários marcados para o encontro oscilavam entre 18:30 e 21:00 horas, o que permite entender que a noite era o melhor momento para as reuniões, muito provavelmente em função do trabalho exercido pelos componentes do grupo durante o dia.

São mencionados e assinam como participantes das reuniões, os membros da Comissão da Folia de Reis,[14] bem como integrantes das bandeiras [capitães, festeiros (as)]. A maior parte deles não tinha cargos relacionados à política local de forma direta,[15] exceto Florêncio Bavaresco Dias, que constou como capitão e primeiro tesoureiro da Folia de Reis de Florínea nas atas de 1990 a 1993, sendo também ve-

---

14 Na Figura 11, são expostos em placa decorativa no Parque de Tradições, os cargos e nomes dos integrantes da Comissão em 1991, são eles: presidente – Rozimbo do Nascimento; vice-presidente – Odair Mariano e José Ceciliato; 1º tesoureiro – Antônio Cândido Ferreira; 2º tesoureiro – Saulo Franco de Oliveira; secretário – Antoraci do Nascimento; coordenador do Altar – Benedito Fabiano; coordenador externo – Benedito da Silva; demais membros – Antônio Pacheco Leite, Aurora Franco, Sr. Aparecido; Reinaldo Patta; Francisco Justino.

15 Os participantes das reuniões, os quais foram entrevistados durante a realização desta pesquisa (2012-2016), geralmente ocupavam cargos do funcionalismo público do munisípio de Florínea (motorista, ajudante geral etc) e trabalhavam em empresas da região (Nova América, Raízen, Destilaria Água Bonita – Tarumã/SP), ou mesmo, como consta na ata de 1997, o então vice-presidente da bandeira era proprietário de um açougue em Florínea.

reador da cidade nos mandatos de 1983/1988 e 2001/2004. O nome deste último integrante da Comissão e da bandeira em determinado período não apareceu, entretanto, na placa da Comissão de 1991 (Figura 11), o que significa que ela foi elaborada posteriormente a tal ano. De fato, é na ata de 1998 que o então presidente Rozimbo do Nascimento comenta sobre essa sua sugestão de homenagear o primeiro festeiro e demais componentes que participaram da história da Folia de Reis, o que contribuiria com a memória seletiva sobre integrantes da celebração.

As atas apresentam uma estrutura de escrita informal que proporciona um panorama minucioso de como as reuniões eram realizadas. De modo geral, eram iniciadas com uma oração onde os participantes agradecem e pedem bênçãos para a festa, para a vida e saúde para os conhecidos, bem como se recordam de nomes de pessoas que estão de alguma forma, relacionadas à trajetória da Folia de Reis da cidade. Além dessa característica que ressalta a religiosidade do grupo, também se apresentam algumas discussões mais acaloradas entre seus membros que, mesmo resolvidas nas atas, sugerem conflitos internos que podem estar relacionados à hierarquia já presente na Comissão (presidente, vice-presidente, secretários, tesoureiro etc) desde o início da década de 1990, como também a práticas consideradas desrespeitosas ao ritual, como o caso do uso indevido de bebidas alcóolicas. Mesmo assim, as reuniões são constituídas por conversas democráticas, onde os participantes podem expor suas opiniões e ideias para a festa.[16]

Depois da oração, é feita a leitura das pautas escritas na ata do ano anterior e, embasados nela e na experiência vivenciada durante a realização da celebração, são discutidas as dificuldades e reformulados os projetos para o próximo festejo. Nesse sentido, são observadas as quantidades de prendas (alimentos, bebidas e dinheiro) levantadas desde o giro da Folia de Reis por Florínea e pelas cidades e bairros vizinhos, até as arrecadações obtidas no dia da festa. Com o balanço do rendimento da festa são feitas as distribuições de tarefas e dos lugares onde serão realizados os processos de preparação dos alimentos, de compra ou conserto de materiais específicos para algumas funções, que vão desde vasilhames para cozinha até enfeites, indumentária e instrumentos musicais utilizados pelo grupo.

Os dados registrados demonstram que a celebração já era realizada no Parque de Tradições antes de 1993, ano da inauguração do Pavilhão de festas, sendo que havia uma cozinha improvisada neste lugar. Na ata da reunião de 17

---

16 Explicarei adiante que embora as reuniões sejam abertas à exposição e discussão de ideias, as decisões são tomadas através de um sistema de votações, tendo alguns integrantes da Associação, direito ao voto.

de novembro de 1990, há a divulgação da presença do então prefeito Severino da Paz, o qual publicava a contribuição da prefeitura na Folia de Reis através do empréstimo do ônibus da cidade para a realização dos giros de visitações pela região de Florínea. Na ata de 28 de novembro de 1994, por sua vez, ressalta-se a doação do óleo para o abastecimento do ônibus pelo órgão municipal e, além disso, a dispensa dos funcionários públicos para que estes trabalhem apenas em função da festa. Anunciadas pelo presidente da Comissão, Rozimbo do Nascimento, tais contribuições aparecem novamente na ata do dia 22 de dezembro de 1995. Nela, porém, expressava a necessidade de guardar as notas referentes ao abastecimento dos ônibus. Já na ata de 19 de outubro de 2000, o presidente faz um comentário de que teria que ser providenciado um ofício para ser encaminhado ao prefeito atual ou ao eleito, sobre o batalhão (funcionários que deveriam ser dispensados) e o ônibus. Sinal de que a prefeitura passou a exigir uma formalização de pedidos pelo grupo. Inclusive, na ata de 2005, foi estabelecido que a Comissão deveria assinar um termo de responsabilidade sobre os possíveis danos aos carros públicos.

Mais uma vez, os exemplos mostram que a trajetória histórica da Folia de Reis pela região de Florínea trouxe consigo a consciência sobre as mudanças vivenciadas na cidade e um novo sentido à festa. Neste momento, relembra-se do papel daquele que era o principal responsável pela celebração, o festeiro, logo que ele era delegado a organizá-la, cedendo sua propriedade particular para tal. Embora continue presente no ritual com o mesmo título e geralmente cumprindo uma promessa, o festeiro ou a festeira do ano – independente de classe social e gênero – agora só precisa apresentar interesse ao grupo Flor do Vale para estar coroado frente ao presépio. Como diria Aldo Vasconcelos Meira Filho (2013), "[...] quem faz a festa é o povo... se o povo não doar não tem festa... existe o festeiro porque é modo de falar, mas sem o povo é uma festa vazia".

A mudança, tanto de prática quanto de perspectiva da Folia de Reis de Florínea como uma construção coletiva, é resultante de duas conquistas: a primeira diz respeito a um lugar social, criação de um espaço inicialmente chamado de Comissão, e posteriormente de Associação; e, já a segunda, corresponde à inauguração de um lugar público para da festa em Florínea, o Parque de Tradições.

O fato de haver uma nova concepção sobre a festa, dando ênfase a uma ação popular conjunta que se sustenta através da fé e das doações, não quer dizer que antigamente era diferente. Mesmo sabendo que no passado as festas eram atribuídas aos proprietários das terras e fazendas, os quais fortemente contribuíram para esta parte final da Folia de Reis, não haveria pela região e pelo município, na atualidade, uma tradição sólida dessa celebração sem os demais papéis exercidos pelos foliões no giro das bandeiras, pois além de cantarem e fazerem os encontros nas casas, esses foliões eram os que pediam as prendas ao povo.

No decorrer da história da Comissão e, em especial a partir de 1990, registrou-se que a maioria dos seus integrantes também eram os que faziam giro ritual e as arrecadações pela região de Florínea. Já com a criação da Associação em 2013, confirma-se na Constituição legal dessa entidade, que seus representantes, na sua maioria (incluindo os sócios fundadores), continuam a ser os que realizam o tradicional ritual. Ou seja, o patrimônio não foi sustentado por uma ou outra pessoa, mas por todo o grupo que o pratica, mesmo que privilegiando alguns nomes e se unindo às políticas do contexto citadino.

No mais, é preciso descrever os demais elementos da Folia de Reis presentes no "Parque de Tradições, Exposições, Leilões e Festejos Prefeito Benedito Sebastião de Paula", os quais configuram a delimitação temporal desta pesquisa (1993-2013), privilegiando o patrimônio cultural em Florínea.

3. 2 Parque de Tradições: o lugar da festa

Figura 31: Pessoas esperando as bandeiras chegarem ao "Parque de Tradições, Exposições, Leilões e Festejos Prefeito Benedito Sebastião de Paula".
Florínea/SP, 06/01/15. Autora: Rafaela Sales Goulart.

A instalação da festa na cidade e a construção da memória da Folia de Reis que passou a pertencer à mesma, são resultantes das relações sociais que se estabeleceram ao longo dos giros regionais das bandeiras de Florínea. Na imagem acima, a fachada do lugar da festa – o "Parque de Tradições, Exposições, Leilões e Festejos" – leva consigo o nome de "Benedito Sebastião de Paula", prefeito de Florínea entre 1960 e 1962 e capitão da bandeira de número 2 da Folia de Reis (Figura 10). O fato desse homem público ter seu nome destacado no portão de entrada do Parque, entre tantos outros gestores municipais, demonstra não só sua suposta ligação afetiva e religiosa com o festejo, como também, as relações de poder e de política ligadas ao patrimônio cultural.

Importante retomar as memórias de Florêncio Bavaresco Dias (2014) neste momento, principalmente quando ele mencionou que o grupo de Folia de Reis passou a se preocupar com a continuidade dessa celebração no final da década de 1970, o que fez com que no momento em que visitavam as casas no período de giro das bandeiras, solicitassem ajuda através de cartas que convidavam as pessoas para tomarem iniciativa de fazer a festa. Dessa forma, recebendo tal pedido, Florêncio logo se comoveu e, junto à sua irmã, não só realizou a festa no campo municipal da cidade, como também, passou a fazer parte de uma nova diretoria da Folia de Reis.[17]

Mesmo depois do episódio da "quase morte" da festa (SANTOS, 2013), Jorge Alves de Oliveira, Benedito Sebastião de Paula e Rozimbo do Nascimento continuam sendo relembrados como detentores de um poder, mesmo que simbólico, sobre a Folia de Reis. Nesse sentido, a representação dos festeiros, que engloba tais nomes na direção das bandeiras por um longo período de tempo, não só ocorre pela fé, tradição ou pelos laços sociais que se constroem com a manifestação cultural, mas também, pelas relações de poder. Mesmo depois que a festa passou a ser organizada em um barracão improvisado na cidade, como já explicado, este estava na propriedade do senhor Ico Marcelino, cunhado de Rozimbo do Nascimento, sendo o último genro de Benedito Sebastião de Paula.

Dessa geração de festeiros, Rozimbo do Nascimento, eleito presidente da Associação Folclórica de Reis Flor do Vale de Florínea em 2013, é uma referência viva da Folia de Reis de Florínea, tendo seu nome repercutido para além de Florínea, quando se fala do festejo desta cidade. De acordo com Cristiano Aparecido Arcanjo (2016), ocorre de pessoas chegarem em sua barraca na festa final Santos Reis de Florínea, perguntando sobre a história dessa celebração e sobre o "Seu Rozimbo", o que representa a concretude dessa memória oficial da festa.[18] Nos depoimentos

17 Esta experiência do ex-capitão e representante da Folia de Reis já foi descrita no final do capítulo 1.
18 Doravante falarei da barraca do Cristiano Aparecido Arcanjo, bem como do seu trabalho em registrar e reproduzir as memórias da festa.

dos foliões mais antigos na história das bandeiras, Rozimbo é uma figura respeitada principalmente pelo fato de muitas vezes ter viabilizado a busca de prendas com sua condução particular e também por sair convidando e informando os participantes do festejo, em um período que os giros eram realizados a pé ou de carroça.

Voltando às memórias de Florêncio Bavaresco Dias (2013), demonstra-se ainda que quando a festa precisava de um lugar fixo na cidade, ele dirigia a nova Comissão que continuava a ter como presidente o senhor Rozimbo, e também era vereador em Florínea. Em suas palavras: "[...] a primeira vez que eu fui vereador... 1984, que foi feito o pedido, uma indicação minha para o prefeito, pra falar pra comprar e fazer aquilo lá" (DIAS, 2013). Dessa forma, o folião deixa claro que sua influência política foi importante para que a proposta de compra do terreno fosse acatada pelo gestor executivo Severino da Paz, não se esquivando da ideia de que as boas relações políticas entre os membros da bandeira e da Comissão com os líderes políticos de Florínea, foram importantes para o processo da efetiva vinda da festa à cidade.

O trecho do depoimento de Severino, ex-prefeito de Florínea, justifica a criação do lugar público em questão e sua gratidão ao político homenageado no título do Parque, Benedito Sebastião de Paula (Dito Paula), que também contribuiu para o desenvolvimento do município junto aos demais administradores da cidade.[19]

> A festa de Santo Reis é uma manifestação folclórica mais importante do nosso município e está com mais de 80 anos de existência. Tanto é que efetivou a construção deste Parque de Tradições, Exposições, Leilões e Festejos Prefeito Benedito Sebastião de Paula, o Paulão, Dito Paula, o famoso Dito Paula... A festa de Santo Reis é uma manifestação religiosa, tradicional, de alta crença... O sucesso dela é anual, cerca de 10 mil pessoas normalmente frequentam, grande alimentação, muito bom mesmo, frequência de gente de toda região, até de outras regiões, de outros Estados. Agradecer a Comissão de festas que faz um trabalho lindo, um trabalho muito bom. A prefeitura municipal tem contribuído, independente de qualquer prefeito que passou... pela prefeitura, que tem cedido o ônibus, os funcionários, o próprio local. O Parque de Tradições aqui é da prefeitura, é municipal, então é muito bom o apoio depositado...[20]

---

19 Fonte: FLORÍNEA (SP). Lei Ordinária N°020/89, de 19 de junho de 1989. *Dispõe sobre a denominação de Ginásio e Parque, próprios do município.* Florínea, 1989.

20 Trecho do depoimento de Severino da Paz (à um cinegrafista desconhecido), em ocasião da festa de reis de 2005, momento em que Severino não era mais prefeito na

A valorização do folclore, subentendida no início da fala de Severino, foi temática comum entre as discussões políticas de cunho cultural no Brasil de meados do século XX. Como apresentado no início deste capítulo, estes assuntos decorrentes do ideal de construção de uma identidade nacional, levaram à criação em 1954, por exemplo, da Comissão Nacional de Folclore.[21] Dois anos antes, porém, instalou-se em São Paulo a Comissão Paulista de Folclore,[22] um programa preocupado em registrar a diversidade folclórica e cultural do Estado, reconhecendo os folclores/bens culturais presentes nos distintos municípios interioranos, através do contato entre representantes da Comissão e autoridades administrativas e educacionais dos municípios.[23]

Entre as regiões vinculadas ao programa estadual, Florínea foi citada como lugar onde a Folia de Reis era prática comum, apresentando-se geralmente na "Festa do Presépio", no Parque do Ibirapuera em São Paulo/SP.[24] A proposta do evento era reunir as variadas manifestações culturais do Estado para apresentações, bem como exposições e vendas de objetos da cultura material (artesanato) e de culinárias típicas de cada região do Estado[25] (ainda não denominadas como cultura imaterial ou

---

cidade, sendo seu último mandato entre 2001 e 2004. Fonte: Festa de Reis em Florínea – 06/01/05. Cristiano Som. 1 DVD (42:49). Florínea, 2005.

21 Sobre a trajetória do patrimônio cultural brasileiro, consultar: Instituto do Patrimônio Histórico e Artístico Nacional (IPHAN). *Os sambas, as rodas, os bumbas, os meus e os bois* – a trajetória da salvaguarda do patrimônio cultural imaterial no Brasil (1936/2006). Brasília: Brasília Artes Gráficas, 2006.

22 Ver desdobramentos da Comissão em: http://www.abacai.org.br/revelando-interno.php?id=260. Acesso: 18 nov. 2015.

23 CORREA, Hilario. A redescoberta do fandango. *O Tempo*, São Paulo, 30 out. 1953, Seção Hinterlandia. Fonte: Arquivo temático virtual da Biblioteca Amadeu Amaral. Disponível em: http://www.docvirt.com/WI/hotpages/hotpage.aspx?bib=Tematico&pagfis=45431&pesq=&url=http://docvirt.com/docreader.net#. Acesso: 18 nov. 2015.

24 Entre os anos de 1969 e 2000, Florínea foi citada em 9 jornais paulistanos. Consultar: *Popular da Tarde*, São Paulo, 09 dez. 1969; Festa do Presépio mostra o folclore. *Folha da Tarde*, São Paulo, 08 dez. 1969; Veja o Folclore na Festa do Presépio até o dia 14. *Diário Popular*, São Paulo, 09 dez. 1969. p. 111; Festa já aberta: vá ver os presépios. *Última hora*, São Paulo, 09 dez. 1969. p. 115; Muito Folclore na Folia de Reis no Ibirapuera. *Popular da tarde*, São Paulo, 11 dez. 1969; SABBAG, Deise. Da folha da bananeira faz flores. *Diário Popular*, São Paulo, 13 dez. 1969, Seção Folcloriando. p. 211; MONICA, Laura Della. Ciclo de Natal (I) – Ano Bom. *Folha da Tarde*, São Paulo, 04 jan. 1973, Seção Turismo/Folclore; KARMAN, Ernestina. Festa do Presépio no Museu do Folclore. *Folha da Tarde*, São Paulo, 04 jan. 1978. p. 177; MACEDO, Toninho. *Caderno Paulista 15*, São Paulo, 19 set. 2000. p. 8. Fonte: Arquivo temático Biblioteca Amadeu Amaral. Disponível em: http://www.docvirt.com/WI/hotpages/hotpage.aspx?bib=Tematico&pagfis=23477&pesq=&url=http://docvirt.com/docreader.net. Acesso: 30 ago. 2015.

25 Festa do Presépio mostra o folclore. *Folha da Tarde*, São Paulo, 08 dez. 1969.

intangível). Segundo Ernestina Karman (1978), a Festa do Presépio era organizada pela Associação Brasileira do Folclore e tinha a colaboração da Escola do Folclore e o patrocínio da Comissão do Folclore e do Conselho de Artes e Ciências Humanas da Secretaria de Cultura do Governo.[26]

As raras referências sobre Florínea indicam que a preocupação com relação à cultura ainda era recente nos gabinetes executivos do interior paulista. A própria cultura entendida em seu viés antropológico, assumindo as diversas manifestações e práticas culturais provenientes dos saberes e relações que emanam dos mais variados grupos sociais brasileiros, é historicamente recente. Antes que se reconhecesse a ideia de patrimônio imaterial no final da década de 1980, por exemplo, dificilmente eram concedidos financiamentos culturais quando a cidade não estava ligada a uma memória nacional materializada. No texto *Para além da pedra e cal: por uma concepção ampla de patrimônio cultural*, Maria Cecília Londres Fonseca (2003) afirma que fazia parte das políticas modernas de Estados Nacionais projetarem em algo materializado sua representação política, ou os episódios particulares que se aliam a um lugar de seu território, projetando uma honrada história de lutas, de conquistas e de dificuldades, e o mais importante, entendendo que essa história venceu. A própria palavra patrimônio, segundo a historiadora, remete a algo materialmente construído, como é o caso de um prédio ou uma arte edificada que representa um acontecimento ou um personagem importante para história. Assim, são novas as políticas mais efetivas com relação à preservação dos patrimônios imateriais ou intangíveis – saberes, manifestações e demais produtos culturalmente criados pelos grupos sociais (*Ibidem*, 2003).

Os programas culturais e as discussões sobre políticas de patrimônio foram desabrochando no Brasil ao longo do século XX, tanto nas instâncias acadêmicas quanto em corporações federais, como é o caso do Instituto do Patrimônio Histórico e Artístico Nacional (IPHAN) criado em 1937[27] e do Ministério da Cultura criado em 1985, devendo-se ainda recordar da inserção nas linhas da Constituição Federal

---

26 KARMAN, Ernestina. Festa do Presépio no Museu do Folclore. *Folha da Tarde*, São Paulo, 04 jan. 1978.

27 A Lei nº 378, de 1937, criou o Serviço do Patrimônio Histórico e Artístico Nacional (SPHAN), o qual se tornou Diretoria em 1946 (DPHAN). Em 1970, transformou-se em Instituto (IPHAN), retornando a condição de Secretaria em 1979. Já em 1981, passa a ser Subsecretaria, mantendo a sigla SPHAN e, finalmente, em 1994, readquire o nome de Instituto (FLORÊNCIO; et al. 2014, p. 5).

de 1988 de uma ideia mais ampla sobre o termo cultura,[28] reconhecendo alguns patrimônios como imateriais. Assim, "Ao interpretar o conceito de cultura como algo dinâmico, os constituintes ofereceram visibilidade e reconhecimento para os bens culturais produzidos por grupos ou segmentos sociais distintos" (PELEGRINI; GOULART, 2014, p. 53).

Tais desdobramentos históricos levaram à criação do Programa Nacional do Patrimônio Imaterial (PNPI) em 2000, junto ao Inventário Nacional de Referências Culturais (INRC) e a constituição dos quatro Livros de Registro de Bens Culturais de natureza imaterial (Saberes; Celebrações; Formas de expressão; Lugares), que passaram a reconhecer e atender através desses instrumentos de políticas culturais, os produtores dos bens imateriais, incitando-os a perceberem a importância de sua identidade, memória e história, querendo e passando efetivamente a preservar esse patrimônio cultural, tornando-o sustentável na medida em que une interesses do Estado, município e sociedade civil.[29]

Voltando ao discurso proferido por Severino da Paz (2005), ainda que entendida como uma manifestação folclórica, a Folia de Reis desde fins da década de 1980 é vista no município de Florínea como um bem cultural entre os cidadãos, o qual pode ser instrumento político e econômico que fortalece a cidade diante de sua região e Estado. Trata-se de entendê-la como um espaço de *encontro* (MASSEY, 2000, p. 183), estabelecido em um lugar público que oferta para os florinenses e turistas, o direito à cultura e lazer. Mesmo que o terreno comprado pela prefeitura em 1989 tenha o objetivo de sediar qualquer tipo de manifestação cultural,[30] como doravante será apresentado, ele vai adquirindo características próprias com a Comissão de Santos Reis do município de Florínea que, através de seu trabalho pela Folia de Reis, também concebida por eles como folclore, con-

---

28   No âmbito internacional, o enviesamento antropológico na noção de cultura foi incentivada pela Organização das Nações Unidas para a Educação, Ciência e Cultura (Unesco) desde o início da década de 1980, resultando por exemplo, na Declaração do México, em 1985. Tal documento "[...] definiu o patrimônio como produções de "artistas, arquitetos, músicos, escritores e sábios", "criações anônimas surgidas da alma popular" e "valores que dão sentido a vida"." (PELEGRINI, 2006, p. 117).

29   O Decreto nº 3.551, de 4 de agosto de 2000, junto à Resolução nº 1, de 3 de agosto de 2006 (DOU 23/3/2007), foi um marco legal sobre as políticas de patrimônio imaterial no Brasil. Consultar: CASTRO, Maria Laura Viveiros de; FONSECA, Maria Laura Viveiros de Castro e Maria Cecília Londres. *Patrimônio imaterial no Brasil:* legislação e políticas estaduais. Brasília: UNESCO, Educarte, 2008.

30   Fonte: FLORÍNEA (SP). Lei Ordinária N° 006/89, de 2 de março de 1989. *Autoriza a prefeitura municipal de Florínea a adquirir terreno.* Florínea, 1989.

segue doações para construções, reformas ou compras de materiais diversos para o espaço, constituindo a partir da década de 1990, locais específicos e funcionais tanto para melhor abrigar o público festivo, como também, para consolidar sua identidade no lugar onde ocorre essa prática social.

Para isso, porém, a reformulação da identidade do grupo no lugar continua a referenciar nomes de foliões de certa forma oficializados na memória da celebração, como foi o caso de Benedito Sebastião de Paula e, também, do próprio presidente da Comissão, Rozimbo do Nascimento, o qual continua nesta função até a criação da Associação em 2013. Vale lembrar que Rozimbo também foi o responsável por rememorar nomes de foliões considerados tradicionais, tomando a iniciativa de expô-los em placas do Parque de Tradições (Figuras 9-11).

As imagens a seguir mostram de maneira panorâmica a cidade de Florínea, situando os pontos de origem (casa de pouso das bandeiras entre os dias 4 e 6 de janeiro)[31] e destino (Parque de Tradições) das bandeiras no dia da festa de encerramento do ritual de Folia de Reis (Figura 32), bem como as subdivisões funcionais construídas a partir da década de 1990 no lugar festivo (Figura 33).

---

31   Vale ressaltar que os "pontos de pouso" das bandeiras foram retratados segundo depoimentos recolhidos entre os anos em que realizamos a pesquisa de mestrado, podendo estes terem sido modificados após 2016.

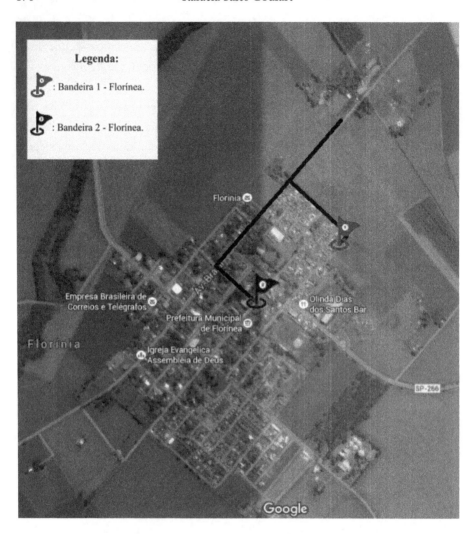

Figura 32: Rotas das bandeiras de Florínea nos dias 06 de janeiro.
Observação: Origem – casas de pouso da bandeira; destino – Parque de Tradições. Fonte: https://www.google.com.br/maps. Acesso: 01 mai. 2016.

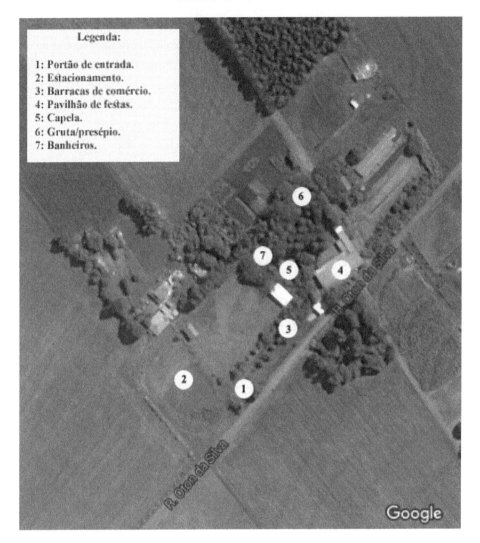

Figura 33: Vista panorâmica do Parque de Tradições.
Fonte: https://www.google.com.br/maps. Acesso: 01 de mai. 2016.

A Figura 33 localiza o portão de entrada do Parque de Tradições (1), o estacionamento (2), as barracas para comercialização de produtos (3), o Pavilhão de festas "Santino Fabiano dos Santos": cozinha e área de refeição da festa (4), a capela (5), a gruta/presépio (6) e os banheiros (7). Subdivisões que foram constituídas através do trabalho do grupo de Folia de Reis, fornecendo ao Parque de Tradições uma identidade ligada a esta celebração.

Com uma área de 23.825.4839 (pouco mais de 2 hectares), o lugar da festa está situado na atual Avenida Othon da Silva[32] (sem número), denominada inicialmente como Rua no ano de 1990, em homenagem ao representante de uma das famílias que radicaram para Florínea, dedicando-se à história da cidade e de sua população.[33] De acordo com Benedito da Silva (2016), filho do homenageado, tal ação por parte do poder público não só se deve ao pioneirismo da família Silva em Florínea, como também pelo fato de possuírem uma chácara ao lado do terreno do Parque de Tradições, local onde seu pai morava antes de vir a falecer.

Othon da Silva nasceu em Juiz de Fora/MG, em 1917. Ainda criança veio para a região onde se localiza a cidade de Cândido Mota,[34] lugar onde seu pai, Antônio da Silva, passou a trabalhar como carreiro de Sebastião Alves de Oliveira. Nesse sentido, o último teria se habituado à cultura da Folia de Reis juntamente ao considerado primeiro festeiro de Florínea, passando essa tradição aos filhos e netos. Não é por acaso que Othon foi palhaço, capitão e cantava em variadas posições musicais da bandeira de número 1 da Folia de Reis de Florínea, assim como também, seu irmão Amado Jesus da Silva e seu filho, Benedito da Silva que, respectivamente, ainda assumem as funções de capitão e mestre da mesma bandeira.

Na cidade, Othon da Silva era conhecido como "Othinho Benzedor", pois segundo Benedito da Silva (2016), "[...] gostava de benzer criança... e o pessoal. Ele ficava fazendo lavagem do dendê... era muito procurado pelas pessoas que acreditavam... ele pagava autônomo". Dessa maneira, além de já ter trabalhado também como carreiro, Othon passou a exercer práticas de benzimento que atraíam pessoas e o tornavam conhecido na região. A citada lavagem do dendê ainda indica que Othon conhecia rituais provenientes de religiões afro-brasileiras, isso sem falar que a família Silva também é conhecida em Florínea como praticante da dança de Moçambique.

De Cândido Mota, a família Silva teria desbravado em conjunto com a família Alves, de quem eram funcionários, a região pela qual as duas bandeiras de Folia de Reis de Florínea ainda circulam, estabelecendo-se inicialmente na Água das Flores, depois na Água do Barbado, lugar onde os filhos de Othon: Vicente, Aparecido, Francisco, Benedito e Helena da Silva teriam nascido, e por último, aproximadamente em 1965, teriam migrado para Florínea (SILVA, 2016). Vale dizer que Francisco

---

32   Fonte: FLORÍNEA (SP). Lei Ordinária N° 035/93, de 5 de março de 1993. *Altera denominação de logradouro público*. Florínea, 1993.
33   Fonte: FLORÍNEA (SP). Lei Ordinária N° 023/90, de 7 de novembro de 1990. *Dispõe sobre a denominação de ruas e logradouro público*. Florínea, 1990.
34   Vale lembrar que Cândido Mota foi emancipada em 1923.

e Aparecido da Silva vincularam-se à política local, sendo o primeiro vereador de Florínea nas gestões de 1993/1996 e 1997/2000 e vice-prefeito em 2001/2004, e o segundo, vereador em 2005/2008 e vice-prefeito em 2009/2012 e 2013/2016.

3. 2. 1 Pavilhão de festas, cozinha, aprendizagem social

Figura 34: Placa de inauguração do Pavilhão de Festas "Santino Fabiano dos Santos". Florínea/SP, 2012. Autora: Rafaela Sales Goulart.

Antes das festas serem de fato organizadas na cidade de Florínea, em um local apropriado, a área de distribuição dos alimentos (Figuras 29 e 30) era improvisada em barracões nas sedes das fazendas e sítios ou mesmo em espaços citadinos, como foi o caso do campo municipal (DIAS, 2014). Após a compra de um terreno pela prefeitura municipal em 1989, porém, os antigos barracões foram trocados, sendo inaugurado em 1993 o Pavilhão de festas "Santino Fabiano dos Santos".

Santino Fabiano dos Santos, esposo de Aurora Franco dos Santos, foi um folião popular à Folia de Reis de Florínea, participando como palhaço e capitão da bandeira 1 (Figura 9). Embora não justificada na lei[35] a razão pela qual o nome de Santino foi escolhido para nomear o espaço, as memórias documentadas nessa pesquisa já indicaram que ele foi fundamental para o desenvolvimento da história e fortalecimento da memória da manifestação popular na cidade, em um momento em que

---

35 Fonte: FLORÍNEA (SP). Lei Ordinária Nº 060/93, de 7 de maio de 1993. *Dispõe sobre denominação de logradouro público que especifica*. Florínea, 1993.

celebração parecia ameaçada, justamente pela falta de lugar para sua realização.[36] E, na medida em que a festa passou a ser realizada no barracão improvisado na cidade, Santino tomava conta do lugar, levando seus sobrinhos para ajudar nas tarefas de organização do festejo (FABIANO NETO, 2014).

Mesmo que Santino tenha sido oficialmente destacado na titulação do Pavilhão de festas e que, junto a ele, tenham surgido rememorações sobre os foliões "Nezião" e Alfeu do Nascimento, o que se deve levar em consideração é que a aliança popular a favor da continuidade do festejo em Florínea deu certo e foi reconhecida pelos gestores do município, os quais possibilitaram a compra de um terreno mais amplo, tanto para a tradicional distribuição dos alimentos como para sua própria preparação, sobrando ainda espaço para futuras instalações e reformas, que foram possíveis através do trabalho e da busca por doações realizadas pela Comissão de festas;[37] bem como pelo acato dos pedidos da Comissão pela prefeitura, a qual ajudou em reformas do Pavilhão e do matadouro dos animais arrecadados, constando na ata de 2008 a informação de que o repasse de verba municipal equivalente à 10 mil reais, teria sido possibilitado mediante intervenções do então presidente da Câmara Municipal de Florínea, Robson Dias Bavaresco,[38] e da vice-prefeita, Benedita Helena Simeão Granado.

O trecho a seguir demonstra alguns benefícios do lugar fixo na cidade, que repercutiram em mudanças das práticas gastronômicas na Folia de Reis.

> [...] hoje nós temos o local fixo pra fazer a festa, antes era cada ano na casa de um festeiro... era aquela maior dificuldade, pra assar, por exemplo, teria que fazer valeta, valeta é um buraco no chão, e botava ali madeira e tal, não tínhamos água, carvão, então era bem difícil. Mudou totalmente. (SILVA, 2013).

As memórias remetem às dificuldades sofridas no momento em que as festas eram realizadas no campo, principalmente quando se recorda das tarefas que envolviam o preparo dos alimentos, sendo necessária toda uma organização do espaço, dos instrumentos de trabalho e das pessoas que compunham a cozinha da festa. Apesar de saber que o festeiro se responsabilizava por ceder sua propriedade,

---

36   Assunto relatado no final do capítulo 1.
37   Na ata da reunião realizada em 2003, por exemplo, foi apontado que o piso da cozinha do Pavilhão de festas foi uma doação.
38   Robson Dias Bavaresco é sobrinho do ex-capitão da Folia de Reis de Florínea, Florêncio Bavaresco Dias.

organizando-a e, supostamente, complementando as prendas arrecadadas nos giros, por trás daquele representante, os demais membros do grupo – músicos, palhaços, simpatizantes, devotos dos santos e funcionários dos festeiros – continuavam a trabalhar para a Folia de Reis, mesmo depois do término do giro que ocorria entre os dias 25 e 31 de dezembro.

Como indica Benedito da Silva (2013), o mestre Fião, antes do preparo do churrasco, eram necessárias pessoas que ficassem responsáveis não só para assar as carnes, mas também para fazer as valetas e buscar as madeiras/lenhas, isso sem falar dos espetos de bambu que serviam para segurar as carnes sobre as valetas (NASCIMENTO, 2012), os quais deveriam ser retirados da natureza e lapidados para aquela função, e do próprio processo de assar custar um pouco mais de tempo do que hoje normalmente gastaria nas churrasqueiras e fornos.

Segundo Rozimbo do Nascimento (2012), a prática do churrasco foi iniciada em uma festa cujo festeiro foi Artur Alves, momento em que seu pai, Saturnino Faustino do Nascimento, era capitão da bandeira e que ele, ainda adolescente, passou a ajudar na tarefa do churrasco, sendo que a maioria das carnes arrecadadas e servidas eram suínas, diferente do que se percebe hoje em dia, com a predominância de carnes bovinas (NASCIMENTO, 2012). Rozimbo ainda recorda da função que sua mãe cumpria nas festas do campo, era cozinheira e fazia almôndegas com o lombo de porco, carne que ela mesma triturava. Ao acompanhá-la no momento de preparo da comida, o folião apresenta suas primeiras contribuições: "[...] desde o dia primeiro, eu ia fazendo e enlatando gordura para o dia da festa... eu ajudava desde aquele tempo..." (*Ibidem*, 2012).

Nas festas no campo, além da predominância do churrasco de carne de porco e frango, eram cozinhados macarrão, arroz e feijão. Já com a mudança das festas para a cidade, no período em que improvisavam o barracão, só era servido churrasco, "[...] a pessoa pegava aquele prato de carne e saía, ia comer lá num lugar, depois que resolveram fazer comida" (SANTOS, 2013).[39]

Dessa forma, com a inauguração do Pavilhão de festas, além de terem sido construídas churrasqueiras e fornos fixos no local (Ata de 2006), foi construída uma cozinha adequada para o preparo de alimentos como carne cozida com batatas, macarrão, feijão, tutu de feijão e arroz, bem como, para o armazenamento de todos os vasilhames, pratarias, talheres, freezeres e fogões. Essa estruturação passou a exigir uma melhor organização da equipe responsável por exercer as variadas funções da

---

39 Rever Figura 30.

cozinha, o que se tornou um dos assuntos recorrentes nas reuniões da Comissão, onde tudo passou a ser dividido e facilitado.

As imagens abaixo demonstram dois tipos de churrasqueiras fixadas no Pavilhão de festas.

Figura 35: Preparo do churrasco no Pavilhão de Festas Santino Fabiano dos Santos.
Fonte: FESTA DE REIS EM FLORÍNEA DE 2005, Produção: Cristiano Arcanjo. Florínea: Som e Produções, 2005, 1 DVD (42:49).

Figura 36: Fornos do Pavilhão de festas.
Florínea/SP, 2012. Autora: Rafaela Sales Goulart.

Antes do churrasco (Figura 35), a tarefa de abate dos animais arrecadados também é realizada por homens. As prendas são buscadas geralmente por dois motoristas, também chamados de *procuradores/catadores de prendas* (Ata 1991), nas propriedades de quem as doou, no dia 4 de janeiro, podendo a Comissão optar por deixar os animais na engorda até uma próxima festa. Na Ata de 1996, por exemplo, consta um agradecimento ao prefeito municipal, o qual permitiu que os foliões soltassem os bezerros arrecadados no pasto da ilha, até que estes tivessem em boas condições para o abate. Além disso, tais animais podem ser vendidos, sendo seu dinheiro convertido para a Comissão e, consequentemente, às festas (Ata de 1995). Vale dizer que em 2012, o grupo adquiriu uma caminhonete própria para a busca das prendas, evitando os foliões de emprestarem ou utilizarem transportes particulares para cumprir tal função.

Onofre Lopes de Lima (2013) afirma que os animais costumam ser levados para o abate no sítio do filho de Alfeu do Nascimento, lugar onde "[...] eles tiraram a água e ladrilharam, e lá tem um matador pra matar as leitoas, os frangos, os porcos..." (*Ibidem*, 2013).[40] Após tal processo, as carnes são entregues à cozinha do Pavilhão, para que outras equipes façam os cortes e as preparem, sejam assadas, fritas ou cozidas. Nesses grupos, por sua vez, há uma predominância de mulheres que, segundo Aurora Franco dos Santos (2013), acabam "[...] lidando com frango... cascando batatinha, escolhendo feijão, escolhendo arroz" e demais mantimentos que são cozidos e servidos na festa.[41]

---

40 Apesar do sítio de Alfeu ter sido citado como local de abate também na ata de 1991, as demais atas mostraram que foram variados os lugares de matança dos animais.
41 Vale dizer que no momento da entrevista realizada com Aurora, ela era líder das mulheres na cozinha; ou seja, cabia a ela distribuir as citadas atividades, bem como supervisionar seu bom andamento. Fonte: SANTOS, Aurora Franco dos. *Entrevista [1 nov. 2013]*. Entrevistadora: Rafaela Sales Goulart. Florínea/SP, 2013. Áudio MP3 (57:09).

Figura 37: Preparo da comida na cozinha do Pavilhão de Festas Santino Fabiano dos Santos.
Fonte: FESTA DE REIS EM FLORÍNEA DE 2009, Produção: Cristiano Arcanjo. Florínea: Som e Produções, 2009, 01 DVD (01:22:05).

A imagem atesta o relato de Aurora Franco dos Santos (2013), demonstrando ainda, ao fundo, o armário da cozinha repleto de materiais que supõem as melhores condições encontradas nesse local. Tanto no depoimento da líder de cozinha quanto nas atas da Comissão, são descritas a compra de materiais como caixas térmicas, as quais, inclusive, foram recomendadas pela vigilância sanitária da cidade. Para esta nova cozinha: "[...] comprou tudo de vidro... a prataiada [...] todo ano compra bacia, concha, espumadeira... liquidificador, panela de pressão, aquelas panelonas grandonas e o fogão... hoje tem um fogão industrial muito bom" (*Ibidem*, 2013).

O sucesso da cozinha e da distribuição farta de alimentos nas festas só é possível com o voluntariado presente nesse tipo de celebração. Além do próprio grupo de Folia de Reis, cria-se na cidade de Florínea um mutirão de pessoas dispostas a ajudar no preparo da comida que se inicia no dia 5 de janeiro, permanecendo no local até o dia 6, momento em que são necessárias mais pessoas para trabalharem também como garçons ou garçonetes e para lavar as louças[42] que vão se juntando no decorrer do dia. As próximas imagens retratam tais informações:

---

42 Na Ata de 1998 foi apontado que a comissão contratou duas pessoas para auxiliarem na lavagem das louças.

Figura 38: Pessoas comendo e garçons servindo no Pavilhão de Festas Santino Fabiano dos Santos. Florínea/SP, 2013. Autora: Rafaela Sales Goulart.

Figura 39: Mulheres trabalhando na cozinha do Pavilhão de Festas Santino Fabiano dos Santos. Florínea/SP, 2013. Autora: Rafaela Sales Goulart.

Figura 40: Mulheres lavando louça no Pavilhão de Festas Santino Fabiano dos Santos. Florínea/SP, 2013. Autora: Rafaela Sales Goulart.

Assim como aprender as músicas e versos da Folia de Reis no ritual dos giros de visitações, são os atos de aprender a cozinhar, assar, preparar e servir as refeições nas festas, pois esta é uma educação que se dá a partir da observação e da participação coletiva nos variados trabalhos, como é o caso da busca das prendas doadas em sítios, funções antes cumpridas por carroceiros e hoje por motoristas que utilizam uma caminhonete comprada pela Comissão em 2012.[43] É oportuno lembrar-se das situações e processos sociais de aprendizagem já estudados por Carlos Rodrigues Brandão (2007, p. 18):

> As pessoas convivem umas com as outras e o saber flui, pelos atos de quem sabe-e-faz, para quem não-sabe-e-aprende. Mesmo quando os adultos encorajam e guiam os momentos e situações de aprender de crianças e adolescentes, são raros os tempos especialmente reservados apenas para o ato de ensinar.

Por suposto, o saber flui em situações cotidianas diversas, são construções culturais que se tornam naturais entre adultos e crianças que convivem, surtindo em alguma habilidade que, de alguma forma, continuará sendo desenvolvida pelo obser-

---

[43] Dado fornecido pelo tesoureiro Alexandre Fabiano Neto em ocasião da saída das bandeiras da casa do festeiro, em 25 de dezembro de 2012.

Sentidos da Folia de Reis 181

vador. Essa consideração expressa pelo antropólogo, traduz a afetividade e a emoção que aparecem nos relatos citados na pesquisa, validando a ideia de que memória é trabalho (BOSI, 1994) e de que as lembranças são constructos sociais. Nesse sentido, as memórias da cozinha, que vão desde o saber sobre o preparo das prendas, até a maneira de servir e comer, foram apreendidas e recordadas de forma semelhante nos tempos de celebração do campo e da cidade.

Os relatos de Rozimbo (2012) e Aurora (2013), por exemplo, além de demonstrarem as experiências gastronômicas estabelecidas na cozinha, seja ela no contexto rural ou urbano, permitem entender que o espaço ocupado pelas mulheres no festejo manteve-se por um tempo circunscrito geralmente à cozinha, área de representatividade no festejo quando se trata da sociabilidade do grupo e dos demais foliões presentes na festa, dos primeiros dias do ritual até o dia de encerramento do festejo. Uma constatação que desconstrói as primeiras impressões sobre o ritual como um espaço formado unicamente pelo público masculino.

As próximas imagens demonstram que com o passar dos anos, as mulheres passaram a compor o grupo dos músicos, executando instrumentos musicais como aparece na Figura 41, onde uma delas toca a caixa e a outra, toca o chocalho/maraca. Além de algumas se vestirem como palhaças (Figura 42) no ritual festivo e de comporem o canto do grupo, geralmente, na posição do gritinho/espichado/tipi, a qual exige a característica voz aguda que finaliza as músicas de Folia de Reis.

Figura 41: Mulheres compondo conjunto musical.
Fonte: FESTA DE REIS EM FLORÍNEA DE 2007, Produção: Cristiano Arcanjo. Florínea: Som e Produções, 2007, 01 DVD (01:12:11).

Figura 42: Mulher vestida de palhaça.
Florínea/SP, 2014. Autora: Rafaela Sales Goulart.

O fato das foliãs passarem a ocupar outras funções na Folia de Reis, que não propriamente circunscritas às tarefas da cozinha, demonstra que os processos de aprendizagem social (BRANDÃO, 2007) possuem o mesmo nível de importância nos demais espaços da Folia de Reis. Na medida em que esses sujeitos e espaços se atualizam, são igualmente renovados os papéis sociais exercidos no festejo.

3. 2. 2 Barracas, comércio, arrecadações

Figura 43: Barracas e comercialização de produtos na Folia de Reis.
Florínea/SP, 2015. Autora: Rafaela Sales Goulart.

Depois de passar pelos portões de entrada do Parque de Tradições, existe uma trilha que leva até o Pavilhão de festas e, ao lado deste, mais dois caminhos que as bandeiras percorrem até chegarem ao presépio. Antes dos destinos, porém, o lugar é ocupado por barracas que comercializam comidas (cachorros quentes, batatas fritas, pipocas, crepes suíços, churros, cocadas), bebidas (refrigerantes, sucos, água de coco, cervejas), brinquedos e lembranças. Diferente do que se visualizou em uma filmagem da festa de 1996,[44] onde foram trazidos para o jardim do Parque de Tradições, diferentes brinquedos que compunham um verdadeiro parque de diversões (chapéu mexicano, carrossel, roda gigante etc), atualmente, são montados no local, brinquedos infláveis para recreação infantil.

A finalidade das barracas não é só atrair e divertir, as comercializações sobretudo foram aceitas quando o grupo de Folia de Reis conquistou um lugar público para sua celebração na cidade. Dessa maneira, o lucro obtido com o comércio não só beneficiaria os vendedores no dia de Santos Reis, mas serviria como fonte de arrecadações para à própria Comissão, na medida em que esta aluga o local para

---

44 FESTA DE REIS EM FLORÍNEA DE 1996, Produção: Cristiano Arcanjo. Florínea: Som e Produções, 1996, 01 DVD (1:46:08).

os comerciantes. Um dos bares da festa, inclusive, foi citado na ata de 1996 como uma alternativa de arrecadação de dinheiro para o grupo, cabendo o trabalho aos voluntários. Se os foliões quisessem consumir algo neste lugar, porém, teriam que comprar (ata de 1998).

Nesse sentido, as reuniões da Comissão estipulavam as finalidades do dinheiro que a equipe tinha em caixa. Em 1998, por exemplo, foi sugerida a compra de um aparelho de som para a Folia de Reis. Já em 2006, foi proposta e aceita à licitação do pátio da festa, dinheiro que seria investido na compra de um exaustor para a cozinha e na construção dos fornos (Figura 36). Além disso, na ata de 2007, consta que o restante do dinheiro desta licitação, junto à venda da filmadora que pertencia ao grupo e mais o restante das arrecadações no giro, foi utilizado para a construção da capela e das barracas fixas no Parque de Tradições.

As imagens abaixo retratam as barracas de madeira construídas no Parque, possibilitando ainda comparações do lugar entre um dia comum (Figura 44) e um dia de festa de reis (Figuras 45 e 46).

Figura 44: Barracas do Parque de Tradições em um dia comum.
Florínea/SP, 2012. Autora: Rafaela Sales Goulart.

Figura 45: Público variado na Folia de Reis.
Observação: Fotografia retirada aproximadamente às 13 horas. Florínea/SP, 2013. Autora: Rafaela Sales Goulart.

Figura 46: Tenda com bar e mesas que abrigam o público festivo.
Florínea/SP, 2013. Autora: Rafaela Sales Goulart.

Vale dizer que a mão de obra utilizada para as construções no Parque são, geralmente, doadas por devotos dos Santos Reis, o que reduz os custos da Comissão e a busca por dinheiro da própria prefeitura municipal.

3. 2. 3 Gruta, presépio

Se o Pavilhão de festas é um ponto de encontro para refeições fartas e espaço onde ocorrem trocas de experiências, fartura e boa vontade dos voluntários, o altar é lugar sagrado construído justamente para o encontro dos foliões e devotos que representam os magos, com a imagem do menino Jesus, junto a José e Maria sob uma gruta (presépio).

> [...] quando encontra, que tem o menino Deus lá, ali representa ser a manjedoura, o lugar que o menino Deus tá deitado... Então ali temos o carneiro, tem a burrica, tem os bois, o galo, inclusive o galo está cantando. "- Por que que o galo canta meia noite? Porque foi a hora que o menino Deus nasceu"... na hora lá, que você vê o presépio, tem um galinho lá, comunheiro da casinha que está cantando, é a hora que eles *(os foliões)* cantam: Jesus Cristo nasceu... (MARIANO, 2013).

Conforme a descrição de Davi Antônio Mariano, além da sagrada família, compõe o presépio alguns animais, em especial o galo que, segundo o folião, anuncia o nascimento de Jesus. E além dele, também é apresentada a imagem do anjo Gabriel e dos três reis magos. As imagens a seguir ilustram o altar montado na gruta do Parque de Tradições.

Figura 47: Altar na gruta do Parque de Tradições.
Florínea/SP, 2014. Autora: Rafaela Sales Goulart.

Figura 48: Presépio montado na gruta do Parque de Tradições.
Florínea/SP, 2014. Autora: Rafaela Sales Goulart.

Como se percebe, o altar é a completa representação do imaginário social. Sua arrumação exige o entendimento da história dos magos, seja pela leitura das passagens bíblicas que indicam o encontro deles com Jesus, seja pela própria atenção aos costumes da Folia de Reis, junto às suas músicas e a saudação ao presépio. Os presentes carregados pelos magos – ouro, incenso e mirra, por exemplo, indicam a ordem das imagens daqueles que os carregam, não cabendo todos na manjedoura. Há também o costume de colocar em volta do presépio, gramas, terra, pedras, simulam inclusive um lago onde fica uma ponte que permite a passagem dos magos até a manjedoura. Além disso, o altar é forrado por toalhas brancas e cercado por bandeiras antigas de Folia de Reis.

Por alguns anos, a função de arrumá-lo ficou por conta do senhor Benedito Fabiano, irmão de Santino Fabiano dos Santos. Na ata de 22 de dezembro de 1995, Benedito faz um pedido à Comissão, de "[...] que o dinheiro posto no altar, fique para a ampliação do altar, como compra de vela, e enfeite de altar". Essa solicitação permite entender que neste espaço sagrado também são depositadas doações do público festivo, as quais podem ser feitas antes mesmo das bandeiras chegarem ao Parque de Tradições, momento que as pessoas costumam visitar o altar para fazer uma oração, para conhecer ou mesmo revisitar esse ponto da festa.

Nas imagens gravadas no DVD de 1996[45] é possível ver que o presépio era montado sobre uma mesa menor e não fixa, diferente do apresentado na Figura 47. Já no DVD de 2005,[46] percebe-se que antes da criação da capela no Parque de Tradições, eram trazidas a gruta, quadros que expunham fotografias antigas sobre distintos momentos da Folia de Reis de Florínea.

---

45 Fonte: FESTA DE REIS EM FLORÍNEA DE 1996, Produção: Cristiano Arcanjo. Florínea: Som e Produções, 1996, 01 DVD (1:46:08).
46 Fonte: FESTA DE REIS EM FLORÍNEA DE 2005, Produção: Cristiano Arcanjo. Florínea: Som e Produções, 2005, 1 DVD (42:49).

3. 2. 4 Capela, acervo

Figura 49: Capela do Parque de Tradições.
Florínea/SP, 2012. Autora: Rafaela Sales Goulart.

A capela do Parque de Tradições foi construída durante o ano de 2007, sendo inaugurada com a realização de uma missa rezada pelo padre Orlando de Almeida, no dia 25 de dezembro daquele ano. Na ata de reunião da Comissão consta que esse espaço tem a função de guardar as bandeiras e demais objetos que pertencem aos batalhões de Folia de Reis. Portanto, além remeter a um lugar sagrado de orações e preces assim como a gruta e o altar, a capela também assume papel de acervo, onde se guardam os objetos materiais com valor sagrado que, por sua vez, reavivam memórias sobre o festejo.

Tanto o barracão/Pavilhão de festas, a capela, o presépio, as barracas de comércio e até mesmo o jardim, surgiram nas atas das reuniões e nos depoimentos dos foliões entrevistados como espaços de conquista da Comissão. Junto a eles, surtiram algumas funções a serem cumpridas por integrantes do grupo, como o caso do responsável pelo altar/presépio ou aqueles que devem guardar a capela e os objetos de seu interior.

Antônio Cândido Ferreira (2013) fala de sua função:

> Eu fico responsável pela igrejinha, eu e o "Manzino". É nós que... ajeita tudo pro dia da festa. Que nem agora, nós vamos arrumar os instrumentos, levar na casa do festeiro, pra no dia da festa sair, e depois já fica uma turma cuidando do Barracão... dos alimentos que nós ganhamos, vai tudo separando pro dia da festa.

Como se percebe no depoimento de Leco, geralmente duas pessoas cuidam da capela, responsabilizando-se pelas suas chaves e limpeza. Geralmente, são esses integrantes do grupo que acabam enfeitando os instrumentos musicais que lá ficam guardados ou apontam alguém para fazê-lo.

As Figuras a seguir ilustram o interior do espaço:

Figura 50: Interior da capela do Parque de Tradições.
Florínea/SP, 2012. Autora: Rafaela Sales Goulart.

Sentidos da Folia de Reis

Figura 51: Materiais do acervo/capela do Parque de Tradições. Florínea/SP, 2012. Autora: Rafaela Sales Goulart.

Além das bandeiras e instrumentos musicais, as imagens demonstram quadros com nomes de antigos foliões, fotografias, troféus de participação em eventos, imagens de santos e outros componentes do presépio que é montado na gruta no dia da festa do dia 6 de janeiro, isso sem falar nos colchões que lá são armazenados, os quais são emprestados para aqueles foliões que precisam pousar em Florínea nos dias de giro.

Dessa forma, se, por um lado o resguardo dos objetos e instrumentos musicais em um lugar sagrado é proveniente dos sentidos sacros atribuídos a estes objetos, por outro, sua utilização como um acervo onde são depositados documentos relativos à memória do grupo, como as fotografias, permite a interpretação de que ele não é visitado pela comunidade florinense nos demais períodos do ano, correndo o risco de também não ser muito frequentado pelos próprios foliões.[47]

---

[47] Reflete-se que essa atitude pode prejudicar a conservação dos materiais lá depositados. Quando visitei o local, por exemplo, percebi que as fotografias aparentavam ter sido molhadas, talvez por uma infiltração no lugar.

3. 2. 5 Estacionamento, banheiros e jardim

Por seu caráter tradicional, a Folia de Reis de Florínea é muito frequentada pela população da cidade, trazendo também pessoas de outros municípios e Estados que estão ligadas à esse costume, seja pelos laços parentais, seja por ter nascido ou morado no lugar, identificando-se. O calendário da festividade contribui, também, com a quantidade de visitantes que geralmente estão em férias ou recesso por conta do feriado no município. Além disso, em razão de ocorrer no dia 6 de Janeiro, os dias da semana consequentemente serão variados ao longo dos anos, o que ajuda na movimentação do público, aumentando-o nos finais de semana.

A atenção à provável quantidade de pessoas na festa é considerada pelos foliões organizadores do evento justamente porque incide em uma maior ou menor atenção no preparo do evento. Mas o fato é que o aumento de pessoas passou a ser preocupação quando a festa veio para a cidade, sendo realizada em um lugar público; ou seja, lugar onde não há como controlar os frequentadores segundo o critério de quem doou prendas no giro ou quem se recusou em receber a bandeira em sua casa. Essa mudança começou a ser sentida pelos foliões, pois no contexto do campo, tinha privilégios na comida quem efetivamente participava do ritual. Em 2004, Benedito da Silva aponta que seria necessário um plano de arrecadação de mais dinheiro para o festejo, em função do aumento da população festiva (Ata 2004).

Dessa forma, alguns dilemas passaram a ser discutidos por aqueles que frequentavam a Comissão, não só com relação à organização da equipe responsável pelas distintas tarefas, mas também, com relação à ocupação do lugar pelo próprio público. A utilização do estacionamento do Parque, por exemplo, foi um tema discutido nas reuniões de 2004, 2005, 2008 e 2009, sendo observado que famílias mais tradicionais ou que ajudaram de alguma forma o festejo, deveriam ser beneficiadas.

Como situado, esse nível de discussão é evidente depois de 10 anos em que a festa se consolidou no Parque de Tradições, período importante para o fortalecimento da identidade do grupo no lugar, trazendo para os foliões uma maior responsabilidade sobre o mesmo. Com a leitura das atas, subentende-se de maneira geral que o grupo percebeu o sucesso da festa, fruto de seu trabalho e organização. Embora as contribuições da prefeitura sejam reconhecidas, assumem que a cidade ganha com o festejo, tanto em nível cultural quanto financeiro e político. Assim, além dos debates sobre o estacionamento, surgiram também questionamentos sobre quem manteria a ordem e limpeza do Parque, principalmente com relação ao jardim e banheiros.

Sabe-se que na medida em que a prefeitura construiu o Pavilhão de festas, também fez um banheiro público. Mas com a demanda maior de visitantes, a própria Comissão toma iniciativa de reformá-lo em 2003. Tal ação foi registrada em ata como uma doação arranjada pelos foliões, sendo decidido também que deveria haver dois funcionários no banheiro, os quais deveriam cuidar de sua ordem no dia festivo. A imagem abaixo ilustra o prédio que compreende os banheiros masculino e feminino.

Figura 52: Banheiros do Parque de Tradições.
Florínea/SP, 2015. Autora: Rafaela Sales Goulart.

As Figuras 53 e 54, por sua vez, representam respectivamente o estacionamento e a avenida que dá acesso ao Parque de Tradições, repleta de carros que não couberam no estacionamento neste dia de festa.

Figura 53: Estacionamento do Parque de Tradições.
Florínea/SP, 2013. Autora: Rafaela Sales Goulart.

Figura 54: Carros na avenida Othon da Silva.
Florínea/SP, 2013. Autora: Rafaela Sales Goulart.

Tanto as imagens aqui dispostas quanto àquelas que ilustraram os variados espaços do Parque, fornecem para o leitor, uma representação do lugar no dia 6 de janeiro.[48] Já foi indicado também que a Comissão organiza pessoas que fazem uma

---

48   As fotografias que correspondem às Figuras 53 e 54 foram retiradas no dia 06 de janeiro de 2013, data em que a Festa de Santos Reis de Florínea foi celebrada em um domingo.

Sentidos da Folia de Reis   195

limpeza prévia, durante e posterior à festa de Santos Reis, entretanto, cabe ainda uma observação da conservação do local público durante o ano. Ou seja, mais um cuidado que se torna dilema ao grupo, pois, embora a equipe de foliões trabalhe em função da festa e, consequentemente, do lugar, dando ênfase ao período de comemoração da Folia de Reis, o Parque ainda assim necessitaria de mais atenção nos demais dias do ano, sendo necessária, por exemplo, a manutenção da limpeza do seu jardim.

De 30 de agosto de 2012, a próxima fotografia dá ideia da paisagem do Parque de Tradições em um dia comum do ano:

Figura 55: Parque de Tradições no mês de agosto.
Florínea/SP, 2012. Autora: Rafaela Sales Goulart.

Ainda que a imagem demonstre muitas folhas e galhos caídos sobre um dos caminhos à gruta, deve-se levar em consideração a estação do ano (outono) em que a fotografia foi retirada. Mesmo assim, poder-se-ia dizer que o Parque estava em um estado de abandono. Entretanto, as roupas estendidas no varal, no fundo da imagem, demonstram que o lugar é habitado por uma família. Antes disso, porém, o mestre Dito indica que o lugar servia de alojamento para foliões que não moram em Florínea, em suas palavras:

[...] tem o alojamento lá onde é a festa, só que é muito difícil de você ficar lá sozinho, porque é meio longe da cidade, então eles alugam uma casa dentro da cidade, até inclusive eles têm um planejamento de fazer uma casa/alojamento para os foliões de fora[49] (SILVA, 2013).

O depoimento demonstra algumas dificuldades presentes no local, as quais possivelmente fizeram com que fosse escolhido outro abrigo para os foliões. Além disso, na ata de 2005, consta que o prefeito permitiu que uma família morasse no lugar e que, no entanto, essa família não zelava pela limpeza do mesmo.

Como indicado em ocasião da apresentação da capela (Figura 50), os colchões que ficam lá guardados são emprestados para os foliões que moram fora de Florínea e que precisam pousar na cidade nos dias de giro. Dessa forma, a construção de outro local ou a efetiva ocupação do alojamento no Parque, que requer da prefeitura manter sua segurança e limpeza, seriam opções para acolher foliões durante os giros, bem como serviria para depositar materiais não utilizados pelo grupo durante o ano. Isso sem falar que a função de depósito da capela se perderia, possibilitando mais visitas no lugar durante os demais dias do ano.

Vale dizer que embora a Associação Folclórica de Reis Flor do Vale de Florínea tenha registrado sua sede no lugar da festa; ou seja, no Parque de Tradições, este não compreende um espaço específico para as funções administrativas do grupo, o que explica o porquê de suas reuniões serem organizadas em outros espaços públicos da cidade de Florínea e também o fato deles armazenarem em suas residências, parte dos documentos relativos à memória da Folia de Reis de Florínea e da Associação, como são os casos do livro da Constituição da Associação, livro de atas da antiga Comissão, troféus, filmes e fotografias.

3. 3 Estratégias de sustentação da memória coletiva da Folia de Reis de Florínea

A preocupação com a continuidade da Folia de Reis em Florínea não só possibilitou parcerias entre sociedade civil e Estado, vide prefeitura municipal, para criação de um espaço público onde a anual festa de Santos Reis pudesse ser realizada, mas, sobretudo, fortaleceu o grupo organizador dessa celebração no lugar, ao passo em que, este continua formulando estratégias de sustentação da tradição cultural no

---

[49] Antes de alugarem casas para os foliões, a prefeitura cedia espaço para posarem no campo de futebol. Entretanto, segundo Amado da Silva (2013), naquele local, ocorria alguns assaltos, sendo também um lugar desconfortável para os foliões dormirem.

contexto urbano e também fora de seu calendário tradicional festivo, do dia 25 de dezembro a 6 de janeiro.

Como se viu acima, posteriormente à construção do lugar da festa, as primeiras medidas adotadas pelos integrantes da Comissão foi o planejamento e a setorização daquele espaço para a recepção do público, fornecendo a ele, contato com objetos que remetem à história e memória da celebração. Em 1998, por exemplo, documentava-se nas atas das reuniões dos dias 4 de junho e 5 de novembro, as sugestões do então presidente Rozimbo do Nascimento, de que fosse feita uma placa para homenagear os sujeitos tradicionais à história da Folia de Reis de Florínea e, além dela, fala sobre a possível compra de um aparelho de som e de uma filmadora, os quais reproduziriam de maneira mais clara os sons das músicas cantadas pelo grupo no local, bem como registrariam momentos do festejo. Conforme as Figuras 9 a 11, as placas foram construídas no Pavilhão de Festas e lá permanecem para reavivar memórias. Entretanto, já com relação à filmadora, na ata de 22 de dezembro de 2007 é apresentado o plano de venda desse instrumento, tendo como objetivo a complementação do dinheiro do caixa da Comissão para a construção de barracas fixas e da capela no Parque de Tradições. Ou seja, atitudes que demonstram a necessidade de manejo e administração do dinheiro arrecadado de acordo com o que era considerado mais importante, de tempo em tempo.

Nesse sentido, em 11 de dezembro de 2009 foi indicada, na ata de reunião anual da Comissão, a relação do grupo com "Cristiano Arcanjo – Som e Produções", esclarecendo a permissão da instalação da barraca deste jornalista e comerciante florinense na festa sem a cobrança de aluguel, pois em troca, Cristiano forneceria todo o equipamento de som à mesma.[50] Todavia, embora esta menção a Cristiano Arcanjo apareça na ata de 2009, no filme da Festa de Reis de 2005[51] foi constatado o trabalho desse sujeito no local, inclusive, sendo reproduzida na festa uma música criada pelo seu pai, referente à Folia de Reis.[52]

---

50 Cristiano Aparecido Arcanjo nasceu em Florínea/SP, possui 36 anos de idade, é jornalista e também trabalha com aluguéis de equipamentos de som e produções de audiovisuais, lembrancinhas e estamparias em geral. Além de profissional, sua ligação com a Folia de Reis de Florínea é familiar, sendo que por costume, sempre recebeu as bandeiras em sua residência, frequentando desde pequeno as festas de reis da cidade. Fonte: ARCANJO, Cristiano Aparecido. *Entrevista [23 jan. 2016]*. Entrevistadora: Rafaela Sales Goulart. Florínea/SP, 2016. Áudio MP3 (35:42).

51 Fonte: FESTA DE REIS EM FLORÍNEA DE 2005, Produção: Cristiano Arcanjo. Florínea: Som e Produções, 2005, 1 DVD (42:49).

52 Doravante falerei da música "O milagre do ônibus".

Na barraca de Cristiano Arcanjo (Figura 56), passou-se também a vender produtos sobre a Folia de Reis de Florínea, como: CDs, DVDs, camisetas, canecas, cartões e chaveiros (Figura 57).

Figura 56: Barraca de Cristiano Arcanjo – Som e Produções.
Florínea/SP, 2015. Autora: Rafaela Sales Goulart.

Figura 57: Lembranças comercializadas na Folia de Reis de Florínea em 2014.
Fonte: AssisCity – O portal de Assis. Disponível em: http://www.assiscity.com/img/81/2014/30166/fileg_192799.jpg.

Entre as produções comercializadas por Cristiano Aparecido Arcanjo sob a concordância da Comissão, destacam-se os DVDs e CDs que são como filtros de sentidos da memória coletiva da Folia de Reis, sinalizando, portanto, o que se pretende fazer com ela.

3. 3. 1 Suportes audiovisuais

As imagens e sons que compõem os audiovisuais são resultados da seleção de seus produtores. Nessa perspectiva, uma boa avaliação desses produtos requereria atenção à história que envolve seus autores, os costumes, relações sociais estabelecidas e tudo o que compreende seus contextos. Além de traduzir as impressões de uma época em um dado documento, entre o processo vida desse produtor, sua produção e a publicação, comercialização ou circulação da mesma, surgem mais significados e histórias também atreladas à realidade daqueles que se apropriam da dita produção. O contato com um filme, por exemplo, resulta identificações, valores afetivos, lições de moral, entre outros significados que vão além do contexto de fabricação, fazendo sentido em outras épocas. É importante destacar que os impactos sociais que surtem a partir de determinados produtos também dependerão da sua forma de difusão, seja através do rádio, televisão, cinema, internet[53] (HAGEMEYER, 2012).

Os meios de difusão desses audiovisuais, por sua vez, apresentam distintas linguagens, conteúdos e técnicas de composição que promovem um produto final, o qual demanda cuidado em sua análise, pois de alguma forma, representa algo. Como sugere Marcos Napolitano (2010, p. 245), as perguntas que se tornam fundamentais para análise de um filme, por exemplo, são: o que ele diz e como diz?

Todavia, deve-se estar atento ao fato de que a produção desses audiovisuais segue uma narrativa, sendo uma construção dotada de um sentido próprio que seleciona eventos e personagens a serem lembrados ou esquecidos (NAPOLITANO, 2011, p. 279). Os suportes audiovisuais são evidências de um processo ou evento ocorrido que contêm representações socialmente constituídas e foram produzidos com o intuito de sustentar a memória da festa de Florínea. Esse acervo audiovisual é composto por 14 filmes em formato de DVDs, criados ou reconfigurados a partir de "Cristiano Arcanjo – Som e Produções". Esses produtos são comercializados tanto na barraca de Cristiano no dia 6 de janeiro, como em seu comércio local em Florínea, nos outros dias do ano.

---

[53] Esta pesquisa não pretende avaliar a história que envolve os produtores dos audiovisuais a serem discutidos, tampouco analisarei os significados deles aos receptores.

O trabalho de registro e distribuição de materiais audiovisuais desenvolvidos por Cristiano Aparecido Arcanjo e sua equipe, composta por seu pai (José Arcanjo Filho) e esposa (Luciana da Silva Arcanjo), possui como foi apontado, a aceitação da Comissão de festas de Florínea e, embora apresentem certa ausência de técnica e de preocupação com direitos autorais, características informais que indicam os poucos recursos utilizados para sua produção e circulação, devem ser entendidos como importantes suportes de memória coletiva acerca da manifestação cultural, pois auxiliam na trajetória de conscientização social desse patrimônio. Nesse sentido, o ato de gravar imagens e sons das festas de Florínea a partir do século XX, sinaliza também o reconhecimento da Folia de Reis na cidade e a preocupação com a sua salvaguarda.

Entre os 14 DVDs adquiridos na loja de Cristiano, 10 contemplam cenas gravadas nas festas de Florínea nos anos de 1996, 2005, 2007, 2008, 2009, 2010, 2011, 2012, 2013 e 2014. Com relação aos 4 restantes, o primeiro deles corresponde à gravação de uma festa de Santos Reis de Tarumã em 2001, a qual teve ajuda da Comissão de Florínea. Assim, o filme retrata a saída da bandeira de Tarumã e da bandeira 2, de Florínea, da casa do festeiro, as quais seguem até à igreja católica da cidade, lugar onde ocorreu o ritual de encontro dos batalhões e a posterior festa de encerramento. No segundo DVD, registra-se a participação da bandeira 1 de Florínea no "1º Encontro de Folias de Reis de Mato Grosso do Sul", que ocorreu na cidade de Itaporã, em agosto de 2003.[54] Já o terceiro, retrata um almoço organizado por e para os integrantes da bandeira 1 de Florínea, em 19 de abril de 2009 na casa do folião Ivo. E o último DVD, sem data de organização, divulga variados grupos de Folias de Reis brasileiros (paulistas, mineiros, cariocas), não compreendendo, todavia, imagens do grupo de Florínea.

No último caso, Cristiano (2016) diz que a ideia de produção do DVD a partir de vídeos disponibilizados na internet foi dada pelo próprio público que frequenta a festa. De acordo com ele, como são pessoas de diferentes cidades do país que chegam a sua barraca e percebem seu trabalho de documentar a Folia de Reis de Florínea, acabaram sugerindo que ele também o fizesse com as festas de suas cidades de origem, ou mesmo de lugares que visitaram. Dessa forma, tanto este DVD quanto aquele que mostra a participação das bandeiras de Florínea no "1º Encontro de Folias de Reis de Mato Grosso do Sul", tornam-se opções de filmes que mostram costumes e formas de festejar diversas (ARCANJO, 2016).

---

54   Doravante falarei mais afundo deste DVD.

Segundo Cristiano (2016), os vídeos gravados antes do período em que ele passou a comercializar a marca de Santos Reis de Florínea nas festas, foram, em sua maioria, emprestados pelos próprios foliões para que fizesse a conversão das Fitas K7 ao formato de DVD, o que facilitaria sua conservação como documento e circulação entre os interessados. Já os DVDs datados a partir de 2009, foram totalmente produzidos pela equipe de trabalho de Cristiano.

Como exposto, 10 DVDs ilustram o lugar em que o festejo é realizado em Florínea, dando ênfase geralmente no preparo e distribuição da comida no Pavilhão de festas, bem como no altar onde é montado o presépio. Além, obviamente, na atenção ao momento de chegada dos batalhões no Parque de Tradições, demonstrando as performances dos palhaços, as músicas cantadas e a quantidade de pessoas que frequentam o local. Já em 1996, por exemplo, o cinegrafista focalizava o grande número de carros e ônibus no estacionamento e arredores do Parque de Tradições.[55]

Os filmes não apresentam boa qualidade com relação às resoluções das imagens e áudios, no entanto, conseguem transparecer os sentimentos de alegria, devoção e gratidão que permeiam o dia de festa final. Alguns DVDs ainda compreendem depoimentos de integrantes da Comissão, festeiros ou figuras públicas consideradas importantes para o lugar, representando as relações sociais que a sustentam e contribuem de alguma forma com à permanência desse tradicional bem cultural da cidade.

No DVD da festa de 2005 é possível escutar parte do trabalho de Cristiano Aparecido Arcanjo em sua barraca. Além de liderar o comércio das lembranças sobre a festa, esse sujeito se torna porta-voz do grupo de Folia de Reis, na medida em que anuncia e explica ao público festivo, o desenvolvimento do ritual em suas etapas; ou seja, os horários das refeições, a chegada dos batalhões no Parque de Tradições, entre outras informações intercaladas aos agradecimentos que, inclusive, costumam estar ligados ao oferecimento de músicas para determinadas pessoas.[56] Tais canções que retratam promessas, milagres, acontecimentos e nomes de ex-foliões, por sua vez, compõem os CDs também disponibilizados para venda em sua barraca.

No DVD de 2009, assim como nas composições musicais produzidas pela equipe familiar de Cristiano, percebe-se não só o esforço em registrar elementos e símbolos considerados importantes ao ritual, mas também em documentar histórias de vida dos foliões ligados à celebração de Florínea. Dessa forma, pelo convite dos

---

55 Fonte: FESTA DE REIS EM FLORÍNEA DE 1996, Produção: Cristiano Arcanjo. Florínea: Som e Produções, 1996, 01 DVD (1:46:08).

56 Fonte: FESTA DE REIS EM FLORÍNEA DE 2005, Produção: Cristiano Arcanjo. Florínea: Som e Produções, 2005, 1 DVD (42:49).

membros da Comissão, Cristiano e seu pai, José de Arcanjo Filho (Zequinha), participaram de um almoço realizado na propriedade rural identificada no DVD como Fazenda do Ivo e, nele, aproveitaram para recolher alguns depoimentos.[57] Embora não seja realizado no calendário natalino, o almoço é uma confraternização aos santos, com músicas relacionadas às Folias de Reis e outras modas sertanejas, não saindo do estilo de comemoração solidária e calorosa pela qual a tradicional festa do dia 6 de janeiro também é organizada. As pessoas se juntaram para cozinhar, conversar, rezar e compartilhar memórias e sentimentos.

Entre os depoimentos disponibilizados na filmagem, este apresenta o lugar da comemoração, relembrado com certo saudosismo:

> Mais um dia de encontro da bandeira de reis, dia 19 de abril de 2009, aqui nessa região, nessa Água, nesse mesmo lugar, 50 e tantos anos, era sempre encontro de bandeiras, de almoço, de janta na casa do Benedito Sebastião de Paula e, ali na frente, o João Paulo, que eram 2 foliões que gostavam muito. Eu me lembro disso até com certa emoção, com saudade, porque é nesse lugar que houve muita festa. Eles eram festeiros, eles gostavam até de cantar, acompanhavam a bandeira até um certo ponto distante da casa e depois voltavam. Então eu me lembro com saudade, eu não sei contar muita coisa daquele tempo, porque eu peguei de um certo tempo pra cá. Mas o Rozimbo, tem outros foliões aí, que é de um tempo mais antigo que eu, faz uma exploração do que foi a bandeira, até de quando começou. Mas eu vejo isso ainda com certa alegria, porque tá dando continuidade, teve um tempo que ela até tava assim meio fracassada, mas houve pessoas interessadas a continuar as festas e houve aquele momento de incentivo de outras pessoas e a festa continuou naquele ano e, agora, não falta mais. Inclusive, o prefeito lá da época, deu uma mão, construiu um barracão, que hoje é um barracão de festa, todo ano tem a festa e tornou-se melhor organizada pelo jeito de tratar as pessoas. Não se faz mais aquelas festas de ano em ano em cada lugar, que tinha que repor barracão e fazer aquele serviço de assado tudo meio improvisado. Hoje tem um barracão próprio pra isto, com cozinha montada, com povo organizado e tudo sai muito bonito. Então vamos esperar que isto continue, que vá sempre assim. Eu tenho esperança que isso ainda vai

---

57 Depõem neste DVD, Onésimo Gomes de Moraes (Nézião), Onofre Lopes de Lima (contramestre da bandeira 1), Benedito da Silva (o mestre Fião, da bandeira 1), Maria Patta (devota), Ivo (palhaço na bandeira 1) e Amado Jesus da Silva (capitão da bandeira 1). Fonte: FESTA DE REIS EM FLORÍNEA DE 2009, Produção: Cristiano Arcanjo. Florínea: Som e Produções, 2009, 01 DVD (01:22:05).

por muitos anos, vai perpetuar, os jovens vem aí, já vem aparecendo folião que esta aí cantando de mestre e outros tipos de pessoas que cantam lá pra trás. Eu creio que isso não acaba nunca, tomara Deus que isso continue, pra mim seria um prazer.[58]

Já referenciado no texto como Nézião, Onésimo Gomes de Moraes foi um dos sujeitos responsáveis por não deixar a festa cair. Seu relato é interessante, pois rememora os tempos das festas do campo, muitas delas realizadas na antiga propriedade do festeiro Benedito Sebastião de Paula, a qual atualmente, pertence à família Nascimento, sendo Ivo (um dos palhaços da bandeira 1 de Florínea), caseiro e funcionário de Vando (Vanderlei, filho do Rozimbo do Nascimento). Ao expor a aliança dos foliões com o poder público de Florínea, junto ao interesse dos novos integrantes das bandeiras em dar continuidade à celebração, o que compõe e alimenta a manifestação cultural na cidade, o depoimento reconhece a importância das ressignificações da festa.

No trabalho de entrevista feito por Cristiano Aparecido Arcanjo aos foliões, encontram-se questionamentos sobre: a função cumprida na Companhia de Reis e suas características; o ano de ingresso dos foliões; os fatos interessantes (milagres) que ocorreram e seus significados. Ou seja, perguntas que, embora revelem memórias particulares sobre a Folia de Reis, estão inevitavelmente ligadas ao coletivo, revelando emoções e sentimentos comuns como a fé e a recompensa da fidelidade aos santos através dos milagres e dádivas alcançadas pelos devotos. Isso sem falar na seleção dos entrevistados que são considerados importantes ao grupo, fornecendo peso histórico ao registro e possibilidades de aprendizagem sobre as principais características da Folia de Reis através dele. Aliás, é a partir deste viés investigativo que foram constituídos os registros musicais.

3. 3. 2 Registros musicais

> Te peço meu querido povo que me ouça agora
> Por favor dê um minutinho de sua atenção
> Eu vou contar pra vocês esta linda história
> Dessa grande festa que é oferecida pra população
> Em 1928 que foi a primeira vez
> pois é um mistério no mundo

---

58 Fonte: FESTA DE REIS EM FLORÍNEA DE 2009, Produção: Cristiano Arcanjo. Florínea: Som e Produções, 2009, 01 DVD (01:22:05).

> que ninguém no mundo consegue entender
> esta tradição importante que cresceu de uma vez
> conhecida mundialmente, como gloriosa festa de reis
>
> Já teve momentos difíceis nessa caminhada
> e esse evento bonito quase que parou
> mas Deus levantou os homens de fé e coragem
> grandes personagens, heróis com estrela muito trabalhou
> na festa ao meio dia, as bandeiras a se encontrar
> na gruta reza o terço, depois o festeiro vai se coroar
> no dia 6 de janeiro, bem no começo do mês
> Florínea sorri de verdade, essa felicidade na festa de Reis.[59]

"Gloriosa Festa de Reis" é representação popular do sentido coletivo de pertença à Folia de Reis de Florínea. Em um primeiro momento, o autor[60] exalta a importância da festa de reis como tradição cultural mundial que, por sua vez, enraizou-se pela região de Florínea no início do século XX. E já na segunda parte da narrativa, além de transmitir características específicas do ritual (encontro das bandeiras; reza do terço; coroação de festeiros), há a menção ao tão rememorado e considerado momento de dificuldade da festa de Santos Reis, que se deu, como apresentado, no período de transição da festa do campo à cidade. Nesse sentido, são utilizadas expressões como "homens de fé e coragem" e "grandes personagens, heróis com estrela" que enobrecem os sujeitos que não permitiram que a festa se acabasse no lugar. Mesmo que não diretamente identificados, diferenciando-se dos depoimentos orais levantados nessa pesquisa, o fato desses sujeitos terem aparecido "no plural" remete ao trabalho coletivo daqueles que fazem parte da Folia de Reis de Florínea e que lutam pela permanência deste "glorioso" bem cultural na cidade.

---

59 A música foi construída sobre o ritmo da canção "Telefone Mudo", de Milionário e José Rico. Fonte: FESTA DE REIS DE FLORÍNEA. Produção: Cristiano Arcanjo. Florínea: Som e Produções, 2015, 15 faixas (05:43:13).

60 José Arcanjo Filho (2013) atribui a autoria desta canção a seu filho Cristiano Aparecido Arcanjo, o qual teria recolhido as informações que a fundamentam com foliões mais antigos de Florínea, como é o caso de Rozimbo do Nascimento e "Nézião". Entretanto, quando entrevistei Cristiano, este apontou que todas as músicas foram escritas pelo seu pai.

Junto aos DVDs supracitados, "Festa de Reis de Florínea-SP/2013"[61] foi o primeiro CD adquirido em 2013 na loja de Cristiano Arcanjo – Som e Produções. Nele, encontram-se nove faixas musicais diretamente ligadas à história das bandeiras de Santos Reis de Florínea, as quais foram escritas por José Arcanjo Filho.

Também conhecido como Zequinha, José possui 61 anos de idade e sempre residiu em Florínea, lugar em que vivenciou a festa de Santos Reis desde os 7 anos de idade, recebendo atualmente a bandeira em sua casa. Além de ser funcionário público estadual, José compõe a equipe de trabalho de Cristiano Arcanjo – Som e Produções, o que o impulsionou escrever músicas que relatam nomes de foliões, acontecimentos e milagres que envolvem crença e imaginário sobre a Folia de Reis de Florínea.[62]

Segundo depoimentos recolhidos com José Arcanjo Filho (2013), suas músicas foram construídas devido às solicitações de foliões devotos que o procuram em sua residência em Florínea ou mesmo na barraca de seu filho no dia da festa final, a fim de compartilhar experiências: promessas e milagres. Além do mais, José aponta que sua curiosidade com relação à Folia de Reis de Florínea também o impulsionou a procurar tradicionais integrantes do grupo para saber mais sobre suas histórias, o que fez com que ele também trouxesse aos registros musicais, informações importantes e fidedignas acerca da manifestação cultural[63]. Em trecho da entrevista, José aponta:

> [...] eu escrevi tentando mostrar para as pessoas a realidade como era... e deu certinho isso aí, isso foi uma pista pra que a família, pra que a... companhia de reis, criasse uma seriedade, uma confiança. No fim deu tudo certo e ajudou muito na construção da bandeira (ARCANJO FILHO, 2013).

Referindo-se ao grupo Flor do Vale (aos dois batalhões de Folia de Reis) como "companhia" e "bandeira", José reconhece a importância de seu trabalho junto a ele. É como se suas letras, as produções e sua circulação entre a sociedade festiva mediante o comércio dos CDs, tornassem sólidos o imaginário social (pro-

---

61   Fonte: FESTA DE REIS DE FLORÍNEA. Produção: Cristiano Arcanjo. Florínea: Som e Produções, 2015, 15 faixas (05:43:13).

62   Fonte: ARCANJO FILHO, José. *Entrevista [5 dez. 2013]*. Entrevistadora: Rafaela Sales Goulart. Florínea/SP, 2013. Áudio MP3 (50:11).

63   A música "Pedido a Santo Reis" (citada na página 48, do capítulo 1), por exemplo, é resultado de uma espécie de entrevista feita com o folião Juventino Avelino de Oliveira, onde José, com informações prévias sobre o surgimento da Folia de Reis no lugar, decidiu saber mais sobre o assunto para escrever a música (ARCANJO FILHO, 2013).

messas, milagres) que sustenta a festa. Não é à toa, segundo José, que pessoas de diversos lugares procuram o CD da festa de Florínea, "[...] pessoas dos Estados Unidos, desse Paraná afora, São Paulo, Sorocaba... o pessoal leva e sai pra todo lugar" (ARCANJO FILHO, 2013).

Também nos relatos fornecidos por Cristiano (2016), ele aponta que já frequentaram a festa de Florínea, pessoas dos Estados Unidos, Japão, Argentina, Paraguai, entre outros sujeitos que estavam pela cidade no período. Dessa maneira, curiosas com a celebração, Cristiano diz que elas perguntavam sobre sua história, suas relações com os evangelhos bíblicos, a forma de arrecadação das prendas e também sobre os milagres. Além das visitas estrangeiras na festa, Cristiano apresenta que suas produções são solicitadas via internet, em suas palavras: "[...] enviei para os Estados Unidos, já enviei pro Canadá também, pro Japão. Brasileiros e também americanos que queriam conhecer sobre o Santo Reis, conhecer como ele funciona... e escolheram Florínea" (ARCANJO, 2016).

De qualquer modo, sendo uma festa tradicional e reconhecida mundialmente, como sugere a canção "Gloriosa Festa de Reis", torna-se interessante a menção ao público estrangeiro que já frequentou a festa de Florínea, bem como os questionamentos dos mesmos sobre a celebração.

Além do reconhecimento da trajetória histórica que envolve a tradição da Folia de Reis de Florínea, seu enraizamento no lugar e conquista do espaço público na cidade, agora é importante materializar em novas tecnologias, as memórias e testemunhos do povo que a festeja, impulsionando identificações e sentimentos de pertença como uma estratégia de proteção ao bem cultural que é coletivo.

A música "Força da Fé" transparece a ideia de que o principal símbolo da Folia de Reis de Florínea, a bandeira vermelha, entrelaça experiências individuais à memória coletiva da celebração e, além disso, o símbolo tanto na canção como no ritual, tem a função de reatualizar as memórias dos foliões, evocando identificações. A saber:

> Cansado de tanto sofrer doença incurável no meu coração
> Sozinho, tão triste na vida, eu fui por um fim nesta situação
> Mas quando chegou o momento, no meu pensamento uma luz me mostrou
> Uma bandeira vermelha, com o santo reis brilhando de amor
>
> Abracei aquele pano santo, com fé e esperança e com muito amor
> E aquela bandeira vermelha, com fitas douradas, a mais linda flor

> Pedi para o santo reis a cura divina, ele me atendeu
> É mais um milagre profundo, nas horas difíceis ele me socorreu
>
> Hoje eu estou nesta festa e o que me resta é agradecer
> Janeiro, sempre dia 6, da festa de reis não consigo esquecer
> Na gruta a reza do terço, eu nunca me esqueço o que ele me fez
> Se hoje eu estou de pé, foi a força da fé e a bandeira de reis.[64]

Ao ser questionado sobre os títulos das músicas, José de Arcanjo Filho (2013) disse não os lembrar, ressaltando que o importante são os acontecimentos e conteúdos encontrados nas letras das canções. Entretanto, dois anos após a entrevista com este simpatizante e produtor de memória da Folia de Reis de Florínea, foi possível identificá-los em um novo CD da "Festa de Reis Florínea-SP/2015".[65]

A música "Força da Fé" foi gravada posteriormente à 2013 e, além dela, o novo álbum também divulga 5 faixas musicais novas (1, 2, 3, 4, 7 e 9), sendo todos títulos: "1. Respeito a bandeira de reis"; "2. O milagre da criança"; "3. Força da fé"; "4. Lágrimas de dor"; "5. Saudade de um amigo"; "6. O milagre do ônibus"; "7. A fé em Santo Reis"; "8. Gloriosa Festa de Reis"; "9. O milagre feito pelo Santo Reis"; "10. Promessa a Santo Reis"; "11. Santo reis me curou"; "12. Pedido a Santo reis"; "13. A cura de Santo Reis"; "14. Intercessão a Santo Reis"; "15. Tributo a um amigo".

Além de rememorar símbolos, as músicas também refletem acontecimentos divinizados pelos foliões. A sexta faixa musical, "O Milagre do ônibus", é um exemplo de que os desafios encontrados durante o giro de Folia de Reis são comuns. Entretanto, eles podem ser enfrentados a partir da união dos membros dos batalhões e da fé aos Santos Reis.

> Em 31 de dezembro, foi numa segunda-feira
> os foliões se reuniram pra sair dada bandeira (2x)
> Oiai
> E na hora da partida, fizeram uma oração
> Pedindo para os santos reis dar a sua proteção (2x)
> Oiai
> E saíram em um ônibus, com apelido de janjão

---

64 Fonte: Força da fé/faixa 3. In: FESTA DE REIS DE FLORÍNEA. Produção: Cristiano Arcanjo. Florínea: Som e Produções, 2015, 15 faixas (05:43:13).

65 Fonte: FESTA DE REIS DE FLORÍNEA. Produção: Cristiano Arcanjo. Florínea: Som e Produções, 2015, 15 faixas (05:43:13).

Homens, mulheres e crianças, com respeito à religião (2x)
Oiai
E cantando de casa em casa, com viola e violão
Cavaquinho e pandeiro e mais instrumentação (2x)
Oiai
E seguiram o caminho pra cantar em outro lugar
Não sabendo que o perigo, estava preste a chegar (2x)
Oiai
E o ônibus foi tombando, no barranco a rolar
Foi caindo lá na água, começou a afundar (2x)
Oiai
Tinha homens e mulheres e crianças a gritar
Pedindo para os santos reis, venha logo nos salvar (2x)
Oiai
Muita gente machucada, chorando a situação
Procurando seus filhinhos, no meio da multidão (2x)
Oiai
E naquela agonia veja o que aconteceu
santo reis fez um milagre e o povo não morreu (2x)
Oiai
e pedimos pra Florínea e por toda a região
A benção de santo reis, pois somos todos irmãos (2x)
Oiai.

"O Milagre do ônibus" foi a primeira música escrita por José de Arcanjo Filho, ela transmite informações que foram também compartilhadas pelos foliões nas entrevistas que embasam esta pesquisa. Quando interrogados sobre algum acontecimento ou elemento que envolva a história da Folia de Reis de Florínea, o milagre do ônibus era logo recordado. De acordo com Juventino Avelino de Oliveira (2013), a história do ônibus ocorreu com a bandeira 2, da qual ele faz parte. Ao retomarem o caminho para Florínea no dia 31 de dezembro, resolveram pegar um atalho entre os bairros rurais em que estavam. Entretanto, ao passarem perto de um açude,

> [...] o ônibus caiu dentro d'água... Foi por milagre... tinham 10 crianças junto e um ônibus cai numa altura daquela... o ônibus foi virando assim, a valeta, foi por Deus! O ônibus ficou com a rodagem dentro d'água. Se ele fica de lado, morria gente. Ele foi virando cambota assim, caiu lá dentro e ficou em pé, a água veio a par com o vidro da janela... o motorista ficou imprensado...

o pára-brisa de lá saiu e imprensou na cabeça dele e cortou. Nós ficamos em 9 feridos. (OLIVEIRA, 2013).

Benedito de Oliveira Silva (2013) relata que esse fato ocorreu aproximadamente em 2003, em um giro que davam pela região da Água Bonita, em Tarumã/SP. De acordo com o autor José Arcanjo Filho (2013), a letra foi escrita cerca de 15 a 20 dias depois do acontecimento, em suas palavras: "[...] eu acho que foi no próximo ano... na próxima festa que já foi gravada". Nesse sentido, possivelmente a canção foi produzida em 2004, logo que foi identificada na gravação do DVD da Festa de Reis de 2005.

Ao ser reproduzida nas festas de Florínea, a canção do milagre do ônibus passa a fazer parte do imaginário social daqueles que a frequentam. A partir do depoimento de Divino Lopes Eleutério (2013), percebe-se que embora o folião não tenha vivenciado o acontecimento, reconstrói sua história dizendo: "[...] foi um milagre mesmo... que o "busão" caiu e virou com a perna pra cima, e foi assim, afundou com a perna pra cima... eles gritavam pros três reis santos vir logo a socorrer e veio mesmo" (*Ibidem*, 2013).

Além da representação coletiva de devoção nos santos, a música também é interessante em termos de ritmo, pois é a que mais lembra as toadas cantadas pelo grupo de músicos dos batalhões de Florínea. Aquele "Oiai" que separa as frases da canção, por exemplo, é o mesmo falsete utilizado por aqueles que cumprem a posição de gritinho/espichado/tipi. Seu som agudo encerra frases repetidas pelos músicos que, por sua vez, reproduzem através do repente do mestre, memórias e sensibilidades do ritual em si, bem como das vivências atreladas há todo grupo de foliões.

Entre as 15 músicas que compõem o CD de 2015, 9 delas apresentam experiências individuais que, grosso modo, contam primeiramente um motivo que leva a pessoa a fazer uma promessa aos Santos Reis e, posteriormente, a revelação de que seu pedido foi atendido. Dessa forma, os sofrimentos superados pela fé e devoção são recorrentes nas canções. Nas palavras de Sandra de Cássia Araújo Pelegrini (2011, p. 237): "O simbolismo do milagre fundamenta, do ponto de vista dos fiéis, o sentido da celebração, motivada tanto pelo reconhecimento das supostas bênçãos alcançadas, quanto pela expectativa do atendimento de novas promessas".

Além das experiências individuais convertidas em músicas por José, esse autor fez questão também de homenagear com suas letras, dois foliões que, segundo ele, foram importantes para a história da Folia de Reis de Florínea: os finados "Nézião" e "Toninho Pacheco". Nos depoimentos dos foliões entrevistados, o primeiro foi um dos sujeitos lembrados por não deixar a festa de reis acabar; já o segundo, foi líder da cozinha por um grande período de tempo, além de ter exercido a função de secretário (ata de 2008) e tesoureiro da Comissão (OLIVEIRA JR., 2016). Seguem abaixo as duas letras intituladas de "Tributo a um amigo" e "Saudade de um amigo", respectivamente destinadas à Onésimo Gomes de Moraes (Nézião) e Antônio Pacheco Leite (Toninho Pacheco):

Tributo a um amigo
Revendo o livro da vida, me veio na recordação
Um grande amigo que tive, só de lembrar choro de emoção
Cantou na bandeira de Reis e nas festas de São João
Este homem fez sua história e seu nome era Nézião
Hoje ele canta nos céus, com os anjos do nosso senhor
E um pouco de sua vida, em um sonho ele me contou

Venho de família bem humilde e modesta
E ser honesto, os meus pais me ensinou
Mas neste mundo tão cruel e muito ingrato
Foi triste os fatos que a vida nos mostrou
Quando pequeno trabalhava todos os dias
Pra ajudar os meus pais e meus irmãos
Minha família sofria amargamente
Pois eram pobres e não tinha solução
Eu fui crescendo, aprendendo com a vida
Na triste lida, pois não tinha opção
Fiquei moço e casei lá na capela
Com a Teresa, a mais bela da região
Passando tempo e formei minha família
Trabalhei muito e fui um pai exemplar
Sempre sofrendo pra criar os meus filhinhos
Vê-los crescidos pra poder estudar
Depois de grande, os meus filhos se casaram
E se formaram, hoje tem até doutor
Este é o presente de uma vida tão sofrida
Família unida, criada com tanto amor
Eu e Teresa e a idade já chegando
Continuamos a nossa grande missão
Fomos chamados a serviço da igreja
E trabalhamos com muita dedicação

Mas cada um tem o seu dia marcado
Por esse mundo que nosso Deus preparou
Eu fui tragado pelo mar da enfermidade
Nosso senhor para sempre me levou
Tenho saudade da minha querida esposa
E da família que na terra eu deixei
Dos meus amigos e da minha violinha
Da grande festa do glorioso Santo Reis
Longe da Terra e juntinho com os anjos
Faço os arranjos do coral que me ilumina
A harmonia dos acordes tão suaves
Me trás lembranças da bandeira do Divino
Aqui nos céus, tudo é tão diferente
Sempre contente, fui só rei da alegria
A mãe celeste toma conta de minh'alma
E todos vivem na mais perfeita harmonia
E aos companheiros que ficaram aí na Terra
Aonde a guerra toma conta do lugar
E o poder do dinheiro fala alto
A paz sagrada não tem lugar pra morar
Preste atenção neste recanto divino
Vindo do trono que nosso senhor está
Viva o amor dentro de sua família
Que Deus ocupe sempre o primeiro lugar.

Saudade de um amigo
Eu vou contar um fato muito triste
De um grande amigo puro e verdadeiro
Desde criança trabalhou na vida
Formou família e fiel companheiro
Das grandes lutas deste dia-a-dia
Foi grande o bem que este homem fez
Se consagrou na área da cozinha
Foi grande líder na festa de Reis
Passando o tempo, ainda na flor da idade
Cruel destino fez ingratidão
Ferido corpo com enfermidade
Na santa alma e seu coração

> E pouco a pouco foi perdendo a força
> Com fé em Deus esperando a vitória
> Sua família sofrendo ao seu lado
>
> Cada segundo, dia, mês e hora
> Mas todos têm o seu dia marcado
> E uma missão que devemos cumprir
> Pois nessa terra tudo é passageiro
> Chegada hora temos que partir
> O nosso amigo Toninho Pacheco
> Deixou família e amigos teus
> E essa estrela da eternidade
> Mora no céu juntinho de Deus. (2x)

A música "Tributo a um amigo" é interessante não só por ser uma homenagem destinada ao folião, mas também às pessoas com as quais ele se relacionou em vida, como é o caso de sua esposa Teresa, seus filhos e amigos. Colocando-se como porta-voz das memórias de Onésimo, Zequinha transparece a falta que o folião sente de sua viola, identificando-o como um mestre da Folia de Reis de Florínea.

Já a letra destinada a Antônio Pacheco Leite, "Saudade de um amigo", traz consigo a informação de que o líder da cozinha, o qual entrou nessa função aproximadamente na década de 1980 (DIAS, 2013), caiu em enfermidade e, diferente da maioria das músicas criadas por Zequinha, não conseguiu alcançar a cura através de uma graça divina, o que ocasionou sua morte. Para tranquilizar as memórias daqueles que o conheciam, é transparecida uma mensagem de aceitação de que Toninho Pacheco teria cumprido sua missão na terra.

De acordo com o secretário da Associação, Jorge de Oliveira Júnior (2016), além de Pacheco ser um renomado cozinheiro da festa de reis, ele também trabalhou como tesoureiro da antiga Comissão de Florínea, sendo o principal incentivador da ideia de criação de uma equipe mais consciente com relação à organização das festas da cidade. Jorge aponta que este folião teria conversado com ele e com seu primo Fabio Donizete de Oliveira, para que ambos ajudassem de maneira mais efetiva na Folia de Reis, pois acreditava que a equipe estava declinando. Desse modo, Jorge supõe que Pacheco gostaria que a equipe fosse renovada, adentrando a ela foliões mais jovens e comprometidos com sua continuidade no lugar.

Além do sentimento saudosista que carregam as músicas "Tributo a um amigo" e "Saudade de um amigo", há também a referência aos conflitos vividos no dia-

-a-dia, os quais são relacionados às disputas de poder e dinheiro que, contrastados ao imaginário do paraíso divino, incitam uma reflexão sobre os sentidos de vida e morte e das relações sociais.

Sobre a gravação das músicas, José de Arcanjo Filho (2013) explica que todo o processo é feito no estúdio de Cristiano Arcanjo – Som e Produções, onde costumam chamar um músico local para fazer distintas vozes que são compactadas para serem gravadas dentro de cada composição musical. Dependendo do valor cobrado pelos cantores, às vezes acontece de chamarem duplas da cidade de Tarumã e Assis (ARCANJO, 2016) e, como as músicas são construídas sobre um arranjo musical já existente, o que dispensa a contratação de músicos e arranjadores, tornando o preço das canções bem mais acessível. De acordo com Cristiano Aparecido Arcanjo (2016), a escolha pelo trabalho com paródias, e não com músicas inéditas, segue essa lógica de produção econômica. Assim, antes de chamarem os cantores, Cristiano e seu pai já escolhem algumas músicas sertanejas de raíz, de duplas renomadas nesse gênero, como é o caso de Xitãozinho e Chororó e Tonico e Tinoco. A ideia é a seguinte:

> [...] a gente escolhe principalmente aqueles mais antigos e no caso nós transformamos em paródia, porque as paródias ficam mais baratas pra gente gravar... as paródias a gente compra prontas, no caso, o karaokê. Eu tenho um maestro que ele produz pra mim e aí eu compro dele, fica mais fácil, fica mais barato... a gente poderia transformar música inédita, só que daí, nós teríamos que pagar pra ele fazer o arranjo, porque eu tenho estruturação, mas a estruturação tem que pagar música, então fica mais caro... As paródias, por ele já conhecer... ele tem as vezes pronta lá e tem um preço bem mais acessível (ARCANJO, 2016).

Vale dizer que independente de como as músicas são produzidas, sejam elas escolhidas ou não em função, por exemplo, de anteriormente terem servido como base para a construção da estrutura poética musical, o que interessa à pesquisa é seu conteúdo textual, que exala sensibilidades e narrativas sobre a Folia de Reis como um bem cultural de Florínea. Como diria Sandra Jatahy Pesavento, "As sensibilidades são uma forma do *ser* no mundo e de *estar* no mundo, indo da percepção individual à sensibilidade partilhada" (PESAVENTO, 2005). Como assinalado, o autor das músicas e toda a equipe de produção são simpatizantes da celebração e não membros diretamente ligados ao ritual festivo ou que integram a Comissão de festas. Entretanto, os papéis por eles desenvolvidos, cuidar de registrar em músicas ou audiovisuais as memórias do festejo, são de fundamental importância para a sustentação da Folia de Reis em Florínea.

3. 3. 3 Encontros de Folias de Reis

Das 21 entrevistas realizadas com os integrantes das bandeiras de Folia de Reis de Florínea, uma delas apresentou restrição direta com relação às participações em eventos que ocorrem fora do calendário natalino (25 de dezembro a 6 de janeiro), pelo fato de desvencilharem-se do sentido sagrado da celebração (OLIVEIRA, 2013). Além dessa característica por vezes reconhecida entre os demais devotos e foliões, dois depoimentos mostraram nas entrelinhas que, embora essas ações agreguem mais experiências ao grupo de Florínea pelo fato de estreitarem contatos com outros praticantes da Folia de Reis, conhecendo novas indumentárias, músicas e performances, elas se tornam cansativas (VALIM, 2013), demandando mais estruturação e fomento ao grupo de Folia de Reis, para que eles possam viajar, pernoitar e se alimentar adequadamente. Isso sem falar que a divulgação das bandeiras poderia trazer mais pessoas para a festa de Florínea, exigindo que o grupo se organizasse melhor para levantar prendas suficientes para as refeições e para atender o público festivo (SILVA, 2013).

Essa certa resistência ao novo indica a variedade de integrantes (de crianças a idosos) presentes no grupo Florínea e o recente processo de organização da equipe enquanto Comissão (1990) e Associação (2013) na cidade. Entretanto, o ato de se posicionarem com relação às participações em encontros e eventos organizados fora do tempo do ritual de Folia de Reis e da própria cidade de Florínea, demonstra que os entrevistados já tinham participado mais de uma vez dessas outras formas de festividades ressignificadas no contexto urbano.

Uma dessas participações em encontros de bandeiras foi documentada em uma filmagem que trata do "1º Encontro Estadual de Bandeira de Folia de Reis de Mato Grosso do Sul", evento apoiado pela Secretaria de Estado de Cultura, Esporte e Lazer, com financiamento através do Fundo de Investimentos à Cultura (FIC), e da Fundação de Cultura de Mato Grosso do Sul, que ocorreu durante os dias 23 e 24 de agosto de 2003, na cidade de Itaporã.[66] As bandeiras convidadas eram anunciadas

---

66 A cidade de Itaporã fica na região da Grande Dourados, distancia-se da capital de Campo Grande em 210 Km. A programação do evento foi disponibilizada em vários websites da região. Entretanto, pelo detalhamento das informações, optou-se por utilizar o seguinte: http://www.aquidauananews.com/0,0,00,9498-19305-FOLIA+DE+REISENCONTRO+DE+BANDEIRAS+COMECA+AS+20H+EM+ITAPORA.htm. Acesso: 16 de dez. 2015.

por um locutor que fazia uma apresentação geral do grupo de Folia de Reis, muito provavelmente, embasado em um resumo criado pelos próprios foliões e intermediários (financiadores). Assim, na noite do dia 23, a bandeira 2 de Florínea subiu ao palco do evento sendo descrita da seguinte forma:

> Da cidade de Florínea, Estado de São Paulo, vem com 17 componentes. Tem como mestre Benedito de Oliveira Silva, contramestre João Valim, fundada no ano de 1929 pelos antecedentes do senhor Sebastião e José Alves de Oliveira, por uma promessa que se cumpriu, o que aumenta ainda mais a devoção do santo reis durante todo o seu tempo de existência, e cada ano aumenta o número de componentes, viajando por várias cidades do país. Tradicionalmente percorre a região, recolhendo donativos para a festa de 6 de janeiro. Os instrumentos usados são a viola, o pandeiro e o cavaquinho. E hoje são 19 integrantes que acompanham a devoção junto com a companhia, que tem o mestre o senhor Benedito. Neste momento, nós vamos receber a bandeira 2 de Florínea, agradecendo em nome da companhia o prefeito Severino da Paz e a família Paula, que intermediou os contatos para que a companhia estivesse hoje em Itaporã. Vamos receber com muito carinho nossos amigos que vem da cidade de Florínea, Estado de São Paulo, para o primeiro encontro de Bandeiras do Mato Grosso do Sul, uma salva de palmas.[67]

O nome de um dos considerados fundadores da Folia de Reis de Florínea, Jorge Alves de Oliveira (filho de Sebastião) é anunciado como José. Além dessa falha, houve a redução dos instrumentos musicais utilizados pelo grupo, não sendo citadas, por exemplo, as tradicionais caixas. Porém, essas informações foram, de certa forma, corrigidas quando no segundo dia do evento, 24 de agosto, a bandeira de número 1, cujo mestre é Benedito da Silva, apresentou-se em um ginásio de esportes da cidade.

Em ambas as apresentações, as bandeiras possuíam aproximadamente 11 cantores acompanhados com duas violas, duas caixas, um violão e um cavaquinho enfeitados com flores e fitas e, além deles, eram seis os palhaços que ajudavam no colorido do grupo.[68] Ao ocuparem os espaços que lhes eram permitidos, os foliões cantam músicas de cumprimento ao público, enquadrando seus versos nestas situações diferenciadas. Assim como nas festas em Florínea, os músicos vestem uni-

---

67   Fonte: 1º ENCONTRO DE FOLIAS DE REIS DE MATO GROSSO DO SUL, Produção: Cristiano Arcanjo. Florínea: Som e Produções, 2003, 1 DVD (2:08:40).
68   A quantidade de elementos em cada bandeira mostra que nestes eventos os foliões das duas bandeiras de Florínea acabam se misturando.

formes (nesta ocasião, usaram camisetas polos vermelhas), os palhaços fazem suas performances curiosas, com saltos acrobáticos e diferenciados junto aos arcos e presépios que também são montados no evento, sendo inclusive, recitados os 25 versos. No final da filmagem, são entregues pelas autoridades organizadoras do evento, troféus aos participantes.

A imagem a seguir demonstra alguns dos troféus guardados pelo grupo de Folia de Reis de Florínea,[69] sendo o maior deles (o primeiro da direita para a esquerda), o referente ao evento supracitado.

Figura 58: Troféus expostos na capela do Parque de Tradições.
Florínea/SP, 2012. Autora: Rafaela Sales Goulart.

A imagem ainda demonstra outros troféus ganhados nos "Encontros de Bandeiras de Folia de Reis de Assis/SP" que, realizados pela Prefeitura Municipal de Assis e Fundação Assisense de Cultura (FAC), são eventos muito frequentados pelo grupo de Florínea, geralmente realizados a partir do dia 20, no mês de janeiro (LIMA, 2013). Além de Assis, as bandeiras de Florínea também costumam participar da festa de Santos Reis da cidade vizinha de Tarumã, a qual ocorre, geralmente, em um domingo posterior à festa de Florínea.

Nas entrevistas foram citadas algumas cidades que os foliões de Florínea visitaram, entre elas: Lins/SP, Ribeirão Preto/SP, São Paulo/SP, Aparecida do Norte/SP,

---

69   Embora façam parte do patrimônio material do grupo, muitos troféus estão sob posse dos próprios foliões, em suas casas. Como foi dito mais acima, isto explica a falta de um lugar específico no Parque de Tradições, tanto para o armazenamento destas documentações e objetos de memória do grupo, quanto para a realização das suas reuniões e atividades administrativas.

Olímpia/SP, Bauru/SP, Ourinhos/SP, São José do Rio Preto/SP e Londrina/PR. De acordo com o mestre Fião, cidades como Olímpia e Bauru, por exemplo, promovem tais eventos em agosto, mês do folclore (SILVA, 2013). O certificado a seguir confirma sua fala:

Figura 59: Certificado do 7º Encontro Regional de Bandeiras de Santos Reis de Olímpia/SP. Acervo particular de Aldo Vasconcelos Meira Filho. Florínea/SP, 2013. Autora: Rafaela Sales Goulart.

Além de encontros como o de Itaporã/MS, de Assis/SP e Olímpia/SP, que enfocam a apresentação de distintos grupos de Folias de Reis, existem eventos que possuem uma temática mais abrangente, remetendo geralmente ao folclore, às tradições ou a cultura popular e, nesse viés, possibilitam apresentações de mais de um tipo de bem cultural (celebrações, saberes e expressões). É o caso do Festival da Cultura Paulista Tradicional, proveniente do Programa "Revelando São Paulo", criado em 1996 pela Abaçaí Cultura e Arte, em parceria com o Governo do Estado de São Paulo.

Segundo o contramestre da bandeira 1, Onofre Lopes de Lima (2013), o grupo já viajava com a finalidade de se apresentar antes mesmo do século XXI. Em suas palavras:

> [...] já muitos anos nós fomos em São Paulo, lá em uns encontros de folclore... no Revelando... não sei se naquela época era Revelando São Paulo. Nós ficamos lá 8 dias, em São Paulo, pra ver várias bandeiras de vários lugares do país, [...] só que a bandeira de reis daqui foi com aquelas violinha de cravinha de pau, as roupinhas tudo aqui do interior, os fardos do interior, não enfeitou nada, do jeito que era aqui, que os ônibus sai daqui, apresentou lá. Então tirou em primeiro lugar, pelourinho de cravinho de madeira, instrumento tudo feito aqui no mato...

Através do depoimento, percebe-se que o "Revelando São Paulo" é um programa grande, que proporciona o encontro de diferentes grupos sociais com alguma dita tradição popular. Assim, são exemplos de suas apresentações as Folias de Reis, Folias do Divino, Cavalhadas, Congadas, Maracatus, Catiras, entre outras manifestações culturais que traduzem essa riqueza presente no interior do Estado de São Paulo, em dimensões nacionais (Onofre fala, por exemplo, de bandeiras de vários lugares do país).

Além disso, quando Onofre aponta que o grupo de Folia de Reis de Florínea ganhou por apresentar instrumentos construídos artesanalmente com materiais locais, revela que neste tipo de evento, há uma espécie de competição onde se avalia a identidade de cada município e/ou região do Estado. Nesse sentido, além das apresentações, há espaço no festival para exposições e comercializações de produtos típicos (culinárias e artesanatos); ou seja, com características, peculiaridades e técnicas provenientes das relações sociais estabelecidas entre os grupos dos mais variados lugares do Estado.[70]

Tanto o Festival da Cultura Paulista Tradicional quanto os demais eventos vivenciados pelos foliões de Florínea são possibilitados quando se tem na cidade, dirigentes na área da cultura que estabelecem efetivas relações com outros locais, visando ampliar a representatividade e a riqueza cultural de seu município. Isso se os dirigentes que ocupam tais cargos públicos possuírem o entendimento sobre a importância dos patrimônios, dialogando com os próprios grupos que detêm os bens culturais (SILVA, 2013).

No caso de Florínea, quando se retoma a fala do locutor desconhecido de Itaporã/MS, ao divulgar a bandeira 2 de Folia de Reis, percebe-se que ele anuncia também àqueles que tornaram possível sua participação no evento (o prefeito

---

[70] Ver regulamentos em: http://www.abacai.org.br/revelando-interno.php?id=338. Acesso: 17 de abr. 2017.

Severino da Paz e a família Paula). Um dado específico mostra que, independente do "responsável" pelo setor da cultura na cidade de Florínea,[71] o grupo de Folia de Reis já possuía boas relações com o principal administrador executivo do município, além de membros de famílias consideradas tradicionais no local fazerem não só parte da história política da cidade, quanto da própria manifestação cultural nela praticada.

Na cidade, as novas formas de festejar são estabelecidas através de uma espécie de aliança entre as prefeituras, vide secretarias municipais, e os grupos que praticam o bem cultural. Na ata da reunião de 2009, por exemplo, o presidente da Comissão fala do "Encontro Nacional de Companhias de Reis" em Aparecida do Norte, entre os dias 14 e 17 de janeiro de 2010, apontando que para a participação, as companhias teriam que obedecer as regras estabelecidas pela Secretaria Municipal de Turismo,[72] as quais não foram transparecidas na ata. Mas, possivelmente, tais regras são solicitadas pela própria prefeitura da cidade ou instituição que organiza o evento, mandando o convite e o regulamento do mesmo. No "Revelando São Paulo", por exemplo, além das exigências com relação à "originalidade" daquilo que envolve a manifestação cultural, é necessário que as prefeituras ou entidades providenciem o transporte dos participantes.

Reafirma-se que apesar dos encontros e eventos que envolvem o grupo de Folia de Reis de Florínea ocorrerem também fora da cidade e do ciclo ritual de sua comemoração, desconfigurando alguns dos aspectos sagrados da celebração e causando certo desconforto, uma vez que os transportes e alojamentos fornecidos nem sempre atingem as expectativas dos foliões, há uma construção identitária que se faz no contexto urbano, promovendo o despertar de novos significados, afetos e, sobretudo, retomando as memórias e características próprias da população produtora.

A fala de Serafim Moreira de Meireles (2014) transmite o sentimento positivo do grupo de Folia de Reis de Florínea com relação às ressignificações da celebração. Em suas palavras:

---

71 Sabe-se que o Conselho Municipal de Cultura do Município de Florínea/SP foi criado em 04 de novembro de 2009. Fonte: FLORÍNEA (SP). Lei N° 339/09, de 04 de novembro de 2009. *Dispõe sobre a criação do Conselho Municipal de Cultura do município de Florínea e dá outras providências*. Florínea, 2009.

72 A Secretaria referida pelo folião tem como nome "Conselho Municipal de Turismo – Conturflôr do Município de Florínea/SP" e foi criada em 04 de agosto de 2009. Fonte: FLORÍNEA (SP). Lei N° 322/09, de 04 de agosto de 2009. *Dispõe sobre a criação do Conselho Municipal de Turismo – Conturflôr do Município de Florínea, Estado de São Paulo*. Florínea, 2009.

> [...] é importante levar a tradição adiante, pra nunca parar a tradição. Depois que todo mundo realizou as suas festas em tal dia, em tal mês, reúne todo mundo, de toda a região, outros Estados... Minas Gerais, São Paulo, Paraná... todas essas folias se reúnem pra comemoração. Um dia simbólico assim... é tradição. O jovem vai vendo, vai vendo... e é a entrada do jovem que não deixa a companhia acabar, porque os mais velhos não vão aguentando mais, vai aposentando, vai falecendo. Os mais jovens vão aprendendo e assim a tradição não para.[73]

Para complementar sua fala, vale dizer que os saberes construídos a partir da observação e da troca de experiências devem ser, de certa forma, educados. É necessário que a sociedade como um todo (civil, município e Estado) reconheça a importância da Folia de Reis para que se pensem estratégias que levem à melhor maneira de ação, no sentido da condução desse bem cultural adiante.

3. 4 Consciência social, identidade e patrimônio

> Num primeiro momento a realidade não se dá aos homens como objeto cognoscível por sua consciência crítica. Noutros termos, na aproximação espontânea que o homem faz do mundo, a posição normal fundamental não é uma posição crítica mas uma posição ingênua. A este nível espontâneo, o homem ao aproximar-se da realidade faz simplesmente a experiência da realidade na qual ele está e procura. (FREIRE, 1979, p. 15).

O excerto ajuda na compreensão das possíveis relações entre os termos "conscientização" e "consciência social", o primeiro apropriado nos estudos de Paulo Freire e o segundo, apresentado no título desta última parte da discussão que pretende abordar, de maneira mais concreta, as políticas culturais da cidade de Florínea (legislação e planos de cultura da Secretaria Municipal de Cultura) e do próprio grupo Flor do Vale com relação ao patrimônio da Folia de Reis. Como destacado, o ato dos indivíduos estabelecerem contato com sua realidade, diferenciando-se dos

---

[73] Serafim Moreira de Meireles tem 44 anos e é natural de Gaúcha/PR. Exerce a profissão de motorista na prefeitura municipal de Florínea, onde atualmente reside. Seu primeiro contato com a Folia de Reis foi através de seu pai que era cantador, entretanto, Serafim começou a seguir a celebração depois que ele faleceu, a partir de 1996. Canta oficialmente na posição de contratinho na bandeira 1, mas se precisar, ele também sabe fazer outras vozes, tocar instrumentos musicais diversos e ainda cumprir a função de motorista do grupo, durante o giro. Fonte: MEIRELES, Serafim Moreira de. *Entrevista [30 mai. 2014]*. Entrevistadora: Rafaela Sales Goulart. Florínea/SP, 2014. Áudio MP3 (27:14).

demais sujeitos e elementos presentes nesta, seria uma tomada de consciência de suas experiências que são "naturalmente" vivenciadas ou, como diria o filósofo, permitidas através desse contato que possui a ingenuidade de uma experiência normal. Mais que isso, porém, a conscientização seria o processo de tomada de posições reflexivas e críticas sobre dada realidade, visando transformá-la.

O processo de conscientização demanda não só conhecimento da realidade, mas reflexão da própria existência com relação à do outro, entendendo as consequências de quando se age em dada realidade. Tais consequências, sejam elas boas ou ruins, só serão compreendidas e vivenciadas quando houver contato com o outro. Portanto, a ideia de consciência social já insere a crítica de um sujeito diante de seu grupo social, pois a conscientização se ganha através da avaliação de um sujeito com o que o difere em determinado lugar habitado por mais sujeitos e, além disso, o que difere esse grupo social dos demais. Assim, essa bagagem de consciência social também pode ser considerada como identidade e, portanto, patrimônio na medida em que são culturalmente construídas, podendo ainda ser reeducadas em um constante processo de conscientização.

Neste ponto, é importante conceituar que:

> [...] as identidades são sociais e os indivíduos se projetam nelas, ao mesmo tempo em que internalizam seus significados e valores, contribuindo assim para alinhar sentimentos subjetivos com as posições dos indivíduos na estrutura social (BRANDÃO, 2015).

A Folia de Reis já foi entendida como um patrimônio de Florínea que, logicamente, tem mais significado para os sujeitos ativos na celebração, do que para aqueles que se tornam foliões no dia 6 de janeiro, no Parque de Tradições. Em um viés distanciado das afeições familiares ou da religiosidade propriamente dita, houve a tentativa conscientização do patrimônio da Folia de Reis de Florínea quando, por exemplo, ela se tornou um feriado municipal em 2010, diferenciando-se de outras cidades da região, ou quando se estabeleceu a partir da década de 1990, um local público na cidade para a realização das suas festas anuais. Tais fatores foram propícios à construção de uma identidade coletiva (grupo de foliões e comunidade florinense) que teve como alicerce a Folia de Reis de Florínea.

Nessa premissa, a consciência social do patrimônio demanda políticas culturais e educação que fortaleçam sua memória e identidade, possibilitando o surgimento de sentimentos de pertencimento e filiação aos grupos produtores do bem cultural. Até agora já foi possível averiguar os principais sujeitos do patrimônio da Folia de Reis de Florínea e algumas das principais medidas e ações por eles adotadas para a sustentação do bem cultural. Há que se considerar que tanto o desenvolvimento da história da Folia de Reis quanto da história da cidade de Florínea caminhou junto, pois seus líderes eram praticamente os mesmos; ou seja, possuíam relações familiares, simbólicas e/ou políticas comuns, contribuindo com o processo de ressignificação e permanência da festa na cidade.

Se por um lado a Associação Folclórica de Reis Flor do Vale de Florínea sinaliza, do ponto de vista legal, o ápice da consciência social do grupo de foliões e administradores da festa, por outro, como foram tomadas as medidas de promoção deste patrimônio cultural pelo próprio sistema político municipal, que tem suas amarras nos poderes estadual e federal? A criação da Associação e a reflexão sobre sua legislação contribuiriam para o entendimento desse sistema? Que medidas poderiam ser tomadas para contribuir com o fortalecimento do processo de identificação da sociedade florinense como um todo para com a Folia de Reis?

3. 4. 1 O limite das políticas culturais de Florínea

> A minha história na bandeira começou desde pequeno já, acompanhando, mas assim, mais diretamente, foi quando eu entrei na prefeitura em 2002, e aí eu passei a acompanhar mais a bandeira, porque tinha mais tempo... Até então não acompanhava muito, sempre saí com eles... Quando foi, eu acho que em 2009, comecei a trabalhar de motorista na educação, foi quando eles solicitaram pra estar indo levar eles com o ônibus... (OLIVEIRA JR., 2016).

A experiência individual de Jorge de Oliveira Júnior[74] se encaixa neste ponto de discussão da pesquisa, primeiro porque menciona uma das principais medidas políticas de incentivo da prefeitura municipal de Florínea sobre a Folia de Reis, reconhecidamente destacada pelos demais foliões nas entrevistas e no "Resumo histórico" do livro de atas da Comissão de Santos Reis, onde se escreveu que o poder público havia percebido o legado histórico da festa de Santos Reis que, remanescente do folclore nacional, colocava Florínea entre os primeiros municípios do Brasil em

---

74 Jorge Oliveira Júnior é natural de Assis/SP, mas morou seus 36 anos de idade na cidade de Florínea, lugar onde atualmente exerce a função de condutor de ambulância. Ele foi capitão da bandeira de número 2 da Folia de Reis de Florínea e hoje é 1º secretário da Associação Folclórica de Reis Flor do Vale de Florínea. Fonte: OLIVEIRA JR, Jorge. *Entrevista [13 fev. 2016]*. Entrevistadora: Rafaela Sales Goulart. Florínea/SP, 2016. Áudio MP3 (44:48).

termos de desenvoltura e conduta na apresentação desta festa popular, ininterrupta na cidade desde 1926. Em um segundo momento, o trecho de Jorge indica que tal incentivo do poder público foi responsável pela sua efetiva inserção no grupo de Folia de Reis local.

Jorge é filho de Jorge Aparecido de Oliveira e irmão de Rogério Aparecido de Oliveira, o primeiro exerce a função de contrato e contratala e o segundo era palhaço na bandeira 2 de Florínea. Além deles, é sobrinho de Gerson Avelino de Oliveira e Juventino Avelino de Oliveira, e primo de Fábio Donizete de Oliveira (1º secretário da Associação), foliões ainda presentes naquela bandeira de Folia de Reis. Mesmo dentro destas condições que esclarecem a herança familiar e afetiva com a manifestação popular, parte de sua memória particular, Jorge afirma que embora saísse com o grupo, não acompanhava muito a bandeira. Situação essa que se modificou no início dos anos 2000, quando ele deixou de exercer atividades no campo para ser funcionário público municipal, o que possibilitou um tempo maior para frequentar a Folia de Reis. Ao saltar para 2009, seu relato ainda aponta que devido ao cargo de motorista no setor municipal de educação, foi ajustado à função de motorista do grupo durante os giros, estreitando laços com os demais foliões e, por sua vez, com as dificuldades enfrentadas pela equipe em termos de organização da Folia de Reis. Como será apresentado adiante, tais fatores teriam instigado o folião, junto a mais membros do grupo, a criarem uma nova Comissão, posteriormente transformada na Associação Folclórica de Reis Flor do Vale de Florínea (OLIVEIRA JR., 2016).

Considerando o *status* político e legal de Florínea com relação à cultura, constata-se que em 2009, ano em que Jorge foi motorista do grupo de Folia de Reis, o modelo estrutural e funcional do poder executivo municipal tinha a Diretoria de Cultura como órgão do segundo nível da Organização da Administração direta, o que significa que mesmo possuindo autonomia entre as demais Diretorias (Educação; Saúde; Assistência Social; Obras e Serviços; Turismo e Meio Ambiente; Esportes; Eventos e Lazer; Agronegócios; Guarda Municipal), estava vinculada à distribuições orçamentárias da Secretaria Municipal de Governo, Administração e Finanças (órgão de primeiro nível).[75] Tempos mais tarde, por sua vez, entre as disposições da Lei Complementar Nº 403/2011,[76] menciona-se a criação da Secretaria

---

75   Fonte: FLORÍNEA (SP). Lei Nº 297/2009, de 03 de fevereiro de 2009. *Dispõe sobre a reestruturação administrativa do poder executivo municipal de Florínea e dá outras providências.* Florínea, 2009.
76   Fonte: FLORÍNEA (SP). Lei Complementar Nº 403/2011, de 11.04.2011. *Dispõe sobre a estrutura administrativa da prefeitura municipal de Florínea, Estado de São Paulo,*

Municipal de Cultura, a qual tinha as seguintes subdivisões: 1) Departamento de Cultura – Seção de Cultura; 2) Departamento do Turismo – Seção de Fomento ao Turismo, Seção de Apoio Administrativo e Seção de Apoio ao Turista. Seções estas que relacionam a Secretaria de Cultura com demais Diretorias de Turismo e Esportes, sendo o secretário responsável, nomeado pelo Chefe do Executivo. Forma de nomeação que não seria quebrada em 02 de maio de 2013, onde a Secretaria Municipal de Cultura passa a ser subdividida entre: 1. Departamento de Cultura; 2. Departamento de Proteção ao Patrimônio Cultural.[77]

Com relação às competências da Secretaria Municipal de Cultura, o artigo 11 da Lei Complementar Nº 489/2013 destaca:

> I. Planejar, executar, coordenar, superviosionar, controlar e avaliar as atividades referentes ao Departamento de Cultura, tendo em vista as necessidades e objetivos da Administração;
> II. Organizar e manter atualizado o sistema de informações necessárias ao cumprimento das finalidades da Diretoria Municipal e ao atendimento às solicitações do Gabinete do Prefeito;
> III. Promover a manutenção dos locais de cultura, bem como exercer sua coordenação e controle, proporcionando-lhes os recursos técnicos e administrativos indispensáveis à boa execução das atividades neles desenvolvidas;
> IV. Promover a manutenção dos estabelecimentos culturais, bem como exercer sua coordenação e controle, proporcionando-lhes os recursos técnicos e administrativos indispensáveis à boa execução das atividades neles desenvolvidas;
> V. Promover o desenvolvimento cultural do município através do estímulo ao cultivo das ciências, das artes e das letras;
> VI. Proteger o patrimônio cultural, histórico, artístico e natural do município;
> VII. Incentivar e proteger o artista e o artesão;
> VIII. Documentar as artes populares;
> IX. Promover com regularidade, a execução de programas culturais de interesse para a população;

---

cria o plano de carreira e dá outras providências. Florínea, 2011.
77   Fonte: FLORÍNEA (SP). Lei Complementar Nº 489/2013, de 02 de maio de 2013. *Dispõe sobre a estrutura administrativa da prefeitura municipal de Florínea, Estado de São Paulo, e dá outras providências.* Florínea, 2013.

X. Organizar, manter e supervisionar a biblioteca municipal e as bibliotecas municipais;

XI. Proteger o patrimônio Cultural do Município e divulgá-lo para atrair pessoas da cidade e da região;

XII. Assessorar o Prefeito em assuntos de sua competência. (FLORÍNEA, 2013).

Das legislações supracitadas, o termo "patrimônio cultural" aparece na Lei Complementar Nº 489/2013, de 02 de maio de 2013, onde se apresenta a criação de um Departamento específico a serviço da proteção dos patrimônios florinenses, atrelado à Secretaria de Cultura. Vale dizer que, entre as competências, visto as "necessidades e objetivos da Administração", também é destacada a questão da valorização dos artistas e das artes populares.

Retrocedendo um pouco mais nas leis municipais, constata-se que em 1990, momento em que o grupo de Folia de Reis começou a se organizar enquanto Comissão e também a celebrar sua festa anual no Parque de Tradições, foi criado em Florínea o cargo de secretário de educação, cultura e comunicação.[78] Já em 2005, com uma nova lei, criou-se no âmbito da administração municipal, a Gerência Municipal de Educação e Cultura.[79]

As informações de que as áreas de cultura e educação estavam atreladas foram confirmadas pela então secretária de cultura do município de Florínea, Luciana Granado Bastos Vitorelli,[80] o que explica também o porque de Jorge ter sido escolhido como motorista que conduziria os foliões pela região, logo que, naquele momento, a cultura ainda estava ligada à educação. Na opinião de Luciana, a cultura ficou meio de lado com relação à educação, pois não havia e ainda não há, devido à recente criação do órgão, condições para estabelecer de fato uma secretaria com

---

78 Fonte: FLORÍNEA (SP). Lei Nº 005/90, de 03 de abril de 1990. *Dispõe sobre reestruturação, criação e extinção de cargos e empregos, salários, quadro de pessoal de prefeitura municipal de Florínea, Estado de São Paulo e dá outras providências.* Florínea, 1990.

79 Fonte: FLORÍNEA (SP). Lei Nº 103/2005, de 10 de fevereiro de 2005. *Dispõe sobre extinção, criação e novas designações de cargos do quadro de pessoal de prefeitura municipal de Florínea/SP.* Florínea, 2005.

80 Luciana Granado Bastos Vitorelli nasceu em Florínea/SP, possui 45 anos de idade, é secretaria de cultura do município de Florínea, sendo que já trabalhou como secretária de saúde, conselheira tutelar, vereadora e em atividades do lar, na mesma cidade. Luciana possui laços afetivos com a Folia de Reis de Florínea, pois ela e sua família sempre esteve ligada à esta celebração. Atualmente, Luciana ajuda a cozinhar no dia da festa de santo reis. Fonte: VITORELLI, Luciana Granado Bastos. *Entrevista [20 jan. 2016].* Entrevistadora: Rafaela Sales Goulart. Florínea/SP, 2016. Áudio MP3 (38:20).

recursos suficientes à área da cultura, o que dificulta a implementação de projetos na área (VITORELLI, 2016).

Nesse viés, embora haja apoio aos patrimônios culturais locais, a ênfase no seu incentivo gira em torno dos calendários oficiais festivos. Ou seja, ao apresentar as celebrações da cidade, considerando-as como bens culturais de destaque, a secretária de cultura, na função desde julho de 2013, diz que os esforços de sua secretaria são ajustados aos dias anteriores e posteriores às festas, como ocorre com a própria Folia de Reis, o carnaval, o final de ano (natal e *réveillon*), a festa junina, os eventos sobre o folclore e também os cerimoniais de inaugurações de locais públicos diversos. No final do ano, por exemplo, são montados "[...] na praça um local, um espaço cultural... enfeita com árvores de natal, com papai noel, com um painel grande... árvores de natal de luzinhas, uns anjos" (*Ibidem*, 2016).

Desse modo, os locais que serão sedes das festividades consideradas como patrimônios são preparados de acordo com o imaginário que se tem sobre eles, sendo às vezes, emprestados funcionários de outros setores públicos para contribuir com tal trabalho. Na preparação do Parque de Tradições, por exemplo, os funcionários da secretaria de obras fazem a limpeza do local, cortando gramas, podando árvores e demais sugestões acatadas dos componentes da Associação Folclórica de Reis Flor do Vale de Florínea. Além dos cuidados com o prédio e seu quintal, a prefeitura também cobre as despesas da água, energia elétrica e funcionários[81] (*Ibidem*, 2016).

Como ressaltou Luciana (2016), a recente formação de um órgão que cuida dos assuntos da cultura, a falta de verbas e, talvez, a falta de conhecimento sobre a importância do próprio patrimônio da cidade e de planejamento sobre políticas públicas, impedem o município e, consequentemente, sua Secretaria de Cultura de promoverem uma efetiva valorização dos patrimônios culturais locais, limitando-os a datas oficiais que acabam produzindo certa espetacularização das celebrações. É claro que os espetáculos que se criam sobre festividades consideradas tradicionais podem ser considerados como ressignificações. Entretanto, o problema maior verificado é a ausência de interesse, por parte do poder público, em desenvolver ações de guarda e preservação desses bens culturais, depois de encerradas suas datas comemorativas oficiais.

---

81 Vale dizer que mesmo o Parque de Tradições sendo de responsabilidade da secretaria de cultura, a mesma não possui acesso as suas chaves, ficando elas com os foliões.

Quando questionada sobre o que entendia por patrimônio cultural, a secretária de cultura forneceu um exemplo simples, por vezes, ligado à ideia de que patrimônio é algo antigo e tradicional. A saber:

> [...] o Senhor Enedino, é um senhor que tem quase 100 anos... mas a gente fala que o Seu Enedino é um patrimônio cultural no município [...] Eu entendo que é uma festa muito antiga, tem em vários municípios, mas eu acho que a nossa, não menosprezando as outras... a nossa é uma das festas, uma das melhores festas da região e eu entendo assim, que ela é a nossa cultura, porque tudo o que você vai falar em cultura. "Ah! O Santo Reis. Ah! Não sei o que lá, o Santo Reis". Tudo o que você fala de cultura tem o Santo Reis no meio. Então eu acho que é muito importante pra nós, nós não podemos jamais deixar que isso acabe... ela é importante para o nosso município como o Seu Enedino, ele é importante para o nosso município (VITORELLI, 2016).

Mesmo condicionada à temática da entrevista sobre a Folia de Reis, é interessante a percepção de patrimônio cultural expressa por Luciana (2016), principalmente quando se mostra sensibilizada com os saberes e a carga histórica de sujeitos como Seu Enedino[82] e, indiretamente, daqueles sujeitos que se dedicam à Folia de Reis. Esses atores sociais, detentores de saberes da cultura popular, significativos para a identidade e para a diversidade cultural brasileira, devem ser valorizados pelo poder público.

O próprio Plano Nacional de Cultura prevê a concessão de "benefício financeiro às pessoas reconhecidas como mestres da cultura popular e tradicional. O benefício dará a essas pessoas melhores condições para a produção e transmissão de seus saberes e fazeres" (MINISTÉRIO DA CULTURA, 2011, p. 32). O Plano Nacional de Cultura (Lei 12.343/2010) em seu Capítulo I, Art. 1, afirma que se deve "reconhecer os saberes, conhecimentos e expressões tradicionais e os direitos de seus detentores". É função do Estado "Estabelecer mecanismos de proteção aos conhecimentos tradicionais e expressões culturais, reconhecendo a importância desses saberes no valor agregado aos produtos, serviços e expressões da cultura brasileira".

Nesse sentido, a proteção social desses sujeitos seria uma importante ação de valorização e salvaguarda do patrimônio local, a fim de garantir a perpetuação das

---

82 Não consegui contato com Seu Enedino. E, embora se afirme que ele é um antigo morador da cidade, não foi citado pelos foliões como um sujeito ativo na festa de reis.

expressões e conhecimentos populares a gerações futuras. Tais cuidados exerceriam o papel de promover o direito pleno da cidadania, que, aliás, está vinculada institucionalmente à cultura, educação, esporte, turismo, entre outros departamentos dos setores municipais.

Sem essa valorização, a concepção de cultura apropriada pelas políticas municipais de Florínea fica apenas vinculada às comemorações do calendário oficial, moldadas de acordo com os interesses daqueles que o instituem. Com este horizonte, Eric Hobsbawn (1997, p. 9) trabalha a ideia de tradições inventadas:

> Por "tradição inventada" entende-se um conjunto de práticas, normalmente reguladas por regras tácita ou abertamente aceitas; tais práticas, de natureza ritual ou simbólica, visam inculcar certos valores e normas de comportamento através da repetição, o que implica, automaticamente, uma continuidade em relação ao passado. Aliás, sempre que possível, uma continuidade com um passado histórico apropriado.

Tradição inventada seria a imposição invariável de algo que encaixado, por exemplo, em um calendário comemorativo, apresenta-se contrário aos costumes culturalmente construídos e variados segundo os sentidos atribuídos pelos sujeitos que o praticam. Ou seja, torna-se algo sem sentido para aqueles que não cultuam esta dita tradição, mas que por serem inculcados, acabam por torná-la parte de sua identidade.

No momento em que a Folia de Reis foi concebida como feriado municipal em 2010, esta foi apropriada pelos órgãos administrativos como objeto simbólico que representa a cultura identitária do município, com uma história significativa para a maioria dos cidadãos florinenses, uma vez que o bem cultural se desenvolveu concomitantemente à história da cidade. Desse modo, essa apropriação, por parte da prefeitura, não desqualificaria o bem cultural, visto que, os próprios foliões estão imersos ao sentimento de identidade e de memória comum que se perpetua há anos na cidade. Na verdade, o que poderia ser observado como um empecilho nas suas políticas culturais seria a insistência nos mesmos incentivos à Folia de Reis, não colocando também em pauta, um plano de ação em prol da valorização e proteção desse patrimônio cultural do município, promovendo e compartilhando os saberes dos sujeitos nele envolvidos com os demais indivíduos da cidade.

É importante dizer que a última ação oficial relacionada à cultura da cidade de Florínea foi a criação do Conselho Municipal de Cultura, em 3 de junho de 2014. Entretanto, esse Conselho que objetivava institucionalizar a relação entre administração municipal e os setores da sociedade civil ligados à cultura, promovendo a participação destes na elaboração, execução e na fiscalização das políticas culturais de Florínea,[83] ainda não assegurou o que pretendia o seu Artigo 19, o qual discorre sobre a criação do Programa Municipal de Incentivo à Cultura, composto pelo Fundo Municipal de Incentivo à Cultura e Incentivo Fiscal para instrumentalização de Projetos Culturais que, segundo o site da Câmara Municipal de Florínea, ainda se encontra em tramitação.[84] Vale lembrar que quando realizada a entrevista com a secretária de cultura de Florínea, em janeiro de 2016, não foram mencionadas propostas, seja de sua Secretaria ou das Diretorias e Secretarias à ela ligadas, como é o caso da Secretaria de Turismo, de registro e salvaguarda da Folia de Reis enquanto patrimônio da cidade de Florínea, o que impede o possível inventariamento do bem no local e, portanto, a implementação de políticas culturais de reconhecimento e promoção do patrimônio em qualquer outra instância administrativa, seja ela municipal, estadual ou federal.[85]

Nesse sentido, se por um lado a prefeitura municipal de Florínea contribuiu com a inserção de foliões em funções específicas na celebração, como ocorreu com Jorge de Oliveira Júnior, por outro, a persistência nesse incentivo limitado ao fornecimento do transporte, do local da festa e demais despesas relativas a eles (VITORELLI, 2016), mostram as dificuldades do poder público local em assimilar a relevância desse bem patrimonial como parte da formação identitária do município.

Essa limitação contrária à continuidade do processo de conscientização social da Folia de Reis, a qual, por sua vez, parece ter influenciado alguns foliões a criarem a Associação Folclórica de Reis Flor do Vale de Florínea em 2013, não significa, no entanto, que este passo significativo ao grupo foliões faça imediato sentido a todos seus pertencentes e demais cidadãos florinenses.

---

83 Vide Art. 2º da Lei Nº 526/2014. Consultar: FLORÍNEA (SP). Lei Nº 526/2014, de 03 de junho de 2014. *Cria o Conselho Municipal de Cultura de Florínea/SP e dá outras providências*. Florínea, 2014.

84 Consultar website da Câmara Municipal de Florínea/SP em: http://www.camaraflorinea.sp.gov.br/index2.php?pag=T1RFPU9UVT1PVEk9T0dZPU9HRT1PV0k9T1RZPU9XUT0=&&idprojeto=1435. Acesso: 17 abr. 2017.

85 Consultar instrumentos de salvaguarda e diretrizes básicas de registro de bens de natureza imaterial no site do IPHAN, em: http://portal.iphan.gov.br/pagina/detalhes/418/. Acesso: 17 abr. 2017.

3. 4. 2 Associação Folclórica de Reis Flor do Vale de Florínea

> [...] essa Associação veio pra marcar uma mudança, como ficou marcada uma vez que o Pacheco se foi, ele que foi o verdadeiro idealizador disso, mesmo sem ele saber... a gente só está dando continuidade pra uma tradição... tem pessoas que a gente conhece de anos de devoção e tentando fazer com que não acabe a festa e é isso que é o intuito nosso hoje. Eu acho que é uma ideia que a gente deixa pra frente, tentar procurar cada vez mais pessoas que tenham vontade de ajudar e queiram assumir responsabilidades pra não deixar essa tradição do município e da região (OLIVEIRA JR, 2016).

O secretário da Associação Folclórica de Reis Flor do Vale de Florínea destaca no trecho que a organização sem fins lucrativos oficializada no início de 2013, tem como principal objetivo angariar mais pessoas responsáveis por dar continuidade à Folia de Reis de Florínea. Jorge de Oliveira Júnior (2016) destaca que a ideia de criar uma entidade com tal objetivo foi impulsionada por Antônio Pacheco Leite, quando este, pediu para ele e seu primo Fábio Donizete de Oliveira, que levassem mais a sério essa celebração que era tão importante a ele, ao grupo de foliões e à cidade. Essa solicitação pesou aos jovens que, embora fossem filhos de cantadores, talvez ainda não tivessem despertado para o declínio da tradição festiva no local quando, por exemplo, os mais idosos fossem falecendo. Infelizmente, quando o folião mais experiente falava isso para eles, já estava adoecido, obtendo óbito tempos mais tarde.

Segundo as memórias de Jorge de Oliveira Júnior (2016), depois de ter cumprido a função de motorista do grupo de foliões em 2009, ocupou o cargo de capitão da Folia de Reis de Florínea. Naquele momento, a tentativa de atualização do grupo frente às demandas do festejo da cidade foi impulsionada, sendo substituídos representantes de cargos específicos da Comissão de festas depois de vinte anos em que elas passaram oficialmente a acontecer no Parque de Tradições. Junto a Jorge (capitão da bandeira 2), foram eleitos em 2010 o também capitão Amado Jesus da Silva (bandeira 1), o vice-presidente Saulo Franco de Oliveira, o tesoureiro Alexandre Fabiano Neto e o vice-tesoureiro Antônio Candido Ferreira. Dos quatro integrantes citados, o primeiro era cantador na bandeira 1, o segundo já tinha sido escrivão e tesoureiro da Comissão, o terceiro foi capitão da bandeira 2 e o quarto também já havia exercido a função de tesoureiro na Comissão.

Percebe-se que, à excessão de Jorge, os demais representantes eleitos já possuíam uma trajetória no grupo de Folia de Reis de Florínea. Os cargos ocupados, por sua vez, indicam certo destaque em termos de trabalho de organização da festa,

Sentidos da Folia de Reis

afinal lidam com questões burocráticas e administrativas que decidem a grande confraternização do dia 6 de janeiro, a qual preza pela justa distribuição de alimentos a partir de todo o trabalho de arrecadação feito pelas bandeiras nos giros pela região. Como apresentaram nos depoimentos, os foliões sentem a necessidade de devolver para o público festivo aquilo que receberam.

Anotadas as novas ocupações de cargos da Comissão, a ata da reunião de 2010 foi interrompida pela triste notícia de que Pacheco tinha falecido. Como rememorado na música "Saudade de um amigo", o líder da cozinha nas festas de reis e também seu tesoureiro até as eleições de 2010, eternizar-se-ia nas memórias do grupo. Eis uma evidência anotada no livro de registros das reuniões da Comissão de Folia de Reis:

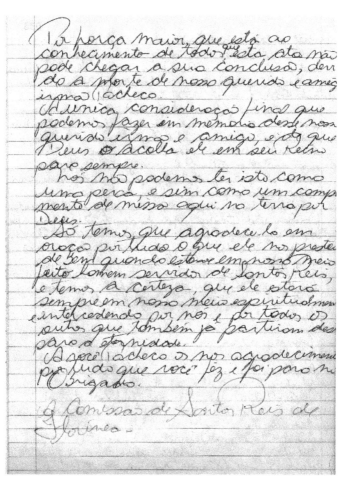

Figura 60: Ata da Comissão de Santos Reis de Florínea (2010).
Acervo da Associação Folclórica de reis Flor do Vale de Florínea.

Transcrição da imagem:

Por força maior que está ao conhecimento de todos que esta ata não pode chegar a sua conclusão, devido a morte de nosso querido e amigo irmão Pacheco.

A única consideração final que podemos fazer em memória desse nosso querido irmão e amigo é de que Deus o acolha ele em seu Reino para sempre.

Nós não podermos ter isto como uma perca, e sim como um comprimento de missão aqui na terra por Deus.

Só temos que agradece-lo em oração por tudo o que ele nos prestou de bem quando esteve em nosso meio feito homem servidor de Santos Reis, e temos a certeza, que ele estará sempre em nosso meio espiritualmente e intercedendo por nós e por todos os outros que também já partiram desse para a eternidade.

A você Pacheco os nossos agradecimentos por tudo que você fez e foi para nós. Obrigado.

A Comissão de Santos Reis de Florínea.

Depois da declaração de pesar sobre a morte de Pacheco, reescrevem com a data de 5 de outubro de 2010, uma nova ata contendo informações já expostas e anunciando que a Comissão passaria a se chamar "Nova Geração". Um nome que traduz o anseio já apresentado acima, de trazer mais pessoas que, de fato, lutassem pela administração séria do grupo, possibilitando a continuidade do bem cultural na cidade e fora dela.

No dia 12 de janeiro de 2011, a equipe da Nova Geração se reuniu para discutir assuntos relativos à festa daquele ano, esclarecendo as despesas, o dinheiro que havia permanecido em caixa e os anseios em utilizá-lo não só na próxima festa de reis, como também na festa junina que aconteceria em meados de 2011. Além disso, foi sugerida uma nova eleição de tesoureiros que, embora não tenha sido justificada, demonstrou que, das 32 pessoas que participaram da votação, 30 delas levantaram as mãos assinalando positivamente em relação à continuidade dos atuais representantes. Das suposições sobre o novo processo de votação, há que se ater a uma das justificativas que surgiram nos depoimentos dos foliões, os quais dizem respeito à não existência de uma conta própria da Comissão para guardar o dinheiro arrecadado nos giros e a necessidade de um registro de Cadastro Nacional de Pessoa Jurídica (CNPJ), que também facilitaria a arrecadação de prendas em comércios e empresas. Além disso, antes de concluírem a ata de 2011, o folião Célio comenta sobre a possível criação de uma Organização Não Governamental (ONG) em nome de Santos Reis, sugestão esta, acatada por Jorge.

De fato, os anseios pela criação de uma entidade a favor da continuidade da festa de reis foram assumidos na ata da Assembléia de Constituição da Associação Folclórica de Reis Flor do Vale de Florínea, realizada em 31 de dezembro de 2012, às 19 horas, no Ginásio Municipal de Esportes "Jesuino Sebastião de Paula". Na ocasião, apresentavam-se para discutir e aprovar o Estatuto da Associação e eleger seu quadro social (Diretoria, Conselho Fiscal e sócios fundadores), as seguintes pessoas: Rozimbo Nascimento, Saulo Franco de Oliveira, Alexandre Fabiano Neto, Antonio Candido Ferreira, Jorge de Oliveira Junior, Fabio Donizete de Oliveira, Amado Jesus da Silva, Benedito da Silva, José Juraci Anastácio de Lima, Aldo Meira Filho, Aurora Franco dos Santos, Orestes Bueno de Camargo, Benedito de Oliveira Silva, Carla de Cássia Tartarine Tavares, Alba Valério Bianco, Claudemir Roberto Munhoz, Inez Roncone, José Antonio Rorato, Benedito Antonio Fabiano, Marcos Antonio Barreiros, Edna Maria Bianco, Juventino Avelino de Oliveira, Gerson Avelino de Oliveira e Silvanda da Silva Moraes Barbosa.

Naquela seção foram eleitos para compor a diretoria executiva o presidente Rozimbo Nascimento, o vice-presidente Saulo Franco de Oliveira, o tesoureiro Alexandre Fabiano Neto, o vice-tesoureiro Antonio Candido Ferreira, o secretário executivo Jorge de Oliveira e o vice-secretário executivo Fabio Donizete de Oliveira. Já no conselho fiscal, foram nomeados o presidente Amado Jesus da Silva, o secretário Benedito da Silva, o membro José Juraci Anastácio de Lima e o suplente Aldo Meira Filho. Aliás, no Estatuto da Associação passa a vigorar um sistema de eleição onde todos os sócios podem votar através do sufrágio direto ou por aclamação dos associados, sendo as eleições feitas a cada três anos.

Sobre o Estatuto oficial, Jorge apresenta em seu depoimento que quando decidida a ideia de elaboração da Associação, ele se responsabilizou por pesquisar e escrever suas regras,[86] as quais posteriormente foram encaminhadas para o advogado da mesma, Marcelo Alves de Moraes, quem faria as correções, enquadrando o presente Estatuto nas devidas condições jurídicas (OLIVEIRA JR., 2016).

Com relação ao quadro social da Associação, vale dizer que, podem se filiar um número indeterminado de pessoas físicas e jurídicas, sendo classificados em sócios fundadores, beneméritos e efetivos. Os primeiros são os que nela ingressaram no momento de sua fundação, participando da Assembléia Constituinte e assinando-a, e ainda possuindo o direito de votar ou ser votado em qualquer nível

---

86 Em ocasião da entrevista com o secretário da Associação, depois que desliguei o gravador, ele mencionou ter estudado alguns projetos e estatutos de outras companhias de reis brasileiras, verificando inclusive, muitas Associações do Rio de Janeiro.

e instância. Já os segundos, seriam aqueles que pertencendo ou não ao quadro social da Associação, prestaram serviços à entidade. Os terceiros e últimos, seriam os cidadãos dispostos a colaborar voluntariamente com a Associação. Vale dizer que nenhum dos sócios é remunerado, podendo sair de suas funções assim que quiserem, mediante a escrita de uma carta de justificativa, o que demandaria uma reunião extraordinária do grupo, logo que atestam se reunir apenas uma vez ao ano. Assim, os cargos seriam publicamente destituídos, sendo os vices ou titulares dos cargos os novos responsáveis por eles até a próxima eleição. Deste mesmo modo, enquadrar-se-ia o processo de pleiteação de um novo cargo, caso algum associado da diretoria chegasse a óbito.

Sobre as finalidades da Associação, destaca-se o seguinte artigo:

> *Art. 3º* - A Assoção tem por finalidades a defesa das atividades culturais e folclóricas dentro de uma ordem econômica fundada na livre iniciativa e na valorização do trabalho dos associados envolvidos que se enquadram dentro das 2 (duas) Companhias de Reis existentes no município de Florínea, que trabalham no intuito de arrecadar doações para a realização de nossa festa anual de Santos Reis, além de agir na defesa do patrimônio cultural e do desenvolvimento econômico e social, organizando, promovendo e difundindo as ações culturais e folclóricas existentes no Município de Florínea, Estado de São Paulo.
> *Parágrafo único* – Constituem também objetivos da Associação:
> I – fortalecer e pugnar pela cultura como forma de lazer para a população;
> II – desenvolver na comunidade, o interesse e promover a execução de projetos nas áreas cultural, artístico, educacional, esportiva, social, filantrópica, de meio ambiente e outras;
> III – colaborar com instituições afins, como órgão técnico e consultivo;
> IV – desenvolver medidas, ações e projetos que visem assistir e fortalecer seus associados, funcionários e a comunidade.

O Artigo 3º apresenta uma preocupação com o patrimônio cultural da Folia de Reis de Florínea, que vai além de suas festas anuais propriamente ditas. Como se percebe na legislação, as duas companhias (bandeiras) de Folias de Reis já assumem o trabalho de arrecadação de doações que fazem em prol da realização das festas, tarefa esta, que também deve gerar preocupação da entidade no contexto atual. Ora, mesmo que os praticantes da Folia de Reis de Florínea ainda cultuem o giro de visitações pela região a fim de angariar prendas para a festa, a possível escassez de foliões hoje inseridos no mercado de trabalho, deve também ser pensada. Mas, quando falam na legislação, sobre o interesse de desenvolverem "medidas, ações e projetos que visem assistir e fortalecer seus associados, funcionários e a comunidade", estão apontando para uma percepção ampliada do patrimônio, sobretudo, a ideia de uma valorização contínua do bem cultural, observando a Folia de Reis para além do calendário festivo.

Nesse sentido, a documentação da Associação desperta para a ressignificação do festejo, que carece de incentivos e verbas para se tornar melhor, as palavras do mestre Benedito da Silva (2013) atestam tal consciência:

> [...] mudou muito, os caras antes não tinham a sabedoria que tem hoje. Lá era bem simples... eles não ligavam muito pra documentação. Nós sentimos obrigação... De verba, nós não recebemos nenhuma ainda, mas nós vamos tentar... nós vamos ligar para as pessoas que encaixam as situações em termos de verba, falar com deputado, vamos mandar pra secretaria pra ver se eles conseguem verba pra nós de presente... Tem situações que nós recebemos doações e precisamos de uma nota e nós não temos. Nós não tínhamos. Hoje, graças a Deus, nós temos... se o cara doar, inclusive pra abater no imposto de renda, nós temos a condição de reverter essa situação para o cara que doa.

Nesse intento, a formalização da Associação com CNPJ registrado visou trazer mais seriedade para a entidade diante das empresas que contribuem com a Associação. A oficialização da Associação buscou fortalecer parcerias com outras entidades, como também criar projetos junto à Secretaria de Cultura, além de participar de editais estaduais e federais para a promoção do bem cultural na cidade.

Entretanto, sobre esta relação entre a entidade e o poder público local, pôde-se observar, principalmente nos depoimentos de pessoas mais idosas do grupo, certa resistência vinculada à insegurança do festejo se tornar objeto explícito de politicagem, em detrimento às políticas públicas. Além disso, existe receio da festa passar a ser conhecida para além de sua região de giro, o que ocasionaria a vinda de mais pessoas, demandando, por exemplo, mais recursos para compra e preparo da alimentação servida.

Do suposto, uma justificativa sobre a falta de um relacionamento mais efetivo entre Associação e Secretaria de Cultura é dito por Jorge de Oliveira Júnior (2016):

> [...] houve uma falha no sentido da gente sentar mais junto com o secretário da cultura, procurar envolver ele mais com a gente, com a Associação, com a própria festa. E na Secretaria da Cultura, houve muitas mudanças nesse período... mudança de secretário, secretária... Acho que houve um pouco de distanciamento da gente com a parte da Secretaria de Cultura de Florínea.

Além das mudanças expressas no trecho, que dizem respeito às lideranças na Secretaria Municipal de Cultura, há que se pesar a recente criação de ambos os órgãos florinenses (Secretaria e Associação) e, portanto, o pouco trabalho em prol da Folia de Reis. Entretanto, o próprio depoimento assume a importância da relação de ambas as entidades para a promoção desse bem do patrimônio cultural, o que implica reflexão comum sobre política, cultura e educação.

É importante ressaltar aqui que é imprescindível o estabelecimento do diálogo entre sociedade civil, detentora do bem e os órgãos públicos municipais, o que facilitaria a criação de projetos, leis e ações que permitiriam a promoção, preservação e valorização da Folia de Reis enquanto bem cultural da cidade e região. Partindo da esfera municipal, poderiam ser promovidas ações – iniciadas por medidas de educação patrimonial, passando pela elaboração de um inventário da Folia de Reis de Florínea e do Grupo Flor do Vale, até a efetivação do registro legal do bem imaterial – que permitiriam o delineamento de uma política pública do município para o patrimônio cultural. O estabelecimento de uma nova política patrimonial para Florínea valorizaria seu bem identitário, a Folia de Reis, permitindo sua integração às esferas Estadual e Nacional[87]. Com a participação da cidade em uma política cultural atrelada aos níveis estadual e nacional, haveria maiores possibilidades para a arrecadação de verbas específicas à festividade, contribuindo com a continuidade do bem cultural no local e para além dele.

---

87 "O **Sistema Nacional de Cultura** é um processo de gestão e promoção das políticas públicas de cultura, em regime de colaboração de forma democrática e participativa entre os três entes federados (União, estados e municípios) e a sociedade civil, tendo por objetivo promover o desenvolvimento humano, social e econômico com pleno exercício dos direitos culturais". Consultar: http://cultura.gov.br/sistema-nacional-de--cultura. Acesso: 17 abr. 2017.

3. 4. 3 Educação patrimonial: o processo de conscientização da Folia de Reis de Florínea

> [...] a conscientização é um compromisso histórico. É também consciência histórica: é inserção crítica na história, implica que os homens assumam o papel de sujeitos que fazem e refazem o mundo. Exige que os homens criem sua existência com um material que a vida lhes oferece... (FREIRE, 1979, p. 15).

São perceptíveis as remodelações ocorridas na Folia de Reis de Florínea, principalmente depois que a festividade passou a pertencer à cidade, sendo posteriormente realizada no Parque de Tradições. Não só o local adquirido para as festas foi sendo ajustado para a recepção do público festivo, que aumentou no contexto citadino, mas o próprio ritual foi sendo reformulado com a ajuda dos transportes que ampliaram o tempo e o contato social durante os giros, bem como a participação dos foliões em eventos que ocorrem dentro e fora da região de visitação. Todas essas ressignificações, entretanto, exigem organização e conscientização do grupo praticante, o que, por sinal, levou-os a criar uma Comissão, institucionalizada como Associação em 2013. Mas, expostos os precursores desta última entidade e seus objetivos legais, falta apresentar o que os demais foliões sugeriram enquanto alternativas para a continuidade desse patrimônio cultural em Florínea, ideias que imbricadas a uma perspectiva mais ampla de educação patrimonial, poderiam ser colocadas em prática, transgredindo o medo de mudanças e efetivando o compromisso histórico da comunidade florinense para com a Folia de Reis.

Utilizando de noções formuladas pela Coordenação de Educação Patrimonial[88] (CEDUC), entende-se por educação patrimonial:

> [...] todos os processos educativos formais e não formais que têm como foco o Patrimônio Cultural, apropriado socialmente como recurso para a compreensão sócio-histórica das referências culturais em todas as suas manifestações, a fim de colaborar para seu reconhecimento, sua valorização e preservação. Considera, ainda, que os processos educativos devem primar pela construção coletiva e democrática do conhecimento, por meio do di-

---

88 "Em 7 de maio de 2009, o Decreto nº 6.844 vincula a Coordenação de Educação Patrimonial – CEDUC ao recém-criado Departamento de Articulação e Fomento – DAF, com o objetivo de fortalecer, na área central do órgão, uma instância dedicada à promoção, coordenação, integração e avaliação da implementação de programas e projetos de Educação Patrimonial no âmbito da Política Nacional do Patrimônio Cultural". (FLORÊNCIO; et al, 2014, p. 14).

álogo permanente entre os agentes culturais e sociais e pela participação efetiva das comunidades detentoras e produtoras das referências culturais, onde convivem diversas noções de Patrimônio Cultural. (FLORÊNCIO; et al, 2014, p. 19).

A educação patrimonial permite a compreensão do universo sócio cultural e a trajetória histórico temporal do indivíduo, reforçando sua identidade e possibilitando sua inserção consciente no mundo.

O "saber-fazer", representado nas canções, declamações, brincadeiras, danças, comida farta, entre outros elementos que se constituem através de informalidade característica das Folias de Reis, é decorrente de processos construtivos de aprendizagem social entre as comunidades detentoras dos patrimônios que, como diria Carlos Brandão (2007, p. 18), fazem este saber fluir mediante a convivência. Entretanto, conforme o tempo passa, transformam-se também estas práticas e representações sociais.

Na Folia de Reis de Florínea, depois que as bandeiras passaram a pertencer à cidade, sendo suas festas posteriormente realizadas em um único local (Parque de Tradições), por exemplo, os próprios foliões começaram a registrar críticas sobre algumas práticas problemáticas para eles, como são os casos de recitação inadequada de versos do nascimento de Jesus/saudação ao presépio (ata de 1997), o uso irregular de bebidas alcóolicas, o desconhecimento da história bíblica relacionada aos magos e dos costumes da Folia de Reis, os quais poderiam prejudicar o desempenho dos mestres e palhaços durante as visitas nas casas, durante o ato de encontro das bandeiras (DIAS, 2013), entre outras situações que poderiam desvalorizar a imagem da religiosidade popular do grupo, desorganizando os comportamentos de aprendizagem e respeito entre os foliões.

O fato é que, essas críticas que provavelmente já existiam e que certamente provocaram algum desentendimento entre os membros da Folia de Reis, quando esta ainda pertencia ao contexto rural, são agora publicadas a fim de descartar possíveis impressões negativas de pessoas e entidades que contribuem para a permanência desse patrimônio no contexto urbano. Essa nova realidade, constituída de direitos e deveres institucionais, acaba por enquadrar os cidadãos, furtando-lhes o tempo que tinham na vida campestre e, embora ainda fincados numa tradição cultural que possua aquelas características, a vida das pessoas mudou. Nesse sentido, quando os foliões apresentam vontade de continuidade da Folia de Reis de Florínea, estão preocupados com o possível aniquilamento da identidade, parte das memórias particulares e também coletivas, quando associadas aos integrantes das bandeiras.

Daí o espaço de memória produzido dentro do Parque de Tradições (exposição de placas com nomes de foliões antigos, peças de carros de bois, fotografias etc).

Sobre os dias de giro pela região, tempo em que os foliões mais antigos estabeleciam e ainda estabelecem a convivência produtora de mais mestres repentistas, palhaços, cozinheiros, entre outros elementos caros ao ritual e que, na visão do tesoureiro Alexandre Fabiano Neto (2014), são parte da crença dos foliões, há que se refletir. Segundo Alexandre, ele e os secretários da Associação, Jorge de Oliveira Júnior e Fábio Donizete de Oliveira, já conversaram sobre este assunto que preocupa alguns foliões: a possibilidade de se fazer um balanço sobre o futuro do giro, quando este for perdendo força em função do falecimento dos mais idosos e do enquadramento profissional dos mais jovens no mercado de trabalho (FABIANO NETO, 2014). Ora, a falta de arrecadação de prendas é um dos principais anseios apresentados nos depoimentos, logo que, esta ainda sustenta a festa de reis sob mesa farta e disposta para os contribuintes e devotos de Florínea e região. Ou seja, tal fato que poderia desprestigiar a identidade do grupo e contribuir para com o fim da tradição festiva.

Nessa perspectiva, Alexandre Fabiano Neto (2014) justifica que a ideia de criação da Associação foi justamente para suprir tais necessidades de recursos, deixando livre àqueles foliões que quiserem fazer o giro para alimentar sua crença, mas ao mesmo tempo, dispensando-os da obrigação desgastante da arrecadação, não sendo mais necessário sair muito cedo de casa e retornar muito tarde durante os 11 dias de visitações. Assim, a Associação com suas parcerias e projetos com órgãos públicos e privados, trabalharia continuamente em prol de verbas para a realização da folia de reis, permitindo que, ao menos o dia 6 de janeiro, continue a representar a identidade e tradição do grupo e da festa na região.

Entretanto, além da questão das prendas, os costumes e o "saber-fazer", provenientes do ritual em si, poderiam se perder sem esse giro de visitações que estabelece as relações informais de aprendizagem através da convivência e das observações. Esse ponto de reflexão, embora tenha aparecido como proposta na legislação da Associação (entre as propostas do Art. 7º, sobre os fins da Associação, consta a promoção "[...] de cursos ou as mais variadas ações em benefício de seus associados"), surgiu mais esclarecidamente no depoimento de Florêncio Bavaresco Dias (2013). Quando questionado sobre a continuidade da Folia de Reis em Florínea, ele sugere:

> [...] tinha que ter uma escolinha, pelo menos umas 2 vezes por mês. Uma escola de cantoria de Santo Reis que ensina como cantar, como fazer verso.

> Na minha opinião, tanto pra os cantores jovens, como pelos bastiões jovens também, porque a gente tem ali poucas pessoas de idade [...] cada ano vai passando, vai falecendo um e outro, e aquilo vai fazendo falta...

Pensando no futuro do grupo, a criação da escola de foliões seria uma alternativa que poderia abranger o contato dos integrantes da Folia de Reis para além do momento de realização do ritual festivo, pois, como destacaram Florêncio (2013) e o tesoureiro Alexandre (2014), muitos dos cantores e bastiões estão falecendo e, além disso, não se sabe até quando os giros vão ser sustentados por um número adequado de foliões, logo que os jovens geralmente estão empregados em lugares que não dispensam seus funcionários para esses fins.

A escola, portanto, seria um espaço de educação patrimonial, responsável por difundir conhecimentos sobre a Folia de Reis à comunidade de Florínea, a qual se apropriaria de sua história, tornando-se agentes da preservação dessas práticas e saberes. Ou seja, o processo sistemático promovido pela educação patrimonial levaria os indivíduos a um processo ativo de conhecimento, possibilitando conscientização social e valorização do patrimônio cultural da cidade.

Ademais, não se pode esquecer, que para que os patrimônios prosperem, sendo reconhecidos, valorizados e preservados dentro e fora da comunidade detentora do bem cultural, é necessário o diálogo dela com os agentes culturais que, no caso de Florínea, estão atrelados às secretarias de cultura, educação e desenvolvimento econômico. Tal diálogo, por sua vez, demanda tempo para conscientização tanto para o grupo de foliões, sobretudo, aqueles mais idosos, por vezes, mais resistentes às mudanças; como também aos próprios agentes culturais, que precisam entender e valorizar este bem cultural que fortalece a identidade dos cidadãos, contribuindo com a cultura, economia local e o reconhecimento da cidade na região e Estado. Para isso, por exemplo, poderiam "[...] potencializar o uso dos espaços públicos e comunitários como espaços formativos" (FLORÊNCIO; et al, 2014, p. 27); isto é, potencializar as memórias e identidades acerca da Folia de Reis de Florínea para além do dia 6 de janeiro, tanto no local da festa como em outros pontos da cidade.

Como apresentado, o Parque de Tradições foi remodelado pela Comissão de festas que, ao criar espaços funcionais dentro do local que sedia suas celebrações anuais, promoveu um contato com uma atmosfera memorável sobre sua história na região e cidade, ressaltando alguns nomes e momentos do ritual religioso. Mas, o que ocorre é que depois de finalizada a festividade, o local é fechado, sendo aberto apenas quando realizam a Festa Junina que também é promovida por membros da

Associação.[89] Já os associados, reúnem-se uma vez ao ano na Assembleia geral da Associação (vide Art. 17º da Associação) para fazer o balanço da festa anterior e planejar a posterior, reunião esta que não é feita no Parque por falta de um espaço específico. Ou seja, o pouco uso do local da Folia de Reis, resulta na falta de sua manutenção, atrapalhando a conservação do patrimônio material do grupo de foliões, como é o caso das fotografias armazenadas na capela. Esse caso, entretanto, não foi explicitamente relatado como uma preocupação do grupo.

Dos sinais de consciência social da Folia de Reis de Florínea pelos foliões, além da ideia da escola ou da criação de cursos de aperfeiçoamento de seu pessoal, outra sugestão surgiu no depoimento de Cristiano Aparecido Arcanjo (2016), onde este parceiro e simpatizante do grupo afirmou já ter conversado com alguns dos seus integrantes sobre a criação de um *website* onde seriam publicadas fotografias, documentos, histórias individuais e coletivas do grupo de foliões e, além disso, seriam disponibilizados espaços específicos para que os visitantes virtuais interagissem, compartilhando documentações e relatos que contruibuíssem com tal memória, e uma possível conta onde poderiam receber doações. Esse trabalho de comunicação, portanto, casaria-se com a ideia de preservação da história da Folia de Reis de Florínea, ampliando o número de parceiros e patrocinadores. No entanto, além do referido "esquecimento" do Parque de Tradições fora dos dias festivos, alguns integrantes do grupo resistiram também em divulgar a Folia de Reis de Florínea através do *website*, por medo de que venham muitas pessoas para o lugar, não comportando as necessidades do público com relação às refeições.

Diante desses sinais, ressalta-se que a Associação Folclórica de Reis Flor do Vale de Florínea é recente e ainda depende de avanços no processo de consciência social dentro e fora do grupo, o que incide nas limitações das políticas culturais da cidade de Florínea. Por outro lado, a vontade de permanência do "saber-fazer" da festa é evidente aos sujeitos ligados à Folia de Reis, o que permite refletir que:

---

89   Já a Festa Junina organizada pela prefeitura municipal de Florínea é realizada no Ginásio de Esportes do Município, isto porque segundo a secretária de cultura Luciana Granado Bastos Vitorelli (2016), "o Parque de Tradições fica meio distante da cidade" (ver imagem panorâmica do Parque em relação à cidade na Figura 32). Na verdade, o que se percebe é que embora o Parque de Tradições tenha sido criado para sediar todas as celebrações culturais da cidade, a própria prefeitura municipal deixou de utilizá-lo não porque ele fica distante da cidade, mas pelo fato do lugar ter sido paulatinamente consagrado às celebrações do grupo de Folia de Reis.

> Continuar a fazer Folia de Reis pode ser uma perseverante forma de denunciar os descaminhos – individualismo, desumanização, destruição do sujeito – da sociedade atual e de expressar, segundo a leitura dos seus praticantes, as bases ou os princípios humanos fundamentais do seu reordenamento. (PESSOA, 2007, p. 81).

Nesse horizonte, vale dizer que a conscientização do patrimônio da Folia de Reis de Florínea já está se apresentando como um processo que está adquirindo um novo perfil identitário, realidade transformada pelos sujeitos ativos na celebração.

Conclusão

[...] Terminei minha missão ai, acabou a festa de Santos Reis ai ô...

Ao som de violas, violões, caixas, pandeiros, maracas, rojões e as mais variadas vozes dos cantores, com muita emoção e empolgação, os foliões de Florínea encerravam sua jornada com o verso acima, no dia da festa de Santos Reis de janeiro de 2014. Naquele momento, vivenciava pela segunda vez tal festividade, ainda sem entender muito bem os sentidos da referida festa, o que me restava era observar e registrar aquele momento através de um gravador e uma máquina fotográfica.

Dois anos se passaram após esse registro, totalizaram-se 21 entrevistas com foliões do grupo de Florínea e 4 entrevistas com simpatizantes e colaboradores da celebração, todas elas foram ouvidas novamente, transcritas, lidas e analisadas junto às demais documentações levantadas: fotografias, filmes, músicas, livro de atas e livro da Constituição da Associação, processos jurídicos e leis. No início de 2016, inclusive, foi necessário refazer uma entrevista com o mestre Benedito da Silva, a fim de esclarecer mais algumas dúvidas que surgiram durante o processo de análise das documentações. Feito isso, o tempo da escrita da dissertação, acirrado, exigia que ela fosse finalizada. Até que sua defesa fosse feita, totalizavam-se quase três anos de pesquisa de mestrado. E eis que restava concluir a última etapa do texto inspirada na cantoria registrada daquele dia 6 de janeiro de 2014.

Se, naquele momento, pouco era conhecido acerca dos sentidos da Folia de Reis de Florínea, hoje, a ideia de sua complexidade surge um tanto quanto mais apurada. Não só o ritual, os símbolos e os significados que lhes são conferidos resumem todos os sentidos que tal manifestação cultural possui, mas as modificações de suas práticas e representações, pautadas em determinado lugar e tempo, podem explicar os porquês de sua continuidade, mesmo que ressignificada, e de sua consciência social na contemporaneidade.

Sustentada historicamente, a Folia de Reis de Florínea foi tomada como missão e problematizada a partir do objeto da pesquisa; isto é: quais agentes criam a Folia de Reis de Florínea, como criam e quais sentidos se criam? Tais questionamentos levaram ao entendimento de que o recorte temporal de 1993 e 2013, não só era justo pelo fato de grande parte do material da pesquisa ter sido construído e materializado a partir da década de 1990, mas por assinalar, através de momentos específicos de (re) criação da história do grupo de foliões, as necessidades vivenciadas por estes agentes no contexto urbano de Florínea, amparados também às necessidades do poder público local. A maneira como foi conduzida a Folia de Reis de Florínea junto à história da própria cidade, proporcionando consciência social e identidade sobre o patrimônio, diz muito sobre seus sentidos e, porque não ressaltar, suas limitações quando atrelado às políticas culturais citadinas.

Através do nome de Sebastião Alves de Oliveira, o primeiro festeiro dos Santos Reis e fundador da cidade de Florínea, consegue-se retomar uma memória oficial da festa. Dita dessa forma, pois se cristalizou nas memórias dos foliões e também do poder público local. Das terras que hoje pertencem à cidade de Cândido Mota, este homem foi ocupando a região desde o início do século XX, até chegar em Florínea e, através das práticas da Folia de Reis que realizava junto a seus funcionários, esta identidade da festa foi se espalhando, compreendendo novos sujeitos e significados, um deles, inclusive, ressaltado ao longo do texto. Trata-se da função do *festeiro*.

O festeiro, enquanto aquele que organizava e financiava a Folia de Reis, tinha ainda seu nome como marca de identificação da bandeira. A bandeira de número 1 ou a bandeira do mestre Fião (Benedito da Silva), reconhecida atualmente dessa maneira na cidade, embora tenha sido fundada por Sebastião Alves de Oliveira, não mais é rememorada dessa forma popularmente. Como se disse, trata-se apenas de um dado que, embora seja admitido como verdadeiro, não tem um sentido superior à questão do seu peso histórico de tradição. Tradição esta, entendida como algo que colabora com a coesão social do grupo (HOBSBAWN, 1997).

Desde aproximadamente a década de 1950 e 1960, momento em que nasciam alguns dos foliões entrevistados, rememora-se da história da Folia de Reis através daqueles mestres do conjunto musical, aqueles que tinham notoriedade dentro dos batalhões/bandeiras que giravam pela região de Florínea. É fato que a memória afetiva e os sentimentos que unem as bandeiras aos mestres, compõem esse período de festa no contexto rural. Mas, é importante salientar que o papel do festeiro, bem como a identificação do mesmo com as bandeiras ainda não havia ocorrido naquele período.

Na verdade, o que levou à mudança do papel deste, hoje apenas coroado na festa, foi assinalado no período em que ela estava em transição do campo para a cidade de Florínea. Como relatado no final do capítulo 1, entre as décadas de 1970 e 1980, a Folia de Reis passou por um problema atribuído à desistência de Jorge Alves de Oliveira (filho de Sebastião Alves de Oliveira), de última hora, em fornecer a sede de sua fazenda para a realização de uma das festas de Santos Reis. Esse acontecimento relembrado, e até imaginado, serviu para o grupo como um sinal de que a Folia de Reis precisava de ajuda, de um lugar e, portanto, de um espaço na cidade. Foi a partir desse momento de dificuldade na festa que não só o grupo de foliões entendeu que precisava ocupar o espaço urbano, mas o próprio poder público local, percebendo a força desta manifestação da cultura popular que coroa alguns líderes mesmo que simbolicamente, resolveu colaborar com sua continuidade, unindo seus interesses aos do grupo de foliões.

Em 1989, na gestão do prefeito Severino da Paz, o terreno do Parque de Tradições foi comprado e entre as finalidades que tinha, de servir como lugar para a realização de diferentes manifestações culturais, perpassou pouco menos de três décadas sendo palco da Folia de Reis que, através de seus agentes, foi conquistando e dando identidade ao lugar.

Todavia, atentando-se ao recorte temporal da pesquisa de mestrado que se encerrou em 2013, data que faz referência à criação da Associação Folclórica de Reis Flor do Vale de Florínea, ou mesmo, poder-se-ia dizer que foi o momento onde ocorreu a oficialização da antiga Comissão de festas, que tem seu tempo de registro material a partir de 1990 (atas manuscritas). Faz-se necessário entendê-lo, ao menos mais esclarecidamente nesta conclusão, tanto como uma conquista do grupo de foliões, pelo fato do registro trazer seriedade e possibilidades de salvaguarda do patrimônio cultural, como também, um novo momento de dificuldade da Folia de Reis na cidade, logo que foram perceptíveis também os limites das ações, legislações ou projetos políticos para a mesma, os quais parecem estagnados no fornecimento do lugar da festa, dos transportes e demais despesas com tais.

Mesmo que, depois da inauguração do Pavilhão de Festas "Santino Fabiano dos Santos", em 1993, tenha havido diversos incentivos por parte do poder público local em prol da Folia de Reis, como é o caso da continuidade na manutenção de despesas, por sua vez, movimentadas no tempo do calendário festivo dos Santos Reis que compreende, em especial, os meses de dezembro e janeiro – incluindo nesse ponto a dispensa dos funcionários públicos para o giro das bandeiras e, também, o feriado instituído em 2010 (dando aos trabalhadores da cidade possibilidades de vivenciar e se voluntariar na festa) – isso não pode sustentar, por exemplo, uma efetiva política de salvaguarda e promoção do patrimônio cultural; ou seja, a conscientização do bem cultural na cidade e para além dela. Aliás, embora a Folia de Reis tenha repercussão dentro do cenário político e cultural de Florínea, ela não é legalmente considerada como um patrimônio cultural imaterial no lugar. Como se relatou no subtítulo "3.4.1. O limite das políticas culturais de Florínea", o próprio Fundo Municipal de Incentivo à Cultura e Incentivo Fiscal para instrumentalização de Projetos Culturais, encontra-se em tramitação.[1]

De qualquer maneira, este chamado "limite" do poder público florinense veio a calhar, propositadamente ou não, com criação de uma Associação que, também, limita-se às reflexões conscientes de parte do grupo de foliões preocupados com o fim do ritual de giro das bandeiras, em decorrência do falecimento dos membros idosos dos batalhões. Ou seja, esse ritual que faz girar o capital da festa mediante a arrecadação das prendas, está ameaçado na sua atual conjuntura histórica, o que faz com que essa parcela do grupo já elabore ou corrobore, como no caso da permissão da produção e comercialização de suportes audiovisuais e de registros musicais, com novas estratégias para sua permanência no contexto atual.

Dentro desse panorama, surgiram não só as propostas oficiais atestadas no Estatuto da Associação Folclórica de Reis Flor do Vale de Florínea, mas nos próprios depoimentos que sinalizaram a importância da educação como um meio de (re) construção da identidade festiva na cidade. Dessa forma, fica clara a necessidade da educação patrimonial não apenas como um projeto, mas como missão que gera mais consciência e, portanto, mais memórias para se guardar e histórias para se contar. Entretanto, esse passo na história da Folia de Reis de Florínea faz sentido à ideia de educação patrimonial como ferramenta que institucionaliza as orientações de dada sociedade sobre seus bens culturais, o que não quer dizer que isso já não ocorra de alguma maneira com os agentes da Folia de Reis de Florínea.

Por fim, o que se deve levar dessa pesquisa de mestrado, hoje editada em livro, para além das ricas memórias compartilhadas sobre a história, o ritual e os símbolos da Folia de Reis de Florínea, é que a consciência deste e de qualquer outro patrimônio cultural, é produto de construções sociais que tem muito a dizer sobre a história do lugar e sobre os sentidos históricos nele presentes.

---

[1] Consultar *website* da Câmara Municipal de Florínea/SP em: http://www.camaraflorinea.sp.gov.br/index2.php?pag=T1RFPU9UVT1PVEk9T0dZPU9HRT1PV0k9T1RZPU9XUT0=&&idprojeto=1435. Acesso: 17 abr. 2017.

Fontes

Audiovisuais

DVDs:

FESTA DE REIS EM FLORÍNEA DE 1996, Produção: Cristiano Arcanjo. Florínea: Som e Produções, 1996, 01 DVD (1:46:08).

FESTA DE REIS 2001 EM TARUMÃ, Produção: Cristiano Arcanjo. Florínea: Som e Produções, 2001, 01 DVD (1:48:19).

1º ENCONTRO DE FOLIAS DE REIS DE MATO GROSSO DO SUL, Produção: Cristiano Arcanjo. Florínea: Som e Produções, 2003, 1 DVD (2:08:40).

FESTA DE REIS EM FLORÍNEA DE 2005, Produção: Cristiano Arcanjo. Florínea: Som e Produções, 2005, 1 DVD (42:49).

FESTA DE REIS EM FLORÍNEA DE 2007, Produção: Cristiano Arcanjo. Florínea: Som e Produções, 2007, 01 DVD (01:12:11).

FESTA DE REIS EM FLORÍNEA DE 2008, Produção: Cristiano Arcanjo. Florínea: Som e Produções, 2008, 01 DVD (01:26:03).

FESTA DE REIS EM FLORÍNEA DE 2009, Produção: Cristiano Arcanjo. Florínea: Som e Produções, 2009, 01 DVD (01:22:05).

FESTA DE REIS EM FLORÍNEA DE 2010, Produção: Cristiano Arcanjo. Florínea: Som e Produções, 2010, 01 DVD (43:49).

FESTA DE REIS EM FLORÍNEA DE 2011, Produção: Cristiano Arcanjo. Florínea: Som e Produções, 2011, 01 DVD (01:07:22).

FESTA DE REIS EM FLORÍNEA DE 2012, Produção: Cristiano Arcanjo. Florínea: Som e Produções, 2011, 01 DVD (01:33:08).

FESTA DE REIS EM FLORÍNEA DE 2014, Produção: Cristiano Arcanjo. Florínea: Som e Produções, 2014, 01 DVD (01:09:45).

Sonoras

CD:

FESTA DE REIS DE FLORÍNEA. Produção: Cristiano Arcanjo. Florínea: Som e Produções, 2015, 15 faixas (05:43:13).

Textuais

Leis:

FLORÍNEA (SP). Lei Nº 4 L, de 1 de março de 1955. *Dá novas denominações às ruas e Praças da cidade.* Florínea, 1955.

FLORÍNEA (SP). Lei Ordinária Nº 006/89, de 2 de março de 1989. *Autoriza a prefeitura municipal de Florínea a adquirir terreno.* Florínea, 1989.

FLORÍNEA (SP). Lei Ordinária Nº020/89, de 19 de junho de 1989. *Dispõe sobre a denominação de Ginásio e Parque, próprios do município.* Florínea, 1989.

FLORÍNEA (SP). Lei Nº 005/90, de 03 de abril de 1990. *Dispõe sobre reestruturação, criação e extinção de cargos e empregos, salários, quadro de pessoal de prefeitura municipal de Florínea, Estado de São Paulo e dá outras providências.* Florínea, 1990.

Lei Orgânica do Município de Florínea (04/04/1990).

FLORÍNEA (SP). Lei Ordinária Nº 023/90, de 7 de novembro de 1990. *Dispõe sobre a denominação de ruas e logradouro público.* Florínea, 1990.

FLORÍNEA (SP). Lei Ordinária N° 035/93, de 5 de março de 1993. *Altera denominação de logradouro público.* Florínea, 1993.

FLORÍNEA (SP). Lei Ordinária N° 060/93, de 7 de maio de 1993. *Dispõe sobre denominação de logradouro público que especifica.* Florínea, 1993.

FLORÍNEA (SP). Lei N° 140/2006, de 06 de fevereiro de 2006. *Torna oficial o cognome "Flor do Vale" para a cidade de Florínea.* Florínea, 2006.

FLORÍNEA (SP). Lei N° 103/2005, de 10 de fevereiro de 2005. *Dispõe sobre extinção, criação e novas designações de cargos do quadro de pessoal de prefeitura municipal de Florínea/SP.* Florínea, 2005.

FLORÍNEA (SP). Lei N° 322/09, de 04 de agosto de 2009. *Dispõe sobre a criação do Conselho Municipal de Turismo – Conturflôr do Município de Florínea, Estado de São Paulo.* Florínea, 2009.

FLORÍNEA (SP). Lei N° 297/2009, de 03 de fevereiro de 2009. *Dispõe sobre a reestruturação administrativa do poder executivo municipal de Florínea e dá outras providências.* Florínea, 2009.

FLORÍNEA (SP). Lei N° 339/09, de 04 de novembro de 2009. *Dispõe sobre a criação do Conselho Municipal de Cultura do município de Florínea e dá outras providências.* Florínea, 2009.

FLORÍNEA (SP). Lei N° 351/2009, de 02 de dezembro de 2009. *Dispõe sobre Feriados Religiosos no Município.* Florínea, 2009.

FLORÍNEA (SP). Lei Complementar N° 403/2011, de 11.04.2011. *Dispõe sobre a estrutura administrativa da prefeitura municipal de Florínea, Estado de São Paulo, cria o plano de carreira e dá outras providências.* Florínea, 2011.

FLORÍNEA (SP). Lei Complementar N° 489/2013, de 02 de maio de 2013. *Dispõe sobre a estrutura administrativa da prefeitura municipal de Florínea, Estado de São Paulo, e dá outras providências.* Florínea, 2013.

FLORÍNEA (SP). Lei Nº 526/2014, de 03 de junho de 2014. *Cria o Conselho Municipal de Cultura de Florínea/SP e dá outras providências*. Florínea, 2014.

Manuscritas

Caderno de Versos de Santos Reis (Gaspar, Melquior e Baltazar). 22 versos manuscritos por Aldo Vasconcelos Meira filho.

LIVRO DE ATAS SANTOS REIS FLORÍNEA. Manuscritos com assinaturas diversas, datados entre 1990-2011.

Processos Jurídicos

ASSIS (SP). Demarcação da linha de Divisa das Fazendas – Dourado e Queixadas. Processo nº 51/1929, José Júlio e sua mulher e Sebastião Alves de Oliveira e outros, 06/05/1929. Disponível: Arquivo do Fórum de Assis, CEDAP/Assis.

ASSIS (SP). Projeto de Lei nº 26/51. Processo nº 39 de 26/05/1951. Arquivo da Câmara Municipal de Assis, CEDAP/Assis.

ASSIS (SP). *Inventário*. Processo nº 199/1951, Maria José de Oliveira e Sebastão Alves de Oliveira, 28/06/1951. Arquivo do Fórum de Assis, CEDAP/Assis.

ASSIS (SP). *Instrumento de Agravo*. Processo nº 66/33, Sebastião Alves de Oliveira e sua mulher e Machado Bastos, 16/10/1933. Arquivo do Fórum de Assis, CEDAP/Assis.

ASSIS (SP). *Protesto e Contra-Protesto*. Processo nº 26/1937, Sebastião Alves de Oliveira e sua mulher e Machado Bastos & Cia, 04/03/1937. Arquivo do Fórum de Assis, CEDAP/Assis.

ASSOCIAÇÃO FOLCLÓRICA DE REIS FLOR DO VALE DE FLORÍNEA. *Constituição* (2013), incluindo Ata da reunião de 2012. Florínea/SP, 2013.

Relatos orais transcritos

ARCANJO, Cristiano Aparecido. *Entrevista [23 jan. 2016]*. Entrevistadora: Rafaela Sales Goulart. Florínea/SP, 2016. Áudio MP3 (35:42).

ARCANJO FILHO, José. *Entrevista [5 dez. 2013]*. Entrevistadora: Rafaela Sales Goulart. Florínea/SP, 2013. Áudio MP3 (50:11).

CRUZ, José Antônio da. *Entrevista [26 mai. 2014]*. Entrevistadora: Rafaela Sales Goulart. Florínea/SP, 2014. Áudio MP3 (17:12).

DIAS, Florêncio Bavaresco. *Entrevista [11 jul. 2014]*. Entrevistadora: Rafaela Sales Goulart. Florínea/SP, 2014. Áudio MP3 (57:55).

ELEUTÉRIO, Divino. *Entrevista [5 dez. 2013]*. Entrevistadora: Rafaela Sales Goulart. Florínea/SP, 2013. Áudio MP3 (01:03:25).

FABIANO, Pedro Henrique Bianco. *Entrevista [27 mai. 2014]*. Entrevistadora: Rafaela Sales Goulart. Florínea/SP, 2014. Áudio MP3 (13:04).

FABIANO NETO, Alexandre. *Entrevista [30 jun. 2014]*. Entrevistadora: Rafaela Sales Goulart. Florínea/SP, 2014. Áudio MP3 (01:27:22).

FERREIRA, Antônio Cândido. *Entrevista [30 nov. 2013]*. Entrevistadora: Rafaela Sales Goulart. Florínea/SP, 2013. Áudio MP3 (01:01:41).

LIMA, Onofre Lopes de. *Entrevista [20 abr. 2013]*. Entrevistadora: Rafaela Sales Goulart. Tarumã/SP, 2013. Áudio MP3 (01:02:52).

MARIANO, Davi Antônio. *Entrevista [26 mai. 2014]*. Entrevistadora: Rafaela Sales Goulart. Florínea/SP, 2014. Áudio MP3 (02:10:14).

MEIRA FILHO, Aldo Vasconcelos. *Entrevista [07 dez. 2013]*. Entrevistadora: Rafaela Sales Goulart. Florínea/SP, 2013. Áudio MP3 (24:34).

MEIRELES, Serafim Moreira de. *Entrevista [30 mai. 2014]*. Entrevistadora: Rafaela Sales Goulart. Florínea/SP, 2014. Áudio MP3 (27:14).

NASCIMENTO, Rozimbo do. *Entrevista [14 ago. 2012]*. Entrevistadora: Rafaela Sales Goulart. Florínea/SP, 2012. Áudio MP3 (01:04:54).

OLIVEIRA, Fábio Donizete de. *Entrevista [26 mai. 2014]*. Entrevistadora: Rafaela Sales Goulart. Florínea/SP, 2014. Áudio MP3 (35:00).

OLIVEIRA, Gerson Avelino de. *Entrevista [07 dez. 2013]*. Entrevistadora: Rafaela Sales Goulart. Florínea/SP, 2013. Áudio MP3 (34:13).

OLIVEIRA JR, Jorge. *Entrevista [13 fev. 2016]*. Entrevistadora: Rafaela Sales Goulart. Florínea/SP, 2016. Áudio MP3 (44:48).

OLIVEIRA, Juventino Avelino de. *Entrevista [05 dez. 2013]*. Entrevistadora: Rafaela Sales Goulart. Florínea/SP, 2013. Áudio MP3 (01:24:28).

OLIVEIRA, Saulo Franco de. *Entrevista [12 jul. 2014]*. Entrevistadora: Rafaela Sales Goulart. Florínea/SP, 2014. Áudio MP3 (28:09).

SANTOS, Aurora Franco dos. *Entrevista [1 nov. 2013]*. Entrevistadora: Rafaela Sales Goulart. Florínea/SP, 2013. Áudio MP3 (57:09).

SILVA, Amado Jesus da. *Entrevista [15 mai. 2013]*. Entrevistadora: Rafaela Sales Goulart. Florínea/SP, 2013. Áudio MP3 (01:50:27).

SILVA, Benedito da. *Entrevista [22 jul. 2013]*. Entrevistadora: Rafaela Sales Goulart. Florínea/SP, 2013. Áudio MP3 (01:35:04).

SILVA, Benedito da. *Entrevista [20 jan. 2016]*. Entrevistadora: Rafaela Sales Goulart. Florínea/SP, 2016. Áudio MP3 (42:50).

SILVA, Benedito de Oliveira. *Entrevista [06 dez. 2013]*. Entrevistadora: Rafaela Sales Goulart. Tarumã/SP, 2013. Áudio MP3 (45:26).

SILVA, Sérgio Henrique da. *Entrevista [10 fev. 2016]*. Entrevistadora: Rafaela Sales Goulart. Água da Cruz – Cândido Mota/SP, 2016. Áudio MP3 (54:06).

VALIM, João Rodrigues. *Entrevista [7 dez. 2013]*. Entrevistadora: Rafaela Sales Goulart. Florínea/SP, 2013. Áudio MP3 (01:34:53).

VALIM, João Rodrigues. *Entrevista/Complemento [7 dez. 2013]*. Entrevistadora: Rafaela Sales Goulart. Florínea/SP, 2013. Áudio MP3 (04:57).

VITORELLI, Luciana Granado Bastos. *Entrevista [20 jan. 2016]*. Entrevistadora: Rafaela Sales Goulart. Florínea/SP, 2016. Áudio MP3 (38:20).

Visuais

Fotografias:

Fotografias diversas (acervos privados dos foliões e da Associação Folclórica de Reis Flor do Vale de Florínea) – 1982 a 1996.

Fotografias das festas de Santos Reis (acervo construído pela pesquisadora) – 2013 a 2016.

Referências bibliográficas

Artigos

ARAÚJO, Débora Fernandes; CUNHA, Fabiana Lopes da. A ocupação da terra na formação do município de Ourinhos-SP. *Revista Geografia e Pesquisa*, Ourinhos, v. 5, n. 1, p. 39-58, 2011.

CASTILHO, Maria Augusta de; SOUZA, Tânia Rute Ossuna de. A missa afro-brasileira na comunidade católica São João Calábria Campo Grande-MS. In: Simpósio Nacional De História, 25, 2009, Fortaleza. *Anais do XXV Simpósio Nacional de História – História e Ética*. Fortaleza: ANPUH, 2009. Disponível em: http://anpuh.org/anais/?p=14219. Acesso: 20 ago. 2015.

CORA, Maria Amelia Jundurian. Políticas públicas culturais no Brasil: dos patrimônios materiais aos imateriais. *Revista Administração Pública* [online]. 2014, vol.48, n.5, pp. 1093-1112.

FERNANDES, José Ricardo Oriá. Muito antes do SPHAN: a política de patrimônio histórico no Brasil (1838-1937). In: *Seminário Internacional de Políticas Culturais*: teorias e práxis, 2010.

FONSECA, Maria Cecília Londres. Referências culturais: bases para novas políticas de patrimônio. *Boletim de Políticas Setoriais*. Brasília: IPEA, n. 02, 2001.

GOULART, Rafaela Sales. Invenções e resistências na mista *sociedade disciplinar* e *sociedade de controle*: o caso do "Festival da Cultura Paulista Tradicional". *Revista Semina*, Passo Fundo-RS, v.13, n.1, p. 252-260, 2014.

JURKEVICS, Vera Irene. Festas Religiosas: A materialidade da fé. *História: Questões & Debates*, Curitiba, n. 43, p. 73-86, 2005. Editora UFPR.

OLIVEIRA, Eduardo Romero de. Memória, história e patrimônio - perspectivas contemporâneas da pesquisa histórica. *Fronteiras*, Dourados, MS, v. 12, n. 22, p. 131-151, jul./dez. 2010.

PAULINO, Rogério Lopes da Silva. As máscaras dos palhaços da folia de reis: imagens e ações do mal no catolicismo popular brasileiro. *26ª Reunião Brasileira de Antropologia*, Porto Seguro, jun. 2008.

PELEGRINI, Sandra de Cássia Araújo. Cultura e natureza: os desafios das práticas preservacionistas na esfera do patrimônio cultural e ambiental. *Revista Brasileira de História*. São Paulo. v. 16, n. 51, p. 115-140, 2006.

_____. Tradições e histórias locais: as esperanças nas Bandeiras do Divino em São Luiz de Paraitinga (São Paulo/Brasil). *Patrimônio e Memória*, v.7, n.1, p. 231-256, jun. 2011.

PELEGRINI, Sandra de Cássia Araújo; GOULART, Rafaela Sales Goulart. Histórias e memórias: a folia de reis de Florínea/São Paulo. *Revista Geografia e Pesquisa*, Ourinhos, v. 8, n. 2, p. 53-69, 2014.

PESAVENTO, Sandra. Sensibilidades no tempo, tempo das sensibilidades. *Mundos Nuevos* [En línea], Coloquios, Puesto en línea el 04 febrero 2005. Disponível em: http://nuevomundo.revues.org/229 ; DOI : 10.4000/nuevomundo.229. Acesso em: 10 dez. de 2015.

PESSOA, Jadir de Morais. Mestres de Caixa e Viola. Cad. *Cedes*, Campinas, vol. 27, n. 71, p. 63-83, jan./abr. 2007. Disponível em: http://www.scielo.br/pdf/ccedes/v27n71/a05v2771.pdf. Acesso: 01 de set. 2015.

POLLAK, Michel. Memória, Esquecimento, Silêncio. *Estudos Históricos*, Rio de Janeiro, vol. 2, n. 3, p. 3-15, 1989.

REILY, Suzel Ana. As Vozes das Folias: um tributo a Elizabeth Travassos Lins. *Debates*. UNIRIO, n. 12, p. 35-53, jun. 2014.

RIBEIRO, Vitor Hugo; ROCHA, Márcio Mendes. *Exploração e alienação da força de trabalho*: os trabalhadores da cana-de-açúcar mobilizados pelas unidades de produção de Cidade Gaúcha e Rondon-PR. *Revista Pegada* – vol. 12, n.1, junho/2011. Disponível em: http://revista.fct.unesp.br/index.php/pegada/article/viewFile/915/945. Acesso: 03 de set. 2015.

TREMURA, Welson Alves. A música caipira e o verso sagrado na Folia de Reis. *Anais do V Congresso Latinoamericano da Associação Internacional para o Estudo da Música Popular*, 2004. Disponível em: http://www.iaspmal.net/wp-content/uploads/2011/12. Acesso: 03 jan. 2016.

Livros

ABREU, Martha. *O Império do Divino:* festas religiosas e cultura popular no Rio de Janeiro, 1830-1900. Rio de Janeiro: Nova Fronteira; São Paulo: Fapesp, 1999.

ALBERTI, Verena. Histórias dentro da história. In: PINSKY, Carla Bassanezi (org.). *Fontes Históricas*. São Paulo: Contexto, 2010.

ANDRADE, Mário de. *Música de Feitiçaria no Brasil*. São Paulo: Livraria Martins Editora, 1963.

BASSANEZI, Maria Silvia Casagrande Beozzo. *Família e força de trabalho no colonato*: subsídios para a compreensão de dinâmica demográfica no período cafeeiro. Campinas: Unicamp, 1986.

BOSI, Ecléa. *Memória e Sociedade:* Lembrança dos Velhos. São Paulo: Companhia das Letras, 1994.

BÍBLIA SAGRADA - Edição Pastoral Catequética. (137ª Ed. Revisada por Frei João Pedreira de Castro, O. F. M., e pela equipe auxiliar da Editora). São Paulo: Ave Maria; Claretiana, 2000.

BRANDÃO, Carlos Rodrigues. *O que é educação*. São Paulo: Brasiliense, 2007.

BRANDÃO, Joseane Paiva Macedo. Identidade. In: REZENDE, Maria Beatriz; GRIECO, Bettina; TEIXEIRA, Luciano; THOMPSON, Analucia (Orgs.). *Dicionário IPHAN de Patrimônio Cultural.* 1. ed. Rio de Janeiro, Brasília: IPHAN/DAF/Copedoc, 2015.

BUENO, André de Paula. *Palhaços da cara preta*: pai Francisco e Catirina, Mateus e Bastião, parentes de Macunaíma no boi, cavalo-marinho e folia-de-reis – MA, PE, MG. São Paulo: Nankin: Edusp, 2014.

BURKE, Peter. *Cultura popular na Idade Moderna:* Europa 1500-1800. São Paulo: Companhia das Letras, 2010.

CASCUDO, Luís da Câmara. *Dicionário do Folclore Brasileiro.* Ediouro: Rio de Janeiro, 1954.

CASTRO, Zaíde Maciel de; COUTO, Aracy do Prado. Folias de Reis. In: *Cadernos de Folclore.* Rio de Janeiro: Ministério da Educação e Cultura, Departamento de Assuntos Culturais, Fundação Nacional de Arte-FUNARTE, Campanha de Defesa do Folclore Brasileiro, 1977.

CASTRO, Maria Laura Viveiros de; FONSECA, Maria Laura Viveiros de Castro e Maria Cecília Londres. *Patrimônio imaterial no Brasil:* legislação e políticas estaduais. Brasília: UNESCO, Educarte, 2008.

CUNHA, Maria Clementina Pereira. *Carnavais e outras f(r)estas:* ensaios de história social da cultura. Campinas: Editora da Unicamp, CECULT, 2002.

CERTEAU, Michel De. *A invenção do cotidiano:* 1. artes de fazer. Petrópolis: Vozes, 2014.

CHARTIER, Roger. *A História Cultural*: entre práticas e representações. Rio de Janeiro: Bertrand Brasil, 1990.

CHOAY, Françoise. *Alegoria do patrimônio.* Trad.: Luciano Vieira Machado. São Paulo: Estação Liberdade: UNESP, 2006.

CHRISTOFOLETTI, Rodrigo. *Assis em Mosaico:* caminhos para a construção de uma história (1905-1955). São Paulo: All Print Editora, 2009.

DEL PRIORE, Mary L. *Festas e Utopias no Brasil Colonial.* São Paulo: Brasiliense, 2000.

DIAS, José Claudino de Oliveira. Resumo histórico de Assis. In: *Assis Antigo.* Cidade de Assis, 1952. Disponível no CEDAP, UNESP/Assis.

FERREIRA, Jurandyr Pires. *Enciclopédia dos municípios brasileiros* (Vol. XXVIII). Rio de Janeiro, 1957.

FLORÊNCIO, Sônia Rampim; et al. *Educação Patrimonial:* histórico, conceitos e processos. Brasília, DF: Iphan/DAF/Cogedip/Ceduc, 2014.

FONSECA, Maria Cecília Londres. Para além da pedra e cal: por uma concepção ampla de patrimônio cultural. In: ABREU, Regina; CHAGAS, Mário (orgs.). *Memória e Patrimônio:* ensaios contemporâneos. Rio de Janeiro: DP&A, 2003.

_____. *Patrimônio em processo:* trajetória da política federal de preservação no Brasil. Rio de Janeiro: Editora UFRJ; MinC IPHAN, 2005.

FOUCAULT, Michel. *Microfísica do poder.* Organização e tradução de Roberto Machado. Rio de Janeiro: Edições Graal, 1979.

FREIRE, Paulo. *Conscientização:* teoria e prática da libertação – uma introdução ao pensamento de Paulo Freire. São Paulo: Cortez & Moraes, 1979.

CAMARGO, Denise. Processos do silêncio. In: Fundação Nacional de Artes (FUNARTE). *Políticas para as artes:* prática e reflexão. Rio de Janeiro: FUNARTE, 2014.

GALLI, Sidney; DESPINCIERI, Stelamay Aparecida; SOUZA, Teresinha de Jesus Godoy de. *Tarumã:* a cidade do amanhã. São Paulo: Nova América, 2007.

HAGEMEYER, Rafael Rosa. *História & Audiovisual*. Belo Horizonte: Autêntica Editora, 2012.

HOBSBAWN, Eric; RANGER, Terence (Orgs.). *A invenção das tradições*. Rio de Janeiro: Paz e Terra, 1997.

Instituto do Patrimônio Histórico e Artístico Nacional (IPHAN). *Os sambas, as rodas, os bumbas, os meus e os bois* – a trajetória da salvaguarda do patrimônio cultural imaterial no Brasil (1936/2006). Brasília: Brasília Artes Gráficas, 2006.

LAMAS, Dulce Martins. *Pastorinhas, pastoris, presépios e lapinhas*. Rio de Janeiro: Gráfica Olímpica Editora Ltda, 1978.

LE GOFF, Jacques. Documento/Monumento. In: ___. *História e memória*; trad.: Bernardo Leitão. Campinas, SP Editora da UNICAMP, 2003.

MASSEY, Doreen. Um sentido global de lugar. In: ARANTES, Antonio A. (Org.). *O espaço da diferença*. Campinas: Papirus, 2000.

MONBEIG, Pierre. *Pioneiros e fazendeiros de São Paulo*. São Paulo: Hucitec; Polis, 1984.

MORAES FILHO, Mello. *Festas e Tradições Populares do Brasil*. Brasília: Senado Federal/Conselho Editorial, 2002.

NAPOLITANO, Marcos. A história depois do papel. In: PINSKY, Carla Bassanezi (org.). *Fontes Históricas*. São Paulo: Contexto, 2010.

OLIVEIRA, João. Florinia. In: FERREIRA, Jurandyr Pires. *Enciclopédia dos municípios brasileiros* (Vol. XXVIII). Rio de Janeiro, 1957.

PESSOA, Jadir de Morais; FÉLIX, Madeleine. *As viagens dos Reis Magos*. Goiânia: Ed. da UCG, 2007.

SOUZA, Marina de Mello e. *Reis negros no Brasil escravista*: história da festa de coroação de Rei do Congo. Belo Horizonte: Editora UFMG, 2002.

Sites

Anúncio publicado no Almanak Administrativo, Mercantil e Industrial do Rio de Janeiro - 1891 a 1940: http://memoria.bn.br/DocReader/Hotpage/HotpageBN.aspx?bib=313394&pagfis=102252&pesq=&url=http://memoria.bn.br/docreader#.

Arquivo temático virtual da Biblioteca Amadeu Amaral: http://www.docvirt.com/WI/hotpages/hotpage.aspx?bib=Tematico&pagfis=45431&pesq=&url=http://docvirt.com/docreader.net#.

Câmara Municipal de Florínea/SP: http://www.camaraflorinea.sp.gov.br/index2.php?pag=T1RFPU9UVT1PVEk9TodZPU9HRT1PVok9T1RZPU9XUT0=&&idprojeto=1435.

Comissão Paulista de Folclore: http://www.abacai.org.br/revelando-interno.php?id=260.

Constituição Federal de 1988: http://www.planalto.gov.br/ccivil_03/Constituicao/Constituicao.htm.

Decreto-Lei nº 25, de 30 de novembro de 1937: http://www.planalto.gov.br/ccivil_03/Decreto-Lei/Del0025.htm.

Instituto Brasileiro de Geografia e Estatística (IBGE): http://www.cidades.ibge.gov.br/xtras/temas.php?lang=&codmun=351610&idtema=16&search=sao-paulo|florinia|sintese-das-informacoes.

Instituto do Patrimônio Histórico e Artístico Nacional (IPHAN): http://portal.iphan.gov.br/pagina/detalhes/418/.

Jornal Online Aquidauna News (MS): http://www.aquidauananews.com/0,0,00,9498-19305-FOLIA+DE+REISENCONTRO+DE+BANDEIRAS+COMECA+AS+20H+EM+ITAPORA.htm.

Jornal Online AssisCity (SP): AssisCity – O portal de Assis. Disponível em: http://www.assiscity.com/img/81/2014/30166/fileg_192799.jpg.

Mapa do limite municipal de Florínea/Portal de mapas do IBGE: Disponível em: http://portaldemapas.ibge.gov.br/portal.php#mapa104999.

Prefeitura Municipal de Florínea (SP): http://www.florinea.sp.gov.br/index.php?option=com_content&view=article&id=84&Itemid=100.

Revelando São Paulo (SP): http://www.abacai.org.br/revelando-interno.php?id=338.

Sistema Nacional de Cultura: http://cultura.gov.br/sistema-nacional-de-cultura.

UNESCO – Convenção para a salvaguarda do património cultural imaterial: http://www.unesco.org/culture/ich/doc/src/00009-PT-Portugal-PDF.pdf.

Teses, dissertações e monografias

BITTER, Daniel. *A bandeira e a máscara:* estudo sobre a circulação de objetos rituais nas folias de reis. Tese (Doutorado em Ciências Humanas). UFRJ/IFCS/Rio de Janeiro, 2008.

CORRÊA, Anna Maria Martinez. *Poder local e representatividade político-partidária no Vale do Paranapanema (1920-1930).* Tese (Livre Docência em História). ILHP/Assis, UNESP, 1988.

CUNHA, Fabiana Lopes da. *Caricaturas carnavalescas:* carnaval e humor no Rio de Janeiro através da ótica das revistas ilustradas Fon Fon! e Careta (1908-1921). Tese (Doutorado). USP, São Paulo, 2008.

DI CREDDO, Maria do Carmo Sampaio. *A Propriedade da Terra no Vale do Paranapanema* – A Fazenda Taquaral (1850-1975). Tese (Doutorado em História). FCL/UNESP/Assis, 1987.

KODAMA, Kátia Maria Roberto de Oliveira. *Iconografia como processo comunicacional da Folia de Reis:* o avatar das culturas subalternas. Tese (Doutorado em Interfaces sociais da comunicação). USP/ECA/São Paulo, 2009.

MACHADO, Carlos Augusto. *Análise sistêmica do manejo integrado das microbacias hidrográficas Águas das Flores e do Barbado, no município de Florínea*. Dissertação (Mestrado em Geografia). UNESP/Presidente Prudente, 2001.

NUNES, Adão Cicero Ferreira. *Processo de (des)ocupação de Florínea-SP.* Trabalho de conclusão do curso (Monografia em Geografia). UEL/Londrina, 1993.

PENÇO, Celia de Carvalho Ferreira. A *"evaporação das terras devolutas" no Vale do Paranapanema*. Tese (Doutorado em História). USP/São Paulo, 1980.

PINHEIRO, Niminon Suzel. *Os Nômades*: Etnohistória Kaingang e seu contexto: São Paulo, 1850-1912. Dissertação de Mestrado, Assis, UNESP, 1992.

_____. *Vanuíre:* conquista, colonização e indigenismo: Oeste paulista, 1912-1967. Assis, 1999. Tese (Doutorado em História). FCL/UNESP;

PINTO, Jorge Luiz Dias. *Os espaços da Folia de Reis em Maringá-PR:* o grupo Unidos com Fé. Dissertação (Mestrado em História). UEM/Maringá, 2010.

Anexos

Minibiografias não citadas no texto

Fábio Donizete de Oliveira é bastião/palhaço na bandeira 2 de Folia de Reis de Florínea e segundo secretário da Associação Folclórica de Reis Flor do Vale de Florínea. Ele tem 36 anos e é assistente social na mesma cidade. Seu primeiro contato com a Folia de Reis foi através do seu pai, Juventino Avelino de Oliveira, tendo iniciado sua trajetória no grupo já como bastião aos 7 anos de idade.

Gerson Avelino de Oliveira possui 67 anos. Nasceu em Florínea e é aposentado. Conheceu a Folia de Reis através de seu pai que cantava de contratinho na bandeira, desta maneira, Gerson iniciou sua trajetória na Folia de Reis com aproximadamente 12 anos de idade, cantando no gritinho e, posteriormente, como contramestre, contrato e tala. Atualmente é capitão da bandeira 2 e sócio fundador da Associação Folclórica de Reis Flor do Vale de Florínea.

José Antônio da Cruz, conhecido como Zé dos Anjos, possui 61 e é funcionário público no município de Florínea, onde reside. Iniciou na Folia de Reis de Florínea por influência de um conhecido. Nela, começou a cantar como gritinho e, posteriormente, foi palhaço, contratinho, tala e contratala na bandeira 2.

Roteiro da Folia de Reis de Florínea

25/12 (Natal) – Início da Folia de Reis de Florínea:

12:00 a 17:00 – Encontro dos batalhões (bandeiras 1 e 2) e "saída das bandeiras" da casa do(a) festeiro(a);
A partir de 17:00 – Início do "giro das bandeiras" da Folia de Reis de Florínea (vide Tabela 1);

26/12 a 04/01 – 08:00 a 23:00 – "Giro das bandeiras" pela região de Florínea (vide Tabela 1);

05/01 e 06/01 – qualquer horário do dia ou da noite – Trabalho voluntário para o preparo da comida e do lugar da festa;

06/01 – Festa de encerramento: "Encontro das bandeiras" e "coroação de festeiros (as)", realizada no Parque de Tradições:

A partir de 08:00 – Café da manhã;
09:00 – Missa na Gruta/Presépio;
10:00 a 13:30 – Almoço;
12:00 a 13:30 – Encontro dos foliões nos pontos de pouso e saída das bandeiras rumo ao Parque de Tradições;
14:00 – Encontro das bandeiras;
16:00 a 17:00 – Reza do terço na Gruta/Presépio;
17:00 a 18:00 – Coroação de festeiros (as);
A partir de 18:00 – Janta.

Agradecimentos

À professora Fabiana Lopes da Cunha, pelo aceite em orientar a pesquisa de mestrado desenvolvida entre os anos de 2013 e 2016, na Unesp de Assis, trabalho que resultara esse livro com características locais, o qual contribui com a história e a memória de sujeitos com grande sabedoria popular, por vezes, ainda silenciados nos meios acadêmicos. Agradeço à liberdade, o respeito e a atenção compartilhada em suas orientações, experiências inspiradoras que enriqueceram não só este texto, como também meu crescimento profissional e pessoal.

À Fundação de Amparo à Pesquisa do Estado de São Paulo (FAPESP), pelo financiamento tanto da pesquisa de mestrado (2013/18136-6), quanto de sua publicação em livro (2016/22200-0).

Aos devotos, foliões e demais sujeitos responsáveis pela história e memória da Folia de Reis de Florínea (SP), que compartilharam seus ricos conhecimentos acerca da celebração popular, contribuindo, inclusive, com minha consciência sobre tal patrimônio.

Às professoras e professores Célia Reis Camargo, Sandra de Cássia Araújo Pelegrini, Janete Leiko Tanno, Emilla Grizende Garcia, Michael Pereira da Silva e Jônatas Jorge, gratidão pelo carinho e pelas leituras críticas que, de alguma maneira, implementaram esse texto. Agradeço também os demais professores, funcionários e amigos da UNESP de Assis (SP), da UEM (PR) e da UENP de Jacarezinho (PR), pelo auxílio durante minha trajetória acadêmica.

À minha família: meus pais Roberto e Fátima, irmãs Renata e Roberta e sobrinhos Amanda, Pedro, Áurea e Benjamin, agradeço o incondicional amor que sustentam meu ser. Amor este que não só me torna mais sensível e humana, mas também possibilita-me ter coragem e energia para seguir em frente.

Ao meu companheiro Michael, pelos inúmeros gestos de respeito, amor e carinho divididos em momentos bons e, também, críticos, vivenciados durante os últimos anos.

Aos demais integrantes da minha escolhida família de Jacarezinho, Tarumã e Assis que, de alguma maneira, contribuíram com meu crescimento pessoal.

Alameda nas redes sociais:
Site: www.alamedaeditorial.com.br
Facebook.com/alamedaeditorial/
Twitter.com/editoraalameda
Instagram.com/editora_alameda/

Esta obra foi impressa em São Paulo no inverno de 2018. No texto foi utilizada a fonte Minion Pro em corpo 10,25 e entrelinha de 15 pontos.